표지그림 : 폴 귀스타브 도레
(Paul Gustave Dor , 1832년 1월 6일 - 1883년 1월 23일) 프랑스의 삽화가이자, 판화작가이다.
외경을 포함한 성서의 내용들을 소재로 한 판화로 유명하며, 당시 자본가들 사이에서 도레의 그림을 걸어두는게 유행일 정도로 인기를 받았다. 대한민국에는 크리스챤 다이제스트에서 《구스타브 도레의 성경판화》라는 제목으로 그의 작품이 소개되었다. 또한 동화 《빨간 두건》, 《장화신은 고양이》의 삽화를 그린 삽화가이기도 하다. (위키백과)

사랑과 희망의 지옥방문기
초판발행 2024년 12월 30일 (2025년 1월 2쇄 발행)
저자 프란체소
기자 파니스
역자 김성진 박경범
발행인 최정은
발행처 도서출판 은범상회
　　　 경기도 시흥시 조남동 171-21
신고번호 2024-000029호
전화 031)405-2962
값 15000원

사랑과 희망의
지옥방문기
地獄訪問記

프란체소 口述 파니스 記錄
김성진 박경범 共譯

도서출판 恩範商會

원저자(原著者)의 헌사(獻辭)

삶의 목적을 고뇌하는 사람들에게 지상생활의 미래는 아직도 불확실성의 안개와 어둠에 가려 있다. 지상생활에서 저승의 신비로 옮겨간 사람으로서 이 기행문(紀行文)을 바침은 인간 세상에 나의 경험이 전해짐으로써 사람들이 나처럼 회개하지 않은 채 죄업을 짊어지고 떠나기 전에 생애 중에 타락의 과정을 멈추기를 희망함이다.

타락의 길을 빠르게 걷고 있는 형제들에게 진리는 맹목적으로 차단하는 자가 아니라면 언제나 열려 있다고 말하고 싶다. 방탕과 이기심에 휘둘리며 보낸 삶의 결과가 끔찍한 것은 지상생활 중에도 그렇지만 영계에서는 갑절로 그렇다. 그곳에서는 모든 위장(僞裝)이 벗겨지고 영혼은 모든 죄를 속절없이 노출하며 서있다. 지상생활에서 앓은 영적질병의 흉터는 혼령의 형상에 각인되어 있고 진심어린 회개의 치유력과 참회의 눈물의 정화수로만 지워진다.

나는 이제 지상 사람들에게 저승의 곤고한 여행자들은 아직 지상에 남은 형제들을 방문하여 경고할 수 있다면 그렇게 하기를 간절히 바라고 있음을 믿어 달라고 부탁한다. 물질화하여 나타나는 혼령은 사랑하는 사람을 잃고 애도하는 사람들을 위로하는 것보다는 더 높은 사명을 수행해야 함을 이해하기 바란다. 인간의 교만과 죄악이 막바지에 이른 지금 혼령방문자들은 인간계에 돌아가서 신과 인간의 법을 어긴 자들의 운명을 전하도록 거룩한 최고 존재로부터 허락받았음을 사람들이 보아서 깨닫기를 바란다.

나는 게으르고 경솔한 사람들이라도 잠시 돌아보며 영성주의란 것이 탁자를 움직이거나 알파벳을 두드리는 신비력(神秘力)이 있는지 추측하며 한가로이 시간을 보내는 것보다는 더 높고 더 거룩하고 더 고귀한 것이 아닐까 그리고 의미 없어 보이는 미약한 문 두드림이나 이리저리 탁자를 기울임이 바로 지구와 하계(下界)의 암울한 곳에 빛의 홍수가 들어오게 열리는 문 즉 이전에 떠났던 사람들이 지구에 돌아와 형제들에게 경고하는 희미한 신호이지 않을까 생각해 보았으면 한다.

　싸우고 정복한 전사(戰士)로서 전투의 장면과 겪어온 고난을 돌아보며 나는 모든 것을 무난히 얻었다고 느낀다. 모든 것이 내 희망대로 쟁취되어 나는 이제 아직 전투의 격정과 긴장에 있는 다른 사람들에게 더 좋은 방도를 찾아내 지적하려할 뿐이니 여러분은 부디 세상에서 주어진 귀중한 시간을 활용하여 종내(終乃)는 휴식과 평화의 본향으로 인도할 빛나는 길로 흔들리지 않는 발걸음으로 진입하길 바란다.

프란체소(Franchezzo)

원기자(原記者)의 소개글

　이 이야기는 일 년 전에 쓰진 것으로서 공개에 앞서 내가 저자가 아님을 밝혀둔다. 내 주변엔 나를 통해 영계의 체험을 공개하고자 하는 혼령이 몇 있는데 나는 그 중 한 명의 이야기를 받아 적었을 뿐이다. 가급적 꼼꼼하고 정확히 쓰려고 만전을 기했다. 이 책을 쓰는 동안 구술을 받아 적고자 펜을 최대한 빨리 놀려야 했다.

　이 책에 서술된 내용은 내가 영계에 관해 평소에 갖던 믿음들과는 꽤 상반된 것들이다. 나는 저자인 프란체소의 영혼이 물질화된 모습을 종종 보아왔으며 생존해 있는 그의 친구들로부터 여러 차례 본인이 맞음을 확인받은 바 있다. 이 책에 서술된 내용들에 대한 모든 책임은 원저자에게 있다.

1896년 런던에서 A. 파니스(Farnese)

영혼은 과학으로 입증된 적이 없다?

죽은 자의 영혼과 교류하는 샤머니즘의 전통은 유독 서구에서만 명맥이 끊겼다가 19세기 들어 화려한 부활을 했다. 샤머니즘을 억압해온 기독교의 권위가 급격히 쇠퇴했기 때문이다.

'마녀'나 '마법사' 같은 부정적 용어 대신, '영매(medium)'란 중립적 명칭으로 역사의 전면에 등장한 이 근대적 샤먼들은 죽은 자의 영혼을 불러 대화를 나누기도 하고 심지어 영혼의 몸을 즉석에서 물질화시키기도 했다.

이러한 강신술 모임은 미국과 유럽에서 폭발적 인기를 끌어 링컨과 나폴레옹 3세 빅토리아 여왕 같은 당대의 유명인사들까지 모임에 참석하기에 이른다. 그러나 과학계에선 극심한 반감을 드러냈으며 급기야 몇몇 과학자들이 발벗고 나서 검증을 시도했다.

검증에 나선 과학자들의 면면을 살펴보면 진공관 발명으로 작위를 받은 윌리엄 크룩스 경, 무선전신의 개척자로서 역시 작위를 받은 올리버 롯지 경, 면역학의 창시자이자 노벨상 수상자인 샤를 리셰, 아르곤 가스를 추출해 역시 노벨상을 받은 존 레일리 경, 다윈과 함께 진화론을 공동 창시한 알프레드 월리스, 아일랜드 왕립과학원 물리학 교수인 윌리엄 바레트, 미국을 대표하는 철학자 윌리엄 제임스 등 학계에서 아무도 넘볼 수 없는 탄탄한 입지를 다진 사람들이었다. 평범한 학자들은 이런 연구를 함으로써 초래될 불이익과 따가운 눈총을 감당할 수 없었기 때문이다.

과학자들은 속임수를 막기 위해 자신의 연구실로 영매를 불러 다양한 실험을 행했다. 오랜 격론 끝에 미지의 세계로부터 정보를 전달받는 기술만큼은 속임수가 아니란 결론이 내려졌다. (이 결론이 내려지기까지 조사원이 영매의 집에 몇 년간 상주했으며 사립탐정이 고용되어 영매가 정보를 은밀히 수집하는지의 여부가 철저히 조사됐다)

그러나 영매가 알아낸 정보들이 텔레파시로 받아낸 것이냐 아니면 정말 영혼으로부터 전달된 것이냐를 놓고 의견이 서로 엇갈렸다. 초반엔 텔레파시설이 우세했지만, 조사에 가담했던 사람들이 하나둘 세상을 뜨면서 텔레파시설 대신 영혼설을 입증하는 메시지를 다양한 방법으로 전해왔다. (예를 들면 영매가 전혀 모르는 라틴어나 희랍어로 대화를 주고받는다든지 하며 텔레파시로는 도저히 전할 수 없는 정보를 보내는 식이었다)

마침내 1922년 사이언티픽 아메리칸 지에서 거액의 현상금을 내걸고 영능력의 실재 여부를 확인하기로 했다. 이에 외과의사의 아내인 미나 크랜던이 '마저리'란 가명으로 심사에 도전, 결국 1924년 상금을 받게 됐다. 그러나 전직 마술사이자 엉터리 영매술 폭로 전문가인 해리 후디니가 이에 반발, 3회에 걸친 실험이 다시 재개됐다. 후디니는 머리와 손만 나오도록 만든 나무 상자를 가져와 크랜던을 안에 가두고 실험을 했다.

그럼에도 불구하고 크랜던은 1차 실험을 성공시켰고, 나무상자를 불가사의한 힘으로 열어젖혀 후디니를 당황케 했다. 2차 실험은 나무상자에 갇힌 크랜던이 상자 안에 있는 종을 울리도록 미션이 부여됐다. 그런데 실험 도중 크랜던의 죽은 오빠이자 지배령인 월터가 후디니의 음모를 비난하고 나서는 일이 벌어졌다. 종소리가 나지 않도록 안에 고무를 끼워놓았다는 것이었다. 그뿐 아니라 후디니가 상자 안에 몰래 접자를 넣어뒀다는 말도 했다.

실제로 상자를 열어보니 종에 고무가 끼워 있었고 접자도 발견됐다. 그러나 후디니는 크랜던이 몰래 감춰둔 그 접자를 이용해 1차 실험 때 마술쇼를 벌였다며 반격을 가했다. (후디니의 사후에 그의 조수가 후디니의 지시로 자신이 접자를 상자에 넣었음을 고백했다) 결국 크랜던은 심사를 통과하지 못한다.

이 일로 크랜던은 강신술 신봉자들 사이에 저주와 지탄의 대상이 됐고, 후디니는 자신의 성과(?)를 <후디니, 보스턴 영매 마저리의 속임수를 잡아내다>란 책으로까지 펴내며 기염을 토했다. 그는 회의주의자들 사이에 아직까지 전설적 인물로 추앙받고 있는데 1969년 영국의 BBC에서 그의 일대기를 다큐멘터리로 제작할 정도였다. 그러나 유가족의 반발로 다큐멘터리가 담지 못한 비화가 하나 있었다.

후디니는 크랜던 심사가 있고 2년 뒤 복막이 터져 52세의 나이로 죽는데 죽기 직전 아내에게 사후세계가 정말 존재하면 저승에서 메시지를 보내 확인시켜 주겠다는 유언을 남겼다.

(다소 엉뚱해 보이는 이 유언은 그의 미스테리한 죽음과 연관된 듯하다. 후디니는 죽기 직전 어느 강연에서 '나는 복부를 맞아도 충격을 받지 않는다'며 몇몇 남자들에게 자신의 배를 주먹으로 쳐보라는 주문을 한다. 그런데 이때 잘못 맞아 복막이 터진다. 처음엔 별로 심각한 증세가 아니어서 활동을 계속했고 의사도 별다른 조치를 취하지 않았다. 그러나 부위가 갈수록 악화돼 결국 죽음을 맞게 된 것이다. 아마도 후디니는 일련의 상황에 모종의 불길한 예감을 느낀 나머지 영계에 관한 유언을 한 게 아닌가 싶다)

영매의 이름은 미리 지정하지 않았으며, 누구든 자신의 메시지를 받았다고 주장하는 사람에게 암호를 통해 확인하도록 했다.

후디니 부부가 사용한 암호는 매우 정교한 시스템을 갖춘 것이었는데 여기엔 사연이 있다. 이 부부는 젊은 시절 속임수로 강신술을 하며 생계를 이어간 적이 있었다. 이 시기에 이들은 아무도 눈치 못 채게 은밀한 의사교환을 할 수 있는 암호 시스템을 고안했는데 say, now, speak 같은 일상적 단어 10개에 일련번호를 매겨놓은 것이었다. 후디니가 단어를 몇 개 나열하면 이게 숫자를 거쳐 다시 알파벳으로 변환되는 시스템이었다. 두 사람은 오랫동안 파트너로 일하면서 암호를 이용한 대화를 능숙하게 주고받을 수 있었다.

후디니가 죽고 2년 뒤 아더 포드란 젊은 영매가 나타나 후디니의 메시지를 받았다고 주장한다. 그가 받은 메시지는 암호 체계와 정확히 들어맞았으며, 부부만이 알 수 있는 은밀한 내용이 담긴 메시지로 변환되었다. 결국 후디니의 아내 베아트리스는 아더 포드를 통해 죽은 남편의 메시지를 전달 받았다는 성명서를 공식 발표했다. 이 성명에 대한 증인은 '유나이티드 프레스"의 H. R. 잔더와 사이언티픽 아메리칸 지의 부편집장인 J. W. 스탠포드 등이었다.

그러나 후디니의 동료 회의주의자들은 사기꾼에 불과한 여자의 말을 믿을 수 없다며 비난과 조롱을 퍼부었다. 그리고 후디니 부인이 아더 포드와 내연관계라는 등의 악성 루머를 퍼뜨렸다.

마저리 크랜던의 몰락 이후 강신술 모임에서 온갖 이적을 선보이는 <피지컬 영매>들은 점차 자취를 감췄으며, 아더 포드처럼 영혼과 접촉해 필요한 정보만을 얻어내는 이른바 <멘탈 영매>들이 주류로 부상했다.

멘탈 영매의 부상은 영화 산업과도 관련이 있다. 19세기 말까지 강신술 모임은 서커스 입장료의 4배를 받아도 사람들로 미어터질 정도로 흥행이 되는 비즈니스였다. 그러나 영화가 대중화되면서 갈수록 식상한 레퍼토리에 조작논란마저 휩싸인 강신술은 사양길에 접어들었고, 영매들은 신기한 볼거리의 제공에서 순수한 정보의 전달로 역할조정을 해야 했던 것이다.

진지한 실험대상이 된 마지막 피지컬 영매는 '스텔라 C'로 알려진 스물두살의 간호사 스텔라 크랜쇼였다. 가녀린 외모에 수줍은 성격의 그녀는 손발이 묶인 상태에서 테이블을 공중에 들어 올려 산산조각 낼 정도로 강력한 염력의 소유자였다. 전문영매를 능가하는 능력에 놀란 연구자들은 3년에 걸친 엄격한 실험을 수행했다.

우선 속임수 방지를 위한 테이블이 특별 제작됐다. 이 테이블은 큰 것과 작은 것 두 개로 이루어졌는데, 큰 테이블 안에 작은 테이블을 끼워 넣을 수 있도록 돼 있었다. 작은 테이블 안엔 물건을 넣을 수 있는 공간이 있어 하모니카와 오토하프 같은 작은 악기들이 담겨졌다. 이 상태에서 공간을 밀봉한 뒤 다시 거즈로 테이블 사면을 덮었다. 외부를 통해선 작은 테이블로의 접근이 절대로 불가능했다. 그러나 크랜쇼는 손발을 움직일 수 없는 상태에서 작은 테이블 안의 악기들을 연주했다.

가장 놀라운 건 프라이스가 고안한 '텔레키네토스코프'가 작동된 것이었다. 이 장치에는 건전지가 들어 있어 스위치에 압력이 걸리면 밸브가 빛을 내도록 돼 있었다. 외부에선 보이지 않도록 스위치 부분을 비누 거품으로 덮고, 거품이 마르지 않도록 다시 판유리로 뚜껑을 만들어 밀봉했다. 그 상황에서 크랜쇼는 염력으로 스위치를 눌렀다. 그러나 비누 거품은 고스란히 남아 있었다.

'그림자 장치' 실험도 그 못잖게 놀라웠다. 스위치를 누르면 빛이 나오면서 스위치를 건드린 사람의 그림자가 스크린에 곧바로 비추도록 고안된 장치였다. 이때 스크린에 사람의 형체를 한 계란형의 그림자가 비쳐졌다.

크랜쇼는 이밖에도 미래를 예언하고 실험실의 온도를 섭씨 17도에서 6도로 갑작스레 떨어뜨리는 등 다양한 능력을 선보였다.

그러나 정작 그녀는 자신에게 일어나는 이상한 현상들의 원인을 알고 싶어 실험에 응했을 뿐, 능력을 입증하는 일엔 그다지 열의를 보이지 않았다. 심령 현상에도 전혀 무관심했다. 크랜쇼는 1928년 결혼과 함께 더이상 실험에 참여하지 않고 평범한 주부로 일생을 마쳤다.

피지컬 영매가 아닌 멘탈 영매의 능력에 관한 최근의 연구는 미국 애리조나 대 심리학 교수인 게리 슈워츠에 의해 행해졌다.

슈워츠는 회의주의자들의 집요한 반박을 사전에 차단하기 위해 약간 황당한 실험을 준비했다. 실험에 동원한 영매들에게 아무런 사전 정보도 제공하지 않는 것이었다. 다시 말해 이 실험에서 누가 어떤 정보를 어떤 영혼으로부터 받길 원하는지 일체의 암시나 단서도 주지 않았다. 심지어 실험을 행하는 사람들에게도 정보를 제공하지 않고, 정보를 받는 대상자를 영매와 멀리 떨어진 지역에 격리시키는 등 이중맹검(double blind)과 삼중맹검(triple blind)으로 난이도를 높여갔다. 영매는 지배령의 도움을 받아 정보를 쥐고 있는 영혼을 스스로 찾아내야만 했다.

그러나 일급영매들은 이처럼 막연한 상황에서도 정보를 받아냈다. 이들이 받은 정보는 다시 과학적 통계 처리를 통해 결과가 분석됐다. 슈워츠는 2005년 <The truth about medium>이란 책에 그간의 연구 결과를 공개했다.

이 책은 소위 '회의주의자'들도 내용을 제대로 반박 못하고 있다. 반박을 할래야 할 수 없는 내용이기 때문이다.

회의주의자들은 이 책의 서문에 소개된 내용, 즉 슈워츠가 자신을 찾아온 영매에게 간단히 사전 테스트를 하는 부분을 콜드 리딩(cold reading)이라며 트집 잡고 있을 뿐이다. ('콜드리딩'이란 대충 분위기를 봐가며 눈치로 감을 잡은 정보란 뜻) 물론 이는 슈워츠가 정식 실험에 들어가기 전에 맛보기로 예비 테스트를 소개한 내용에 불과하므로 사실상 실험 내용에는 반박을 할 수 없었음을 실토한 셈이다.

영혼의 존재는 과학적으로 입증된 적이 없으며, 입증이 불가능한 문제란 해묵은 편견이 사실과 전혀 다르다는 점을 어느 정도 가늠하셨으리라 믿는다. 그럼 이제 본문으로 들어가 보자.

역자 김성진
1994년 연세대학교 심리학과를 졸업하고 출판기획자로 일하면서 영성 분야에 오랫동안 관심을 두고 공부해왔다. 현재 번역과 미디어 편집 일을 하고 있다.

문학과 학문연구의 중요한 자료

이 책의 원전은 1896년 런던에서 간행된 A WANDERER IN THE SPIRIT LANDS (영계의 방랑자)로서 A. FARNESE 가 FRANCHEZZO 의 혼령으로부터 받아 적은 것이라 한다.

주인공이 과거의 잘못을 뉘우치고 새로이 공을 세워 업적을 올리는 줄거리는 동양의 고전 서유기를 연상케 한다. 실제로 화산불 등 서유기를 연상하는 장면도 나온다.

국내 민족종교에서도 근현대의 첨단기계들이 천상의 물품을 본뜬 것이라는 전언(傳言)이 있다. 이 이야기에서도 우리가 지금 쓰는 검은 액정화면이 영계에서 사용되고 있음이 나온다. 화면을 통해 멀리 지상에 있는 애인과 교신하는 것이 19세기 당시로서는 영계의 신비로운 조화로 이야기될 수 있었지만 지금은 누구나 컴퓨터의 캠중계로 가능한 일이 되었다.

이 이야기야말로 후에 나올 반지의 제왕 등 환타지의 원천이라고 볼 수 있다. 이야기를 보며 이것이 사실이냐 의심하기보다는 세계와 우주에 관해 우리가 가지는 의문을 설명해줄 수 있느냐에 중점을 두어 보아야 할 것이다.

이 번역에는 소설적 흐름을 위한 제2역자의 의도가 반영되어 곧이 곧대로의 정역(正譯)이라고는 할 수 없고 번안의 성격도 있다. 하지만 말미에 있는 태양계 영적구조의 해설 등은 학문적 의미가 있는 부분이라 정밀번역을 위해 노력하였다. 수년전의 번역작업 당시에는 창작자로서의 열정으로 소설적 전개를 주로 의도하였으나 앞으로 더 중요한 것은 원전의 정밀해석이라고 생각한다. 아직도 소위 영성추구 관련해서는 신비체험과 감흥만을 중시할 뿐이지 깊은 사고력을 동원하여 의미를 해석하는 것을 꺼리는 경향이 있는데 그러한 편견이 사라지고 영성추구활동에 학구적인 대도가 보편화되면 이 책의 원전과 그와 비슷한 종류의 자료들에 관한 정밀한 해석이 더욱 가능하리라 한다.

역자 박경범(朴京範)
소설가, 장편소설 <천년여황>,<은하천사의7일간사랑>, 평역 <달콤 쌉싸름한 초콜렛>, 짧은 소설집 <나는 이렇게 죽었다>, 연작에세이 <생애를 넘는 경험에서 지혜를 구하다>, 장편소설 <꿈꾸는 여인의 영혼여정>, <환웅천왕의 나라> 外

- 목차 -

제1부 어둠의 날들

1. 나의 죽음 15
2. 절망 19
3. 희망 - 지상의 방황 - 영시(靈視)에의 문(門) 25
4. 희망(希望) 형제단(兄弟團) 38
5. 지상의 혼령들 45
6. 황혼국(黃昏國) - 사랑의 선물 - 이기심의 골짜기 - 무휴국(無休國) - 수전노국(守錢奴國) - 도박배국(賭博輩國) 50
7. 실연자(失戀者) 라울(羅鬱)의 이야기 57
8. 유혹 62
9. 빙설국(氷雪國)의 동면굴(冬眠窟) 65
10. 황혼국의 나의 집 - 산 자와 죽은 자의 교류 70
11. 스승 아린지만(雅隣智滿) 76
12. 두 번째 죽음 79

제2부 여명

13. 여명국(黎明國) 도착과 그곳의 내 집 82
14. 부정(父情) 88
15. 지옥 원정길을 지시받다 90
16. 통시력(統視力) - 여정(旅程)의 시작 94
17. 유계(幽界)와 그 거주자들 - 유령 요정 흡혈귀 98
18. 지옥에의 접근 112

제3부 지옥

19. 화벽(火壁)을 지나서 114
20. 폭군(暴君)의 도시 121
21. 지옥불 - 원령(怨靈) - 해적 - 오니해(汚泥海) - 자기억압의

산 - 황량한 숲 - 사랑의 소식 127
22. 지옥대시(地獄大市)에서의 환락과 경고 151
23. 조상의 궁전 - 거짓형제들의 혼란 162
24. 화가(畵家) 찬유(讚裕) - 음모는 다시 좌절되다 171
25. 지옥의 격전 181
26. 흑암국(黑暗國)을 떠나다 186

제4부 金門을 지나서
27. 귀환에의 환영 - 마법거울 - 지상 도시의 과업 - 회한의 나라 - 유령안개의 계곡 - 휴식의 집 191
28. 조선국(朝鮮國)에서의 나의 집과 일과(日課) 208
29. 혹성(惑星)들의 형성(形成) 211
30. 영(靈)의 물질화(物質化) 218
31. 영계는 왜 불가시(不可視)한가 그리고 심령사진 225
32. 황금문(黃金門)을 지나서 - 나의 어머니 - 명일국(明日國)의 나의 집 - 친구와의 회합 229
33. 각각의 층위(層位)를 살펴보다 240
34. 맺음 248

- 주요 등장인물 -

프란츠 - 이이야기의 주인공. 영계에서 기록자에게 이야기를 전달한다.
애나(愛娜) - 프란츠의 지상의 애인이며 그를 올바른 길로 이끈다.
아린지만(雅隣智滿) - 영계의 고명한 스승
하세인(賀世人) - 주인공의 영계에서의 선배
신우(信友) - 주인공의 영계에서의 친구
해적 - 주인공이 지옥에서 구해주어 잠시 주인공을 따른다.
찬유(讚裕) - 주인공의 지상에서의 지인이며 영계에서의 친구

- 주요 용어 -

영계(靈界)/마음누리: 분위기에 따라 혼용하였다. 마음은 보통 마음 心으로 취급되나 심(心)은 여러 정신적 개념 중 하나이지만 마음은 정신을 가리키는 보편적인 용어이다. 따라서 본 책에서는 물질에 대비되는 정신적 존재의 통칭을 말하기로 했다. 누리는 계(界)를 가리키는, 요즘 너무나도 많이 쓰이는 용어이다. 따라서 문학적인 표현으로 쓰지 않으면 이상한 것이라 하겠다.
　마루: 층계(層界), 층위(層位), 영역(領域), sphere, sphere 안에 circles 가 있다.
　누리: 계(界), circle
　마음: 마음은 영(靈) 혼(魂) 정(精) 신(神)을 통칭한다. 영은 온전한 우주적 존재이고 혼은 지상의 육체에 반영된 영의 일부분이다. 두 의미를 함께 부르는 데 있어서 영혼(靈魂)이 일반적으로 쓰이나 혼령(魂靈)은 혼의 존재를 강조하는 의미에서 사용한다. 혼체(魂體)는 객체를 강조할 때 사용한다. 이들 용어를 문맥에 따라 혼용하고 있는데 구분에 관해 크게 신경 쓰지 않아도 좋다.
　정기(精氣): 물질의 에센스, 에테르(ether)
　영본(靈本): 에센스(essence)
　혼시(魂市) : 인간의 도시와 상응하는 영계의 도시
　여명국(黎明國) : 새벽의 광명의 나라

제1부 어둠의 날들

1. 나의 죽음

운명의 날….
해서는 안 될 일을 했다.
지상의 상식과 윤리로는 용납 안 되는 것이었으나 운명은 허락했다.
나는 그리되기 원치 않았지만 운명은 나의 육체를 부려서 행하고야 말았다.
질투는 분노가 되고 분노는 증오가 되었다. 한때 친구였던 자의 육체를 해하는 것이 도대체 무슨 의미가 있단 말인가. 격투는 서로의 몸을 상하고 인생도 망가뜨렸다.
나는 장미화환이 아닌 고통의 쇠사슬을 둘렀다. 짓눌린 몸의 피멍을 보며 살다 사슬은 풀리고 감옥은 나왔으나 자유는 아니었다. 지난날의 죄는 육체의 삶을 마칠 때까지 우리를 속박하고 놓아주지 않는다.
운명이 막은 앞길은 새로운 길을 열어준다. 세월의 터널을 나온 뒤 한 여자를 만났다.
이미 나는 여자를 실컷 체험한 바 있다. 어떤 이들에게는 신비의 대상일 여자의 육체를 마음껏 유린해 봤으니 조금도 동경의 대상이 아니었다. 여자는 세상의 일에 남자보다 열등하다는 생각도 가져왔으니 내가 한낱 여자와의 사랑에 함몰하는 일 따위는 없으리라 여겨왔다.
그녀를 만난 날 내 생각은 한 번에 바뀌었다. 섣부른 속세의 호칭으로 부르기도 어려운 그녀는 속세의 인간이 아니었다. 천사라 부르며 마음을 바쳤다. 여자를 대하는 나의 태도가 그렇게 변하다니…. 그녀에게 줄 수 있는 모든 것을 주었다. 생전처음 나보다 타인을 먼저 생각했다. 세상의 이해타산에 물든 내가 그녀의 순수한 마음과 아름다운 꿈을 감당하기엔 부족함이 많았지만 그녀를 내 수준으로 끌어내려 더 가까워지려는 유혹에 넘어가지 않은 것은 천만다행이다.

그녀로 인해 내 마음은 밝아지고 내게 없을 줄 알았던 순정이 자라났다. 나를 혹독히 옭아맸던 과거의 속박에서 이제는 자유로워질 것 같았다.

그녀가 내게 소중할수록 누군가 그녀를 채갈지도 모른다는 두려움이 마음에 일었다. 나는 그녀를 붙잡을 힘도 자격도 없었다.

세속의 찌든 때로 더럽혀진 나는 그녀를 건드릴 자격이 없다는 자격지심으로 괴로워했다. 그토록 순수한 영혼을 감히 나 같은 인간 곁에 붙잡아 놓아도 될 것인가.

상냥한 그녀의 태도를 보며 그녀 또한 나를 사랑함을 느꼈다. 그러나 지상에 살아 있는 대로는 그녀는 절대 내 것이 안 될 것 같았다. 그녀의 지고지순한 진실함은 내게 건너지 못할 벽이 되어 나의 접근을 막고 있었다.

그녀를 마음으로 떠나려 해도 자석에 쇠막대가 끌리듯 되돌아가곤 했다. 결국 그녀의 존재가 베푸는 행복만으로 감사하기로 마음먹었다.

이미 타인에게 큰 피해를 주었던 내게 행복이란 허가되지 않는 것일까. 욕심을 부린 것도 아니고 다만 그녀의 존재에 만족한 것뿐이었지만 행복감을 누린다는 것은 나 같은 죄인에게 용납되지 않았던 것일까.

내게 피해를 받았던 자의 복수는 예상 못한 일이었다. 기습을 받아 나는 죽음이란 심연으로 내몰렸다.

처음엔 내가 죽었음을 모르고 있었다. 몇 시간을 고통으로 몸부림치다 꿈도 없는 깊은 잠에서 깨어나보니 온통 캄캄했다. 그러나 몸을 일으킬 수도 있었고 돌아다닐 수도 있었다. 죽기 직전에 비해 오히려 몸 상태가 좋아진 것 같았다.

어딘가. 왜 이리 어두운가. 주변을 더듬었지만 아무 것도 잡히지 않고 아무 것도 보이지 않고 아무 소리도 들리지 않았다. 온통 정적과 암흑이 감싸고 있었다.

암실 같은 이곳에서 나갈 곳을 찾아 조심조심 앞을 더듬었다. 몇 시간 지난 듯했지만 달라지는 것은 없고 두려움과 당혹감만 커졌다. 빠져나갈 길을 찾아야 하는데 문이나 통로는 없고 오직 암흑뿐이었다.

겁에 질려 소리를 질렀다. 온 힘을 다해 악쓰고 고함쳐도 누구 하나 답하지 않았다. 메아리조차 없었다. 사랑하는 그녀가 생각났지만 왠지 그녀의 이름 애나(愛娜)를 부르고 싶지는 않았다. 나는 친구들의 이름을 떠오르는 대로 불렀다. 그러나 아무 답이 없었다.

감옥인가 했지만 감옥이면 있을 벽도 없다. 내가 정신착란에 빠진 걸까 했지만 몸 상태 정신 상태 모두가 멀쩡하다.

그런데 몸에 약간 변한 게 있는 것 같긴 하다. 뭔가 오그라지고 일그러진 듯하다. 손을 대보면 얼굴은 전보다 커진 것 같고 푸석하고 찌그러진 듯하다. 누가 와서 말 한마디라도 건네줬으면 하는데 왜 아무도 없나. 완전히 혼자가 된 건일까. 나의 천사 애나는 지금 어디에 있나. 자기 전에 분명 그녀와 함께 있었는데….

"애나!"

더 이상 참을 수 없어 그녀를 불렀다. 그녀를 잃은 건 아닌지 불안하여 자꾸 불렀더니 이윽고 내 목소리가 칠흑 같은 어둠 속에서 메아리가 되어 돌아왔다.

눈앞의 먼 곳에서 별처럼 아주 작은 빛이 보이더니 점점 가까이 다가오면서 큼지막한 공처럼 커졌다. 그 안에 사랑하는 그녀가 있었다. 그녀는 잠자듯 눈을 감고 있었지만 팔을 내 쪽으로 뻗어 귀에 익은 부드러운 목소리로 말했다.

"사랑하는 당신, 지금 어디에 있나요? 보이진 않지만, 당신의 목소리가 들려요. 당신이 나를 부르는 소리가. 내 마음 깊은 곳에서 당신의 목소리가 들려요."

제1부 어둠의 날들

그녀에게 냉큼 달려가려 했지만 보이지 않는 힘이 나를 붙들었다. 그녀 주변에는 보호막이 쳐 있어 내가 뚫고 들어갈 수 없었다. 비통한 마음에 나는 바닥에 쓰러져 가지 말라 애원했다.

그러나 그녀는 고개를 푹 떨구고 힘센 누군가에게 안겨가듯이 내게서 멀어졌다. 일어나 따라가려 했지만 몸이 움직이지 않았다. 거대한 쇠사슬로 단단히 묶인 것 같았다. 발버둥 치다 의식을 잃고 바닥에 쓰러졌다.

다시 정신을 차렸을 때 그녀가 내 곁에 돌아와 있어 너무나 반가웠다. 지상에서 봤을 때와 다름없지만 슬픔에 잠긴 수척한 표정이었고 검은 옷을 입고 있었다. 사방은 어두워도 아주 캄캄하지는 않았다. 꽃다발을 든 그녀는 모서리가 각지고 글자새김이 선명한 비석이 서있는 무덤 앞에서 몸을 굽히고 있었다. 그녀는 무덤에 꽃을 내려놓고 무릎 꿇으며 낙루(落淚)와 더불어 나지막이 흐느꼈다.

"내 사랑 이제 돌아오지 못하나요. 닿지 못할 먼 곳으로 가버렸나요. 목소리조차 들을 수 없는 곳으로 떠났나요."

그녀를 만질 수는 없지만 아주 가까이 다가갈 수는 있었다. 나는 그녀의 옆에서 똑같이 무릎을 꿇고 무덤을 바라보았다.

"아앗. 프란츠… 바로 내가 아닌가."

2. 절망

나는 그녀와 함께 무덤에 참배할 처지가 아님을 알았다. 두어 걸음 물러서서 꽃을 뿌리는 것을 지켜보았다.

무덤이 점차 투명해지더니 내 이름과 사망 날짜가 새겨진 관이 보였다. 관 속에는 누워 있는 나의 주검이 희끄무레 보였다. 이미 부패가 시작된 육신은 끔찍해 들여다볼 수조차 없었다.

시신을 보다가 다시 나 자신을 봤다. 손으로 팔다리를 더듬어보고 내 얼굴의 익숙한 형태를 만져보았다.

"죽었는데 이렇게 버젓이 살아 있다니. 이게 정말 죽음이라면 결국 그 성직자들이 옳았단 말인가? 죽은 자들이 모두 살아 있다면 전부 어디에 가 있는 걸까? 이 캄캄한 공간이 지옥일까?"

나는 지옥 말고는 갈 곳이 없는 사람이었다. 아무리 교회를 건성으로 다니는 자도 나보다는 신앙이 있을 것이다. 나는 완전한 불신자였으니 교회의 가르침에 따르면 연옥(煉獄)조차 못갈 것이다.

나는 교회와는 연(緣)을 끊은 채 살았다. 성직자들의 추한 욕심을 방치하는 교회가 어찌 사람들에게 영성(靈性)을 말하겠냐며 코웃음치곤 했다. 교회에도 선자(善者)가 있음은 사실이지만 사람들의 입방아에 오르내리고 수군거림과 조롱의 대상이 되는 자 또한 다수이다. 교회는 이런 비열한 자들을 내쫓기는커녕 높은 지위에 앉히곤 했다.

이탈리아에서 교회 권력의 끔찍한 남용을 겪어봤다면 누구나 한번쯤 국가가 앞장서서 이런 부패세력을 일소해야 한다는 생각을 해봤을 것이다. 십구세기 초반 로마교회는 압제자들의 하수인 역할을 자청했다. 성직자에게 밀고하면 성직자는 관리에게 일러바치고 그렇게 붙들려온 사람들로 지하감옥은 만원이었다. 조국을 사랑하고 압제자를 증오한 죄밖에 없는 무고(無辜)한 젊은이들도 많이 수감됐다. 온 나라가 밀고자로 들끓다보니 사람들은 가까운 친지에게조차 마음을 털어놓길 꺼렸다.

이탈리아 국민의 가슴에 이글거리는 분노가 들불처럼 번져 신과 교회에의 믿음을 불살라 버린다 해도 놀랍지 않을 일이었다. 분노하는 자들은 설령 용암이 터져 나와 영생의 소망을 쓸어버린다 해도 그것이 교회의 가르침에 복종해야 이뤄지는 것이라면 차라리 죽음을 택하겠노라며 등을 돌리곤 했다.

이렇듯 내가 세례를 받을 당시엔 교회에 대한 반감과 경멸의 분위기가 팽배해 있었다. 나는 교회의 가르침이라면 관심조차 가져본 적 없었다. 그러니 교회에서 지옥에 보낼 영혼을 고른다면 나는 그 맨 앞에 있었다.

이런 생각을 하며 다시 그녀를 바라보자 그녀가 나를 보러 지옥까지 찾아올 일은 없을 거란 생각이 들었다. 그녀도 언젠간 죽음을 맞을 것이다. 그녀가 무덤에 묻힐 때까지는 내가 지상에 남아 있어야 할 텐데…. 혹시 죽은 사람은 지상을 떠나지 못하고 삶을 누렸던 장소 주변을 맴도는 것인가. 이런저런 생각으로 머릿속이 터질 것 같았다.

그녀에게 닿으려 안간힘을 썼지만 불가능했다. 보이지 않는 장벽이 가로막았다. 아무리 애를 써도 만질 수 없었다.

"애나, 나는 아직 살아 있어! 비록 죽긴 했지만 여전히 의식이 남아 있고 모든 게 똑같아."

외쳤지만 그녀는 아무 말도 듣지 못하는 듯했다. 그녀는 내 존재를 전혀 인식 못했다.

그녀는 여전히 슬픔에 잠겨 흐느끼고 있었다. 살며시 꽃을 만지며

"프란츠는 생전에 꽃을 좋아했어. 내가 저를 위해 꽃을 놓아둔 것을 분명 고마워할 거야." 중얼거렸다.

"애나, 나야!"

거듭 외쳤지만 허사였다. 그녀는 몸을 일으켜 작별 인사를 하고는 안타깝게도 자리를 떴다.

따라가려 했지만 소용없었다. 검은 실 같은 것이 거미줄처럼 몸을 둘러막고 있었다. 도저히 끊을 수 없었다. 몸을 움직이면 고무줄처럼 늘어났다가 이내 당겨지며 원위치로 되돌려놓았다.

절망적 심정의 내게 설상가상으로 썩어가는 육신의 느낌이 전해왔다. 사지(四肢)에 독이 올라 온 몸으로 번지는 고통이 느껴졌고 추가의 공포가 밀려왔다.

그때 위엄 있는 목소리가 어둠 속에서 들려왔다.

"너는 영혼보다 육신을 더 사랑했구나. 네가 그토록 애지중지하며 집착해온 것이 결국 어떻게 썩어 가는지 보아라. 얼마나 허망한 것이더냐. 얼마나 혐오스럽게 변했느냐. 그리고 네가 육체의 즐거움에 팔려 영혼을 얼마나 소홀히 여기고 방치해왔는지 보거라. 네 지상의 삶이 그렇게 너의 혼령을 혐오스럽고 추하게 해놓았다. 네 생전에 썩어 없어질 것에 몰두했기에 영속(永續)의 존재까지 그 지경을 만든 것이다."

내가 자신을 보려고 하니 앞에 거울이 있는 것처럼 내 모습이 보였다. 맙소사! 의심의 여지없는 내 모습이었지만 너무도 끔찍하게 변해 있었다. 믿을 수 없으리만치 비루(鄙陋)한 모습이었다.

얼굴은 광대뼈와 아래턱이 부어오른 듯 튀어나왔지만 누르면 폭 꺼지는 푸석한 것이었다. 얼굴 곳곳에 혹 같은 것이 있는데 역시 누르면 그대로 납작해졌다가 천천히 다시 솟아올랐다. 두툼한 크고 작은 혹들은 좌우가 다르고 더러는 찌그러져 이게 사람의 얼굴인지 괴물의 것인지 중간쯤 될 것 같았다. 사지의 모양은 지상에 있을 때 올바른 목적으로 사용되지 않았고 만약 없어서 사용이 안 되었다면 더 좋았을 경우가 많았음이 반영된 것 같았다. 팔은 기본이 굽혀있는 상태였고 펴기가 쉽지 않았다. 손을 들썩이는 손목 운동은 쉬웠는데 움직이려 하지 않아도 늘 떨리듯 손을 털었다. 다리는 안으로 휘어 짧아지고 발등을 밖으로 하여 뒤뚱뒤뚱 걸었다.[1]

얼굴과 몸 모두 역겨운 몰골이었다. 몸을 움츠려 쥐구멍에라도 들어가고 싶은 심정이었다. 누가 내 꼴을 볼까 더럭 겁이 났다.
"아! 이제 다시는 그녀를 찾을 수 없겠구나. 이런 모습은 절대로 보여주고 싶지 않아. 죽을 때의 모습으로 기억에 남겨주고 영영 떠나는 게 나을 거야. 어쩌다 이 지경이 된 걸까!"
절망과 비통함이 극에 달한 나는 비명을 지르며 나 자신을 때리고 머리카락을 쥐어뜯다 의식을 잃고 쓰러졌다.
얼마나 지났을까. 정신을 차려보니 사랑하는 그녀가 다시 보였다. 이번엔 꽃다발을 들고 와서 무덤에 올려놓으며 전보다 더 애틋하게 혼잣말을 했다. 그녀가 혹시라도 알아볼까 두려워 움츠리고 숨으려 했다. 내가 사실은 살아 있음을 알리는 대신 지금처럼 슬퍼하게 내버려두자는 생각이 들었다. 그녀가 이윽고 돌아서 떠나가기까지 눈물을 머금고 보고만 있었다.
"아! 가지 말아줘!"
그녀가 멀어지자 나는 미친 듯이 그녀를 불렀다.
"떠나지마! 먼발치에서나마 볼 수 있게 해줘!"
나는 애원했다. 그녀는 나의 부르짖음을 들은 것 같지는 않았지만 뭔가 이상한 느낌을 받은 것 같았다. 잠시 멈칫하며 뒤돌아서서 발걸음을 돌릴 듯싶더니 이내 가던 길을 다시 갔다.
이후에도 그녀가 무덤에 오면 나는 숨어있듯 움츠려 있으면서 다가가지 않았지만 막상 그녀가 무덤을 떠날 때는 내 곁으로 와달라고 공허하게 절규하곤 했다.
나는 소리쳐본들 산 사람은 들을 수 없음을 알고는 더 이상 그녀를 부르지 않았다.
세상 사람들에게는 이미 죽은 존재였지만 오로지 나 자신과 내 가혹한 운명 앞에서만 살아 있을 뿐이었다. 죽음이 영원한 잠도 망각도 아니란 사실을 알게 됐다. 죽음으로 모든 게 끝난다면 얼마나 좋을까. 절망에 찬 심정으로 나는 모든 걸 잊고 사라지게 해달라고 기도했다. 하지만 기도 중에 나는 그것이 불가능함을 깨달았다. 인간은 불멸의 영혼이고 선하든 악하든 행복하든 불행하든 영원히 사는 존재이니 육체는 썩어 흙으로 돌아가도 인간의 실체인 영혼은 썩지도 사라지지도 않는다.

시간이 지나 의식이 더욱 깨어나면서 나는 지나온 인생을 똑똑히 돌아볼 수 있었다. 처음엔 희미했지만 점차 강렬하고 또렷해졌다. 비통함과 절망감에 고개 떨굴밖에 없었다. 모든 과오를 되돌리기엔 이미 늦었음을 알았다.

생전 나는 욕망의 충족만을 따랐다. 내가 누구에게 친절하거나 아량을 베푼 적이 있다면 그가 내게 보탬이 되는 사람이기 때문이었다. 나는 힘 있는 자들의 총애와 인정을 받고 싶어 선물과 아첨을 아끼지 않았다.

젊을 때부터 재주가 많아 사람들로부터 칭찬을 많이 받았지만 나의 인간성으로 받은 칭찬은 그다지 없었을 것이다. 설혹 그런 일이 있더라도 내 이득을 취하려는 아첨을 예의바른 것으로 착각한 것일 게다.

나는 조건 없이 타인을 위하는 헌신적 사랑은 해본 적이 없다. 남자들은 동물적 욕망일 뿐인 비천한 정욕에 사랑이란 고귀한 이름을 붙여놓길 좋아한다. 눈에든 여자를 지상에 내려온 천사로 여기고 그녀의 품안에만 들어오면 세상에 더 바랄 것이 없으리라는 착각에 몰입한다. 그러다 여자도 똑같은 인간이며 때로는 더욱 야멸찬 동물이라는 것을 깨닫는 환멸을 맞는다. 그렇다고 여자를 멀리하지는 못한다. 결국 여자를 욕구해소의 수단으로만 여기게 된다. 나 또한 이러한 과정을 거쳤다.

결국 나도 마음 속 깊이 진실한 사랑을 느꼈던 여자가 없었다. 나 또한 이상적인 사랑을 동경한 바 있지만 만났던 여자들은 이래저래 실망을 안겨줄 뿐이었다. 그 여자들은 내가 그들을 사랑하는 딱 그 정도에서 더도 덜도 없는 만큼만 나를 사랑했다. 그래도 이상적인 사랑이 나타나길 고대하며 나는 불만스러운 세월을 보냈다.

그러는 동안 나는 많은 잘못을 저질렀다. 얼마나 많은 죄를 지었는지 말도 못할 지경이다. 하지만 세상은 나에게 좋은 사람이며 고상하고 멋진 남자란 칭찬을 하곤 했다. 나는 내 호감을 사려고 안달하는 여자들의 입에 발린 찬사에 그만 익숙해지고 말았다. 그리고 마음에 드는 여자를 손에 넣으려고 실컷 유혹을 하다가도 막상 내 것이 되고 나면 심드렁해져 다른 여자에게로 눈길을 돌리곤 했다.

3. 희망 - 지상의 방황 - 영시(靈視)에의 문(門)

절망 중에 어디선가 부드럽고 따스한 목소리가 들렸다. 그녀의 목소리였다. 나도 모르게 몸을 일으켜 소리 나는 곳을 향했다. 나를 얽어맸던 끈이 팽팽해지며 계속 늘어나는 것 같았다.

마침내 어떤 어두운 방에 이르렀다. 어딘가 모르게 익숙한 느낌이 드는 방이었다. 그녀의 집이었다. 지난날 그곳에서 얼마나 행복한 시간을 보냈는지 모른다. 그러나 지금은 까마득한 심연이 그녀와 나 사이를 갈라놓고 있다.

애나는 연필을 쥐고 종이가 놓인 작은 탁자에 앉아 내 이름을 불렀다.

"내 소중한 사람아, 죽었더라도 내게 돌아왔다면 나를 통해 글을 써주세요. 예 아니오로 간단히라도 좋으니 대답해주세요."

죽은 뒤 처음으로 그녀 입가의 미소 그리고 울어서 부은 안피(眼皮) 아래 희망의 안광(眼光)을 보았다. 정겨운 얼굴은 창백하고 우울했지만 내게 주는 사랑의 감미(甘味)가 느껴졌다.

그녀의 곁에 사람의 형체가 셋 보였다. 그들도 혼령 같았지만 나하고는 너무 달랐다. 눈부신 빛을 발산하여 똑바로 쳐다보다간 안구가 타버릴 것 같았다. 하나는 큰 키의 위엄(威嚴) 있는 남자였는데 천사로서 그녀를 수호하고자 허리를 굽히고 있었다. 그 옆의 미소년 같은 두 남자는 그녀가 평소에 자주 얘기했던 오빠들임을 알 수 있었다. 둘 다 일찍이 젊음의 향연을 버리고 타계한 천사였다.

나는 위축되어 물러섰다. 그들은 나를 본 것 같았다. 몸에 걸친 망토로 흉측한 얼굴을 가리려 하다 자존심과 오기가 발동했다.

"애나가 나를 불렀으니 나는 나타날 자격이 있다. 그녀를 만나면 새로운 길이 생길지 모른다. 세상엔 나보다 더한 악인도 많았는데 내가 정말 돌이킬 수 없는 죄인이란 말인가. 일단 죽었다고 아무 희망도 없다면 너무 심하다."

그러자 무덤에서 들렸던 그 목소리가 대답했다.
"슬픔에 빠진 자여! 죄 지은 자라고 희망이 없겠느냐. 죄 지은 자가 참회하고 용서를 구하면 인간끼리도 용서해주지 않는가. 하물며 신이 인간보다 자비롭고 정의롭지 못하겠는가. 자기 마음을 들여다보라. 그대는 정녕 참회하고 있는가. 그대의 고통은 그대 때문인가 아니면 그대로 인해 고통 받은 자들 때문인가."
그 말을 듣자 내가 진심으로 뉘우친 적이 없음을 알았다. 나는 그저 이기적인 사랑이 이루어지지 못해 고통스러울 뿐이었다.
"프란츠! 대답해 줘요!"
다시 그녀가 간청하지 나는 얼른 답하려 했으나 전달되지 않았다. 내가 여전히 살아있고 그녀를 사랑함을 알릴 수 있다면 좋겠는데…. 다가가 그녀의 손을 움직여보려 했지만 키 큰 혼령은 우리 사이에 끼어들어 나를 물러 세우고 말했다.
"네가 애나에게 하고 싶은 말을 하면 내가 대신 애나의 손을 움직여 써주겠다. 이 처자(處子)가 너를 사랑하는 마음이 간절하니 부탁을 들어주는 것이다."
그의 말이 너무 고마워 그의 손에 입을 맞추려 했지만 불가능했다. 그의 몸에서 뿜어 나오는 눈부신 빛에 닿기도 전에 타버릴 것 같았다. 천사임이 분명한 것 같아 허리 굽혀 절했다.
다시 그녀가 말했다. "당신 여기 있나요."
내가 그렇다고 대답하자 천사가 애나의 손을 움직여 그렇다고 썼다. 아이가 쓴 것처럼 구부러지고 삐뚤어진 글씨였다. 애나는 환하게 웃고 다시 질문했고 내가 대답하면 천사의 손이 움직이며 받아 적었다.
"내가 당신을 위해 해줄 수 있는 일이 있을까요."
그녀의 질문에 나는 천사에게 말했다. "아니오. 없습니다. 그만 가봐야겠어요. 그녀를 더 이상 괴롭히고 싶지 않군요. 이제 그만 나를 잊으라고 전해주세요."
이 말을 전하며 가슴이 찢어지는 것 같았지만 뒤이은 그녀의 대답이 나를 감동케 했다.

"그런 말씀 마세요. 나는 당신의 가장 소중한 사람이잖아요. 당신이 죽은 뒤로 나는 당신을 찾아 대화해야겠다는 생각밖엔 없었어요."

나는 "나도 그랬어요!" 하고 소리 질렀다.

다시 돌아오겠냐는 그녀의 질문에 그렇다고 했다. 그녀를 위해서라면 못 갈 곳 못 할 일이 없는 것이다.

"오늘밤은 더는 애나에게 영필(靈筆)을 시킬 수 없소."

광명천사(光明天使)는 이 말을 애나의 손에다 지시하여 이만 쉬도록 했다.

나는 교회묘지의 어두운 내 무덤 속으로 다시 이끌려 왔다. 하지만 먼저와 같은 비참함과 절망 상태가 아니었다. 한 가닥 구원의 희망이 생겨났고 그녀를 다시 만날 기대감에 부풀었다.

그런데 옆에 누군가들이 있었다. 바로 그녀의 오빠들이 따라온 것이었다.

"자네와 그 애와는 넘지 못할 간극(間隙)이 있네. 아직 창창(蒼蒼)한 그 애의 앞날을 자네 때문에 암울하게 하고 싶은가. 자네가 떠나주기만 하면 그 애도 모든 걸 단념하고 한 때의 추억으로만 간직할 걸세. 자네가 진정 그 애를 사랑한다면 이제 시작하는 그 애의 인생을 고독하고 기구하게 해서는 안 되네."

그러자 이제까지의 자격지심은 사라지고 나는 그들에게 당당히 대답하는 것이었다.

"애나를 사랑합니다. 너무 사랑해서 떠날 수 없습니다. 이제까지처럼 계속 사랑하는 것 말고는 아무 것도 못합니다."

"자네 같은 자가 어찌 감히 우리 동생 같은 순수한 아이의 인생에 끼어든다는 건가. 그것도 산 사람도 아닌 혼령의 몸을 하고서… 제 정신으로 하는 말인가. 그 애가 죽을 때까지 기다렸다가 함께 살겠다는 건가. 그 애는 자네가 들어가지 못하는 밝은 층계(層界)에 속한 영혼이라네. 자네를 잊고 새로운 행복을 찾도록 길을 터주는 게 그 애를 슬픔 속에서 평생 눈물짓게 하는 것보다 훨씬 사내다운 것이고 진정한 사랑이 아닌가."

내가 힘없이 그녀도 나를 사랑한다고 하자 그들은 이어 말했다.

"그건 그 애가 어려 철이 없어 자네를 이상형으로 삼았기 때문일세. 하지만 자네의 모든 것을 안 뒤에도 계속 사랑해줄 것 같은가. 두려워 자네를 멀리하지 않으리라 어찌 장담하겠는가. 그 애에게 진실을 말하고 선택권을 주게. 자네에게 묶어놓는 것보다 남자다운 것이고 진정한 사랑일세. 진심으로 아끼고 위한다면 자네 입장보다 그 애의 행복을 우선(優先)해야지."

이 말에 내 모든 희망은 사라졌다. 다시 내 처지를 깨닫고 부끄럽고 비참한 심정에 머리를 흙먼지에 처박았다. 나는 그녀와는 어울리지 않는 타락한 인간인 것이다.

내게서 해방된 그녀의 삶이 어찌 흘러갈지는 거울 보듯 알 수 있었다. 훨씬 좋은 남자와 오손도손 잘 살 것이다. 나 같은 놈과의 사랑은 그녀의 신세를 망치는 것이다.

내 인생 이후 타인의 행복을 우선한 건 처음 같았다. 애나를 진심으로 사랑하고 그녀의 행복을 바랐기에 나는 동의했다.

"그럼 그리 하십시오. 애나에게 진실을 말하시고 저에게 작별인사만 하게 해주십시오. 더 이상 애나의 인생에 어두운 그림자를 드리우지 않겠습니다. 미련 없이 떠나겠습니다."

우리는 다시 그녀에게로 갔다. 그녀는 슬픔에 지쳐 잠들어 있었다.

"제가 처음이자 마지막으로 키스를 하게 해주십시오."

나는 간청했으나 그들은 안 된다고 했다. 건드리면 그녀의 생명을 빼앗을 것이라 했다.

그들은 그녀를 깨워 내 말을 받아 적게 했다. 내가 하는 한 마디 한 마디가 마지막 남은 희망을 관에 넣고 대못을 박는 것만 같았다. 그녀는 꿈꾸는 듯이 내 치욕스런 삶의 이야기들을 받아 적었다. 나는 이제 모든 것은 끝났으니 나의 죄악에 찬 삶과 이기적인 사랑으로부터 자유로워지길 바란다고 했다. 심장에서 피눈물을 쥐어짜듯 작별인사를 하고 고개를 돌려 그곳을 떠났다.
 그때 내 몸과 무덤에 이어져 있던 끈이 스르르 풀리면서 나는 자유의 몸이 되었다. 혼자서 어디든 갈 수 있게 된 것이다. 영혼이 기왕의 이기적 생활방식을 벗어나니 드디어 먼저 삶의 흔적인 시신으로부터 자유롭게 된 것이다.
 게다가 이 무슨 일인가. 그토록 가녀린 줄로만 알았던 그녀가 누구도 거스르지 못할 단호한 어조로 나를 불러 세웠다. 내가 그녀를 사랑하는 한 절대 포기할 수 없다는 것이었다.
 "당신의 과거가 어찌됐든 상관없어요. 당신이 지옥 밑바닥까지 떨어진다 해도 당신을 사랑할 거고 따라갈 거예요. 하나님이 당신의 과거를 용서하고 구원하실 때까지 당신을 돕겠어요."
 이기심과 승리욕에만 사로잡혀 지냈던 무정한 마음이 부드러운 사랑의 손길에 무너져 내리며 울음이 터져 나왔다.
 그녀에게로 돌아가 곁에 무릎을 꿇고 앉았다. 오빠천사들은 그녀를 만지지 못하게 했지만 수호하는 광명천사는 애나의 간절한 기도가 응답을 받아 프란츠를 빛으로 인도해 주리라고 일렀다.
 떠나면서 나는 광명천사가 그녀에게 힘과 위로를 주며 하얗게 떠 있는 것을 보았다. 그녀가 다시 나를 부를 때까지 도처를 떠돌아다녔다.
 애나는 천사들의 보살핌 속에 잠을 자고 아침 일찍 일어나 어떤 남자를 찾아갔다. 나에게 통신하려 애쓰면서 찾아낸 친절하고 선량한 사람이었다. 영매(靈媒)라 불리는 자의 도움을 받으면 나와 대화가 가능하리라 수소문(搜所聞)해서 치유의 영매로 알려진 이 남자를 찾은 것이었다.
 이 사실은 나중에 안 것이었다. 애나의 강력한 목소리가 나를 끌어당긴다고 느껴 따라가자 희미한 작은 방 같은 곳에 도달했다. 희미하다는 것은 그녀 주변을 별처럼 미미하게 비추는 광원 말고는 모든 것이 어두운 것이었다. 그녀는 영매에게 전날 밤의 일을 말했다.

"저 또한 프란츠를 지극히 사랑해요. 프란츠를 도울 수만 있다면 모든 것을 바치겠어요."

진심을 털어놓는 그녀에게 영매는 희망적인 조언을 많이 해주었다.

"비록 생전과 다르긴 하지만 그이는 얼마든지 당신을 사랑할 수 있고 당신 또한 그이의 사랑을 받을 수 있습니다. 다른 어떤 사람보다 도움이 되는 게 당신입니다. 당신의 사랑이 그이에게 가장 큰 위안과 희망을 주고 그이가 참회의 길을 가도록 격려해 주는 덕(德)입니다."

영매의 판단은 나를 향한 그녀의 사랑이 죽음의 장벽마저 무너뜨릴 정도로 순수하고 진실하니 그녀야말로 나를 도울 최적의 인물이란 것이었다.

"어젯밤 프란츠는 처음엔 자기 처지가 저를 사랑할 자격이 없다며 떠나려 했지요. 그러나 인간(人間)의 사랑은 서로 자격조건을 재는 것이 아닙니다. 서로 얼마나 상대를 필요로 하고 상호부조(相互扶助)할 것인가가 맺어짐의 관건입니다. 그에게서 당신은 말할 것도 없고 당신에게서도 그간의 영생(靈生)과 인생(人生)에서 닦아온 인격을 활용하여 세상 사람을 구제하는 소명을 시작할 대상으로서 그만큼 적합한 자가 없습니다. 그에게 당신을 사랑할 기회를 줌으로써 그 과정에서 그의 영혼이 구원될 수 있는 것입니다."

자상하게도 무당은 간밤의 마음 아팠던 일에 관해 내가 미처 못했던 고백을 해주고 나의 과거의 사정을 해명하여 돕기도 했다. 그녀야말로 내 진실한 사랑을 바칠 유일한 여자임을 내 대신 그녀에게 전해 주었다. 무당은 그녀의 슬픔을 달래주고 용기를 북돋았는데 이는 나를 돕는 것보다 훨씬 고마운 일이었다. 그녀가 떠나자 나는 그녀를 따라갔고 우리 둘은 희망에 부풀었다.

집에 도착하니 그녀의 두 오빠와 다른 영들에 의한 새로운 장벽이 우리를 갈라놓고 있었다. 그녀를 감싼 보이지 않는 막을 통과할 수 없었다. 나는 따라다닐 수는 있었지만 가까이 가진 못했다.

"그 무당에게 도움을 청해야겠다."

내가 바라는 마음이 나를 다시 그에게로 끌고 갔다. 그는 나의 존재를 바로 알아차렸다. 생소할 것인데도 내 입장의 이야기를 거의 알아들으며 내가 말하고 싶은 것을 헤아려주니 그에게 모든 것을 털어놓았다.

"솔직히 그녀를 늘 따라다니고 싶습니다. 이것이 그녀에게 누(累)가 될까요?"

"그녀의 존재 그대로 사랑해주세요. 어디에 있는지를 가리는 건 지상사람의 기준이고 그저 그녀의 몸으로 표상(表象)되는 영혼을 사랑하고 있음을 의식하면 됩니다."

그는 내가 묻는 모든 것을 답해주고

"인내심으로 기다리면 모든 일이 잘 풀릴 겁니다."

하며 나를 안심시켰다.

"비록 그들이 영적 장벽을 쌓아도 그녀의 의지는 언제든 당신을 끌어들일 것입니다. 무엇이라도 당신에 대한 그녀의 사랑을 막지 못합니다. 당신이 영적 지식을 배워나가고 자기향상에 노력한다면 당신과 그녀의 간극은 사라질 것입니다."

그의 말을 들은 나는 부푼 가슴을 안고 그곳을 떠나서 다시 정처(定處) 없이 떠돌아다녔다. 이제 혼령으로서의 본격적인 삶이 시작된 것이었다.

어둠 속에 나처럼 떠돌아다니는 존재들이 있음을 어렴풋이 느끼기 시작했다. 어디를 가야 좋을지 몰라 내게 가장 익숙한 곳인 무덤으로 돌아갈까 했다. 그러자 그곳에 있게 됐다.

꽃들은 시들어 버렸다. 이틀 동안 그녀는 무덤을 찾지 않았다. 땅속에 묻힌 시신은 이제 잊은 듯했다. 죽은 육체는 잊고 산 영혼만 생각하는 건 다행한 일이었다. 시들은 꽃마저 그녀의 사랑이 담긴 듯해 흰 장미 한 송이를 집으려 했지만 안 되었다. 장미는 환영(幻影)이었던 듯 손은 장미를 뚫고 지나갔다.
 내 무덤 옆의 흰 대리석 십자가의 무덤에는 그녀의 오빠들 이름이 있었다. 그제야 나는 그녀가 나를 위해 무엇을 했는지 알았다. 가장 사랑하는 사람들 옆에 묻어준 것이다. 나도 모르게 눈물이 쏟아졌다.
 외로움에 그곳을 떠나 다른 방황하는 혼령들 사이로 다녔다. 그들 중 누구도 나를 거들떠보지 않았다. 아마도 나처럼 서로 제대로 보이지 않는 것 같았다. 그러나 이윽고 여자 둘과 남자 하나의 삼음영(三陰影)이 내게로 다가왔다. 남자는 내 팔을 붙잡었다.
 "이보게, 지금 어디로 가는 건가. 허둥지둥 하는 걸 보아하니 이곳에 온지 얼마 안 된 친구로군 그래. 이곳 사람들은 뭘 하든 서두르는 법이 없네. 남아도는 게 시간이니 말일세. 영원한 세월의 방랑자라고나 할까?"
 그는 소름끼치도록 차갑게 웃었다. 몸서리가 쳐질 정도로 기분 나쁜 웃음 소리였다. 이번엔 여자들이 양쪽 팔을 하나씩 붙잡으며 말했다.
 "우리를 따라와 봐. 죽은 뒤에도 인생을 즐기는 법을 보여줄 테니. 몸은 비록 없지만 살아 있는 인간의 몸을 잠시 빌리면 된다네. 지상의 쾌락이 아직 끝나지 않았음을 보여주지."
 너무 외롭다보니 누군가 말을 할 수 있는 사람을 만났다는 게 반가왔다. 비록 세 사람 모두 역겨운 몰골이고 여자들 쪽이 더욱 추했지만 그들을 따라가 무슨 일이 일어나는지 보고 싶어졌다.
 그때 아득히 멀고 어두운 하늘 위에 빛으로 새겨진 그림처럼 그녀의 혼령이 보였다. 그녀는 눈을 감고 있었지만 내 쪽으로 팔을 내밀고 있었고 목소리는 마치 천국에서 울려 퍼지는 것 같았다.
 "그 사람들을 조심하세요! 따라가면 안 돼요! 그곳엔 파멸이 기다리고 있답니다."
 그러고서 그녀의 모습은 사라졌다. 나는 꿈에서 깨어난 것처럼 그 사람들을 뿌리치고 어둠 속으로 달아났다. 얼마나 오랫동안 걸었는지 몰랐다. 나를 사로잡는 온갖 기억들로부터 벗어나기 위해 계속 돌아다녔다. 아무리 걸어도 끝이 없는 곳 같았다.

마침내 나는 쉴 땅을 찾아 주저앉았다. 그곳은 지면이 단단해 앉을 수 있을 것 같았다.

어둠 저 편에서 작은 불빛이 반짝였다. 가까이 가보니 어떤 방에서 새나오는 밝은 빛이었다. 한낮의 태양처럼 밝아 눈을 상할 것만 같았다. 도저히 견딜 수 없어 고개를 돌렸을 때 음성이 들려왔다.

"기다리라, 지친 방랑자여. 이곳엔 그대를 도우려는 마음씨 좋은 사람들만 있다. 사랑하는 사람을 만나려면 이리로 오라. 그대가 찾는 여자가 여기 있다. 와서 대화해보라."

나는 아무 것도 볼 수 없었는데 어떤 사람이 내 망토를 머리에 뒤집어씌우고 빛을 가리더니 나를 방으로 들여보내 의자에 앉혔다. 지치고 피곤했던 나는 앉아서 쉴 수 있는 것만으로도 고마웠다. 평온함으로 가득 찬 방안은 마치 천국 같았다.

잠시 뒤에 나는 고개를 들어 천사처럼 보이는 온화하고 상냥한 두 여인을 보았다.

"여기가 천국인가?"

어리둥절하며 다시 자세히 보니 눈이 환경에 익숙해지면서 두 여인 뒤로 애나가 슬프지만 아름답게 웃는 모습이 보였다. 처음엔 두 눈을 의심하지 않을 수 없었고 기쁨에 겨워 어쩔 줄 모르고 있었는데 가만 보니 애나는 나를 보지 못하는 것 같았다. 그러자 두 여인 중 하나가 나를 보면서 조용히 애나에게 내 모습을 설명해주었다. 애나는 기뻐했는데 영매가 그녀에게 한 말이 사실로 드러난 것이었다.

애나는 이 여인들에게 자신이 경험한 놀라운 일들과 그 일이 얼마나 달콤한 꿈같았는지를 말했다. 그녀에게 내가 여기 이렇게 있으며 당신을 여전히 사랑하며 당신의 나에게의 사랑을 믿는다고 외치고 싶었지만 입도 뻥끗 못했다. 알 수 없는 힘이 나를 누르고 있었다.
　두 여인이 말하는 걸로 미루어 그들은 천사가 아니었다. 육신을 갖고 애나와 마주보며 대화하고 있었다. 그들은 나 같은 죄인들에게 희망이 될 것에 관해 많이 이야기를 나눴다.
　먼저 나를 들어오게 했던 그 목소리가 다시 들렸다. 여인들을 통해 내 뜻을 전하고 싶냐고 묻자 나는 대답했다. "그럼요. 여부가 있겠습니까!"
　내가 하고 싶은 말을 하자 그 혼령이 한 여인에게 받아 적게 했다.
　"나는 여전히 살아 있고 당신을 사랑하고 있어요. 나를 잊지 말고 항상 생각해 주세요. 이곳에서 버텨내려면 당신의 사랑과 도움이 절대로 필요해요."
　비록 나는 무력하고 보이지도 않는 존재가 돼버렸지만 나를 향한 애나의 마음은 한결 같았다.
　"당신과 나눈 사랑의 육체적 쾌락이 지금은 없다 해도 나는 그 시절의 추억으로 만족해요. 나는 당신이 어떤 식으로든 존재함으로써 행복할 수 있어요. 당신이 늘 나를 지켜본다는 그 사실로도 나는 늘 당신을 위해 살겠어요."
　너무 소중한 말이었고 마음속에 영원히 간직될 것이었다.
　이 대화가 끝난 뒤의 시간은 내겐 깊은 잠과 같았다. 나는 너무 지쳐 그 방을 나선 뒤 얼마 못가 바닥에 고꾸라져 의식을 잃었다. 주변이 밤처럼 온통 캄캄한데 어디서 잔들 상관없는 것이었다.
　얼마나 시간이 흘렀는지 측정할 수단이 없었다. 잠에서 깨어나니 몸이 다소 개운했다. 안의 모든 감각들이 전보다 또렷했다. 나는 좀 더 빠르게 움직일 수 있었고 팔다리가 훨씬 활력 있게 느껴졌다. 전에 없던 식욕마저 나서 먹을 것을 찾아보았다. 한참을 돌아다녔지만 아무 것도 찾을 수 없다가 마침내 딱딱하게 말라붙은 빵 조각 몇 개를 찾아냈다. 그걸로도 감지덕지했다. 당장의 허기는 면할 수 있었으니.

혼령도 음식을 먹는다. 우리도 허기와 갈증을 느끼고 식욕도 있다. 우리가 먹는 음식과 음료도 우리의 몸이 그렇듯이 여러분의 눈엔 보이지 않지만 우리에겐 실체가 있다. 내가 만약 지상에 있을 때 술고래나 미식가였다면 훨씬 이르게 식욕을 느꼈을 텐데 나는 식탐이 없는 편이라 빵 조각만으로도 만족할 수 있었다. 처음엔 그걸 보고 눈살을 찌푸리며 고개를 돌렸지만 가만 생각해보니 식량을 구할 방법이 없었다. 나는 거지나 다름없었고 그런 음식으로도 고마워해야 할 것이었다.

다시 그녀가 생각났다. 혼령은 장소를 생각하면 곧바로 그곳으로 이동한다. 이번에도 생각이 나를 이동시켜 그녀와 두 여인을 봤던 그 방으로 다시 들어오게 됐다. 이번엔 단번에 들어온 모양인지 희미하게 보이는 두 남자 혼령이 나를 맞았다. 나는 그 두 혼령과 애나와 두 여인을 볼 수 있었지만 보이지 않는 장막이 우리 사이를 막고 있는 것 같았다.

나는 전에 내 말을 받아 적었던 그 여인을 통해 애나에게 메시지를 전해도 좋다는 허락을 받았다. 전에 그녀의 수호령이 그랬던 것처럼 그녀가 직접 내 말을 받아 적게 하려고 시도해 봤지만 실망스럽게도 불가능한 것을 깨달았다. 그녀는 내 말을 알아듣지 못했다. 그래서 나는 단념하고 그 여인에게 대신 받아 적게 했다.

메시지를 전달한 후 잠시 쉬면서 행복했던 시절 늘 그랬듯이 그녀의 어여쁜 얼굴을 넋을 잃고 바라봤다. 그때 별안간 남자 혼령 중의 하나가 말을 걸어왔다. 훤칠한 체격에 엄숙한 표정의 젊은 남자였다. 그는 조용하고 온화한 목소리로 말했다.

"당신의 메시지를 이 여자 분에게 직접 전달하고 싶으신가요. 그렇다면 참회하는 사람의 모임에 들어오시는 게 좋을 겁니다. 우리는 더 나은 삶의 길을 모색하는 사람들입니다. 이곳에 오시면 당신이 지금껏 몰랐던 많은 것을 배울 수 있어요. 그녀가 지상에 살아있는 동안 함께 지낼 방법이라든가 그녀의 마음을 움직이는 비결 등도요. 회개의 길은 험난하고 많은 관문에서 엄청난 고통을 겪게 하지만 지금으로선 상상 못할 행복한 안식처에 이르게 합니다."

그는 먼저의 그 친절한 영매가 했던 것과 비슷한 말로 나를 안심시켰다.

"너무 흉해 감추고 싶은 당신의 몰골은 당신의 영혼이 변화함에 따라 같이 변해 그녀가 더 이상 마음 상하지 않을 만큼 아름다운 모습으로 바뀝니다. 당신이 지금과 같이 지상에 계속 머물러 있으면 결국 전처럼 다시 환락의 세계에 빠져들 것이고 그러한 타락 속에서 그녀 곁에 머물 힘조차 잃게 됩니다. 그렇게 되면 애나의 수호령이 그녀를 지키기 위해 당신을 쫓아낼 수밖에 없을 것입니다. 반면에 당신이 참회자의 모임에 가입한다면 많은 도움을 받고 단련될 것이니 적절한 시기에 지상에 돌아올 때 유혹을 이겨낼 힘과 방패막이를 얻게 됩니다."

이 진지하고 예의바른 청년의 말을 듣고 나는 그가 말하는 형제단에 들어가고 싶어졌다.

"나를 당신의 형제단에 데려가 주십시오."

"그렇게 해주겠습니다. 당신의 자유의지와 선택만으로도 그곳에 갈 수 있어요. 행여 그곳을 떠나고 싶어지면 언제든 떠날 수 있습니다. 영계에서는 모든 게 자유입니다. 모든 이들이 자신의 바람과 욕망이 인도하는 곳으로 가게 됩니다. 차원 높은 욕망을 계발(啓發)하려고 노력하면 얻고자 하는 것들이 자연스레 주어집니다. 필요로 했던 도움과 권능을 받아 강해지는 것입니다. 당신은 기도의 힘이 얼마나 엄청난지 모르고 있지만 이제 앞으로 배우게 될 겁니다. 의식적이든 무의식적이든 진실한 기도를 통해서라면 어떠한 것도 얻을 수 있어요. 당신의 기도가 선한 것이든 악한 것이든 그에 대한 응답으로 선한 힘 혹은 악한 힘이 당신 주변으로 몰려옵니다. 잠시 그녀 곁을 떠날 것을 권합니다. 당신이 잠시만이라도 그녀와 떨어져 지낸다면 그녀뿐 아니라 당신도 기력을 회복할 것입니다. 애나의 영적인 힘이 많이 고갈됐기 때문에 석 달 정도 혼령과의 접촉을 삼가는 것이 그녀에게도 좋습니다. 만일 지금처럼 계속 접촉을 유지하면 건강을 많이 상합니다. 당신은 그녀와 떨어져 지내면서 그녀의 마음을 움직이는 데 필요한 몇 가지 가르침을 배울 수 있을 겁니다."

이 약속을 지키는 것은 애나도 나도 버거운 일이지만 역시 그러한 뜻을 전해 받은 그녀가 나에게 기꺼이 본보기가 되어 주었기 때문에 나도 그 뜻을 따를 수밖에 없었다. 그녀가 강인함과 인내력을 얻고자 한다면 나 또한 그래야 할 것이다. 그래서 나는 마음속으로 맹세했다. 내가 오랫동안 잊어왔던 하나님이 나를 기억하고 용서해 주신다면 내가 저지른 죄값을 치르기 위해 나의 모든 것을 바치겠다. 그리하여 아직 조금 밖에 목격하지 않았지만 많은 고통과 유혹이 함께 있을 것임이 확실한 이곳 지상영계를 한동안 떠나기로 했다.

나는 나의 새로운 안내자를 따라 방을 떠나면서 내 사랑을 향해 손을 흔들고 작별인사를 했다. 그리고 선한 천사들과 하나님께 감히 나 자신을 위해 기도할 수는 없었지만 그녀에게 은총을 내리고 보살펴달라고 간청했다. 마지막으로 본 그녀의 희망에 찬 사랑스럽고 다정한 눈빛은 험난하고 고통스러운 시간 동안 늘 나를 지켜주었다.

4. 희망(希望) 형제단(兄弟團)

　세상에서 물적으로 어려운 사람을 돕는 단체가 있듯이 저승누리에는 나처럼 영적으로 어려운 자를 돕는 단체가 있었다. 나는 참회하는 혼령을 돕는 단체인 희망형제단이 운영하는 원조공가(援助公家)를 방문했다.
　처음에는 내 영력(靈力)이 워낙 미약해서 원조공가를 전혀 볼 수 없었다. 나는 맹인에 귀머거리에 벙어리나 같았다. 타인의 모습을 보거나 말을 듣기 어려울 뿐더러 말을 건넬 수도 없었다.
　지상영계도 어둡긴 했지만 근처 사람을 인식할 정도는 됐었다. 그러나 이곳에서는 암흑 속의 희미하게 깜박이는 불빛에 의지해 더듬거렸다. 지상에서 약간 높은 층역(層域)이라 영혼의 진보에 필요한 시설 외에는 아무 것도 없는 것 같았다.
　어둠은 참으로 끔찍했다. 나는 밝은 햇살을 무척 좋아했었다. 고향은 날이 늘 화창하고 햇살로 가득한 곳이었다. 청명한 하늘과 꽃이 만발한 푸른 대지가 정말 아름다운 곳이었다. 그런데 죽은 뒤로 주변은 온통 어둡고 춥고 삭막할 뿐이었다. 소름끼치는 음울함만이 숨통을 조여들었다.
　나는 살아 있을 때 오만방자한 인간이었다. 지체 높은 가문 출신이란 자의식이 강해 어느 누구에게도 고개 숙이는 법이 없었다. 내 혈관 속에는 거만한 귀족의 피가 흘렀다. 외가 쪽으로는 왕국을 호령한 거물들이 즐비했다. 그러나 이제는 고향의 가장 비천하고 보잘 것 없는 거지라도 나보다 행복할 것이다. 그들은 최소한 햇빛과 맑은 공기는 누릴 것이다. 나는 지하 감옥에 갇힌 최혹형(最酷刑)의 죄수와 같았다.
　유일한 희망인 그녀의 사랑이 없었다면 절망의 나락에 빠졌을 것이다. 감미롭고 다정한 미소로 내게 사랑의 언약을 했던 그녀가 기다린다는 생각만 하면 용기가 되살아나곤 했다. 이제 혹독한 투쟁이 시작될 것이니 많은 이들의 도움을 찾아다니며 스스로 강해

지기로 했다.
 내가 있는 곳의 면면을 구석구석 자세히 보기는 불가능했다. 어렴풋한 윤곽의 거대한 감옥과도 같았다. 나중에야 그것이 짙은 회색의 거대한 석조건물이란 걸 알았다. 지상의 돌이나 마찬가지로 단단했다.
 긴 통로와 큰 홀들이 있었지만 대부분의 공간은 빛도 들지 않고 최소한의 가구만 갖춘 헤아릴 수 없이 많은 작은 방들로 이루어져 있었다. 작은 소파 하나만 달랑 있는 방들도 많았다. 그런 소파 위엔 고통에 몸부림치며 거동조차 제대로 못하는 사람이 누워 있었다. 사람들은 대부분 그렇게 고통에 시달리고 있었다. 그곳은 슬픔의 집인 동시에 희망의 집이기도 했다. 모든 이들이 빛을 향해 올라가려고 안간힘을 쓰면서 희망의 첫발을 내딛는 곳이었다. 그들은 희망의 사다리 맨 밑단에 발을 올린 사람들로서 천국을 향해 한 걸음 한 걸음 올라가야 했다.
 내 작은 방엔 침대와 탁자와 의자만 있었다. 거기서 쉬거나 기도를 하고 때때로 비슷한 처지의 혼령들과 함께 대강당에 가서 강의를 들었다. 강의는 매우 인상적이었다. 우리가 무엇을 잘못 했는지 뼈저리게 깨닫게 하는 식으로 전달됐다. 우리의 행동 하나하나가 우리 자신과 주변 사람에게 어떤 영향을 미쳤는지 또한 이기적인 만족을 위해 한 행동이 어떻게 다른 영혼을 타락시켰는지 일깨워 줬다.
 남들도 다 하는 거라 여기며 무심코 저질렀던 수많은 일들 혹은 인간의 당연한 권리라 여겼던 일들이 상대방의 관점 즉 직간접적인 희생자의 관점에서 보였다. 또 우리의 이기적인 쾌락을 위해 만들어진 사회 시스템에 희생당하는 이들의 관점에서도 전시됐다.
 큰 집을 지으면서 이웃에 고통을 주는 것도 있고 큰 마차를 몰면서 이웃에 고통을 주는 것도 있었다. 자신이 가진 부와 명예를 당연히 누리는 것으로 알았지만 그것이 어떻게 타인에게의 피해로 이어지는지 알 수 있었다. 그 외에도 대도시의 부패상(腐敗狀)을 잘 아는 자라면 어렵지 않게 짐작하리라.

내면의 사악한 욕망을 극복하는 법을 알게 됐다. 불행한 사람을 돕는 노력으로 우리가 빠졌던 사악함으로부터 속죄됨도 알았다. 우리는 유혹에 맞서려고 안간힘을 쓰는 사람들을 은밀히 돕고 아울러 우리의 영적 성장 또한 도모하기 위해 지상에 파견되기로 되었다.

강의가 없을 때는 어디로든 자유롭게 갈 수 있었다. 물론 자유로운 이동이 가능할 정도로 영적인 능력을 키운 사람들에 한해서이다. 지상에 두고 온 가족이나 친구를 방문하러 내려가는 이들도 있었다. 살아 있는 사람들은 우리를 볼 수 없지만 우리는 그들을 볼 수 있다. 우리는 지상의 유혹에 빠져 머뭇거리지 말도록 늘 당부를 받았다. 많은 자들이 그러한 유혹을 뿌리치기 힘들어 했다.

영기(靈氣)를 사용해 병든 영들을 치유하는 이(伊)들도 있다. 지상에 있을 때 지나치게 방탕한 삶을 산 자들은 꼼짝 못하고 방안에 마냥 누워 지내게 되는데 에너지를 사용하면 이들의 고통을 조금이나마 덜어줄 수 있다. 원조공가는 이처럼 불쌍한 영혼들을 진료하는 시설을 갖추고 있다.

자격을 가진 진보한 혼령이 의사나 치유사가 되어 수용자 혼령을 조수로 써서 더욱 고통 받는 수용자 혼령을 돌본다. 그들은 영기로 가련한 혼령들을 잠시나마 고통에서 벗어나게 해준다. 이윽고 고통이 재발되곤 하지만 그 전까지는 혼령들은 기력(氣力)을 찾는다. 그러다 마침내 고통에서 해방되고 몸 상태가 회복되면 적절한 자질을 갖춘 경우에 한해 다시 자기처럼 고통 받는 다른 혼령들을 위해 영기치유를 보조한다.

건물 안에는 여러 의사와 간호사가 있었다. 지상의 병원과 매우 비슷하긴 하지만 세부적으로 전혀 다른 부분도 많다. 앞으로 지상의 의료지식이 발전하면 점점 비슷해질 것이다. 이곳의 혼령들은 대체로 주변에 밝은 빛을 뿜지 못하기 때문에 공간이 전체적으로 어둡다. 저승누리에서는 영혼의 발달 수준에 따라 주변이 밝아질지 어두워질지가 결정된다.

　어둠은 가련한 혼령의 무분별(無分別) 때문에 생기기도 한다. 이들은 지상에 있을 때 영적 인지(認知)를 전혀 계발(啓發)하지 않았기에 정상인에게 명백한 것을 맹인이나 농인(聾人)이 인식 못하듯이 주변존재에 대한 감각이 상실된 상태이다.

　가련한 영들은 어둠 속에 있기에 지상누리를 방문할 때도 수준이 비슷한 존재들만 보고 접촉할 수 있다. 영적수준이 높은 사람이나 혼령은 어렴풋하거나 전혀 보이지 않는 것이다.

　희망형제단원들은 별처럼 빛나는 작은 빛을 부여받는데 이 빛이 어두운 방을 잠시나마 밝히는 희망의 빛이 되어준다. 나도 처음엔 몸 상태가 너무 안 좋아 꼼짝 못하고 자리에 누워 있었는데 깜박이는 불빛이 긴 복도를 지나 내 방문으로 다가오는 것을 보면서 저 빛이 다시 올 때까지 지상의 시간으로 얼마나 걸릴까 궁금해 하곤 했다.

　내 경우엔 아주 오랫동안 누워 있지는 않았다. 온갖 잘못을 저지른 데다 알콜중독까지 있어 무력해진 혼령들에 비하면 나는 상당히 결백한 편이었고 무기력 상태를 벗어나려는 욕구 또한 강했다.

　회복하자마자 보잘 것 없는 일이라도 좋으니 도움이 될 일을 시켜 달라고 간청했다. 그래서 치유의 기력을 얻어 꼼짝 못한 채 누워 신음하는 불쌍한 어느 청년을 돕게 됐다. 그는 죽을 때 고작 서른 살이었는데 그 짧은 생애 동안 방탕한 생활을 일삼았다. 지상에서 남용했던 기력의 반작용으로 인해 옆에서 보고 있기조차 힘들 정도로 엄청난 고통을 받고 있었다.

　내 임무는 나보다 진보한 혼령이 와서 그 청년을 무의식 상태로 만들 때까지 청년에게 치유의 기력을 불어넣어 고통을 누그러뜨리는 것이었다. 그 과정 내내 나는 심신 양면으로 심한 고통을 느꼈다. 낮은 차원의 영계에서는 혼령이 몸의 고통을 느낀다. 영혼이 진보하면서 고통도 순전히 정신적인 것이 된다. 아주 높은 차원의 영혼들은 마침내 육체적인 고통으로부터 해방된다.

기운이 회복되면 욕망이 되살아나기 때문에 종종 가련한 혼령들이 지상으로 돌아가 산 사람들을 통해 욕구를 채우고자 하는 유혹에 빠지게 된다. 내 경우는 육체의 고통이 심했는데 지상에 있을 때 그토록 자랑스럽게 남용했던 정력이 나를 보통사람보다 훨씬 심한 고통에 빠뜨렸기 때문이다. 운동선수들이 근육을 과도하게 사용했을 때 심한 근육통을 느끼는 것처럼 살아 있을 때 남용한 힘이 혼령의 몸에 불가피한 반작용을 일으켜 심한 고통을 유발하는 것이다. 게다가 몸이 회복되면서 쾌락의 욕구도 더 커져서 지상에 돌아가 육신을 입은 인간을 통해 재미를 보려는 욕구를 나는 간신히 참을 수 있었다.

지상에서 더러운 욕망의 삶을 살고 있는 사람들은 비슷한 쾌락의 욕구를 가진 저급한 영혼들과 파동이 비슷하기 때문에 금방 공명이 된다. 원조공가에 기거하던 많은 자들이 유혹을 뿌리치지 못하고 지상으로 내려가 얼마간의 시간을 보낸 뒤 전보다 훨씬 악화된 상태로 되돌아오곤 했다.

이곳에선 모든 게 자유이다. 원조공가의 희망루(希望樓)는 상시 개방되어 원하면 언제든 다시 돌아올 수 있다. 고마워할 줄도 모르고 도와줄 가치가 없는 자도 개의치 않는다. 우리의 나약함과 뻔뻔스러운 잘못을 인내하고 포용하는 무한정의 사랑은 놀라운 것이었다.

비천한 욕망을 못 이겨 진탕 즐기다 생명력이 고갈되어 내가 돌보았던 청년처럼 거동도 못하는 상태로 되돌아오는 혼령들을 보면 안타까움을 금할 길 없었다. 애나가 내게 주는 사랑과 희망이 없다면 나 또한 그리되지 말란 법이 없었기에 나는 이 가련한 혼령들을 나무랄 수 없었다.

나는 애나가 사는 곳을 보러 지상에 곧잘 내려가곤 했다. 때론 그녀의 사랑이 나를 끌어당기기도 했다. 비록 보이지 않는 벽 때문에 그녀를 만질 만큼 가까이 가진 못했지만 그녀가 앉아 있거나 일을 하거나 책을 읽거나 잠자는 모습 등을 먼발치에서나마 지켜볼 수 있었다.

내가 그녀 옆에 있을 때면 그녀도 내 존재를 어렴풋이 느끼는지 내 이름을 부르거나 애잔한 미소를 지으며 내 쪽을 돌아보곤 했다. 가끔은 너무 슬퍼 보여 지켜보는 내 가슴이 미어지기도 했다. 애나는 용기와 인내심을 갖고 희망을 잃지 않으려 노력했지만 긴장 속에 사는 날들이 힘겨운 듯 갈수록 수척해졌다.

이 무렵 애나에게는 많은 시련이 있었다. 주로 가족과의 불화였다. 영계와 교신한다느니 하는 기행(奇行)이 가족의 걱정을 샀다. 이따금 그녀는 모든 게 망상에 불과한 것 아닐까 죽은 사람과의 교신 같은 게 있을까 하며 절망에 빠지기도 했다. 곁에서 그러한 감정을 읽으면서도 아무 것도 할 수 없음에 눈앞이 캄캄해지곤 했다. 내가 그 자리에 있음을 어떤 식으로든 알게 해달라고 기도할 수밖에 없었다.

어느 날 밤 하염없이 울다 잠든 애나의 모습 앞에 눈물을 쏟고 있는데 누군가 어깨를 잡아 돌아보니 처음에 그녀와 대화하게 배려했던 광명천사였다.

"만약 잠들어 있는 그녀에게의 키스를 허락해준다면 덤비지 않고 자제력을 발휘할 수 있겠는가."

"예!"

나는 뛸 듯이 기뻐 약속할 수 있다고 대답했다. 그러자 그가 내 손을 잡고는 좀처럼 통과할 수 없었던 투명한 막 안으로 데리고 들어갔다.

그는 애나에게로 허리를 굽혀 손으로 뭔가 이상한 동작을 취하고는 내 손을 잡아끌며 그녀를 살짝 만져보라고 했다. 그녀는 조용히 누워 잠들어 있었는데 속눈썹에 아직 눈물이 맺혀 있고 사랑스러운 입술은 꿈속에서 뭔가를 말하는 듯 약간 벌어져 있었다. 그녀의 한쪽 손이 뺨 위에 포개져 있어 나는 깨우지 않으려고 살며시 그 손을 잡았다. 그때 의식이 부분적으로 돌아 왔는지 얼굴에 기쁨의 표정이 번지는 것이었다. 나는 그녀가 깨어날까 더럭 겁이 났지만 다행히 그러지는 않았다.

　광명천사는 미소 지으며 이제 키스를 해보라고 했다. 나는 고개를 숙여 마침내 그녀에게 입을 맞췄다. 원래 딱 한번만하기로 돼 있었는데 발동이 걸린 내가 약속을 어기고 여러 번 그것도 너무 정열적으로 하는 바람에 그녀는 깨어났다. 그러자 천사는 황급히 나를 떼어냈다. 애나는 주위를 둘러보며 중얼거렸다.

　"이게 꿈일까? 아니면 정말 그 사람이 온 걸까?"

　"맞아요! 애나!"

　내가 맞다고 소리치자 그녀가 내 말을 들은 듯 환한 미소를 지었다. 그녀는 몇 번이나 내 이름을 나지막이 불렀다. 애나는 꿈에서 나를 본 것이 틀림없었다. 나 또한 그녀의 혼령체를 상대하긴 하였지만 그녀의 육체와 겹쳐서 보았기에 구분을 하지 않았고 그저 그녀라는 상대와의 입맞춤에 정신없었던 것이었다.

　이날의 기쁨은 오래 지속됐다. 그 생생하던 입맞춤의 기억을 지니며 언젠간 나도 그녀를 품을 수 있다는 희망에 불타올랐다.

5. 지상의 혼령들

마침내 희망루를 떠날 때가 됐다. 나는 속죄의 행위로서 지상영계와 그 아래 영계로 가서 활동하게 것이다. 이제 죽은 지 아홉 달이 지났고 활력을 되찾아 지상을 자유로이 왕래할 정도가 됐다. 시력과 그 밖의 감각들이 처음보다 많이 좋아져 또렷이 보고 듣고 말할 수 있었다.

내 주변의 빛은 땅거미가 지기 시작할 무렵의 어슴푸레한 밝기가 되었다. 단조롭고 답답한 감은 있었지만 그동안 너무 어두운 곳에 있었기에 이 정도의 밝기만으로도 고마울 따름이었다.

처음 내려간 곳은 지상영계 마루의 세번째 누리로서 황혼국(黃昏國)이라 불렸다. 지나치게 이기적이고 물질적인 삶을 산 탓에 성장이 정지된 영들이 모여 사는 곳이다. 그러나 이런 영들도 생전의 습관에 묶인 지박령(地縛靈)들보다는 등급이 높다.

내 임무는 황혼국에서도 쾌락의 소굴로 지칭되는 곳에서 시작됐다. 쾌락의 소굴이라곤 하지만 이곳의 쾌락은 지상에서 맛보는 것만큼 덧없지는 않고 영혼의 타락도 그다지 심하지는 않은 편이다.

나는 희망원(希望院)에서 배운 가르침의 진가를 알 수 있었다. 한때 위협적으로 다가왔던 유혹들이 더 이상 유혹으로 느껴지지 않았다. 그러한 쾌락이 안겨주는 만족감이 얼마나 부질없는지 그리고 그 대가가 어떤 건지도 알기 때문에 욕망을 단호히 뿌리칠 수 있었다.

혼령이 지상 인간의 육체를 완전히 지배할 수 있고 실제로 그런 일이 매우 빈번히 일어난다는 사실을 아는 사람은 별로 없는데 지상의 육체는 그 육체의 소유자인 혼보다 오히려 육체가 없는 혼이 지배한다고 해도 과언이 아니다. 일시적인 정신착란의 상당수가 사악한 욕망을 가진 저급한 혼들로 인해 일어난다. 이 혼들은 의지가 약하거나 그 밖의 문제를 가진 사람의 육체를 노려 자기의 명령을 받게 한다.

고대인들은 이러한 사실을 연구해 잘 알고 있었던 반면 십구세기를 살아가는 우리들은 너무 잘나고 똑똑한 나머지 이런 현상을 알아보려고도 하지 않는다. 현대인이 버린 이 분야의 지식은 다시 발굴할 가치가 충분하다. 인류가 그 지식을 통해 큰 혜택을 받을 수 있기 때문이다.

희망형제단은 영계에서 도움을 필요로 하는 사람들을 위해 조직된 셀 수 없이 많은 단체 중 하나이다. 그들의 활동은 영계의 모든 영역에서 이뤄지고 있다. 가장 낮고 어두운 영역에서부터 가장 높은 영역에 이르기까지 심지어 태양계의 바깥에서도 그들을 볼 수 있다. 그들은 거대한 사슬처럼 낮은 등급의 혼령이 바로 위 등급의 혼령들로부터 지원과 보호를 받는 구조를 이룬다.

유혹에 빠져 도움이 필요한 인간이나 혼령이 있다는 전갈이 들어오면 가장 적합하게 여겨지는 단원이 파견된다. 통상적으로 지상에 있을 때 비슷한 유혹에 굴복해본 경험이 있거나 비슷한 잘못으로 고통당한 이력이 있는 자가 선발된다.

도움을 받는 사람들은 종종 무의식 상태에서 도움을 요청하는 경우도 있는데 그 자체가 일종의 기도라 할 수 있다. 이러한 신호는 마치 지상에 있는 아이들의 울음소리처럼 들리는데 지상에서 살아본 경험이 있는 혼들에겐 매우 절박한 호소력을 지닌다. 위험에 처한 인간이 직접 도움을 청하진 않았어도 그와 생전에 가까웠던 혼령이 대신 도움을 청하는 경우도 있다. 그 경우에도 우리는 여지없이 도움을 주러 간다.

우리의 임무는 도움을 줘야할 사람을 찾아내 유혹이 극복될 때까지 통제하는 것이다. 그 사람과 우리 자신을 일체화하기 때문에 한동안 그 사람의 삶과 생각과 그 밖의 모든 것을 공유한다. 그처럼 혼이 겹쳐지는 상태에서는 그 사람에 대한 걱정도 걱정이지만 그의 걱정이 우리 자신의 것이 돼버리므로 이중으로 고통을 받게 된다. 그런 중에 우리는 과거의 사건을 떠올리게 되고 그 모든 슬픔과 후회와 쓰라림을 견뎌야 한다.

그 사람 쪽에서도 대강 우리의 마음 상태를 느낄 수 있다. 일체화 정도가 완벽하고 그 사람이 매우 민감할 경우 우리가 한 일을 자기가 한 일인 줄 착각하는 경우도 생긴다. 아니면 오래 전에 잊어버린 일이나 꿈에서 본 일이라 여기기도 한다.

영계의 혼이 지상의 인간을 통제하거나 장악하는 방법은 여러 가지가 있다. 부주의하고 잘못된 생활방식 혹은 얄팍한 호기심으로 지나치게 깊이 신비를 추구하거나 하는 사람들이 그 결과로 지상이나 더 낮은 층역(層域)을 배회하는 저급한 영들의 지배를 받게 되고 마침내는 꼭두각시로 전락해 그들의 뜻에 따라 움직이게 된다.

환경이 깨끗했으면 선하고 순수한 삶을 영위했을 많은 사람이 나쁜 환경으로 인해 죄악에 점염(漸染)한다. 이 경우 그들도 부분적인 책임이 있지만 그들의 몸을 통제하고 이용했던 혼령에게도 책임이 있다. 다른 이들을 유혹해 그 육체를 이용하는 사악한 혼령은 곱절의 죄를 짓는 셈이라 끔찍한 결과를 초래한다. 자신의 죄에 더해 다른 사람의 영혼마저 물귀신처럼 끌고 들어간 셈이니 몇 십 년 혹은 몇 백 년 동안 헤어날 수 없는 고통의 나락에 빠진다.

나도 임무를 수행하면서 다른 사람의 육체를 통제하는 역할을 해야 할 경우가 있다. 죄악에 굴복하면 얼마나 무서운 결과가 초래되는지 사람들에게 주지(注知)시킬 필요가 있을 경우만 허용된다. 또한 지상을 배회하며 유혹하는 혼들로부터 사람들을 지키는 역할도 한다.

나의 일은 의지의 힘으로 방벽을 쌓아 사악한 혼들이 사람들에게 가까이 오지 못하도록 막는 것이다. 그러나 이미 저급한 혼령의 지배를 받은 전력이 있는 사람은 계속 그런 외적인 생각과 암시가 들어올 여지가 있다. 내가 쌓아준 방벽이 있어서 쉽지는 않겠지만….

당장에는 내가 보호하기로 된 사람을 안전하게 지킬 책임이 있다고 생각했지만 알고 보니 나는 도움을 주는 혼령들의 긴 사슬에서 제일 낮은 위치에 있을 뿐이었다. 한 단계 높은 혼령은 그만큼 진보한 상태에 있다. 각각의 혼령은 차하위의 혼령이 도중에 일을 그르치거나 헤매지 않도록 돕는 역할이 있다.

다른 이들을 돕는 과정에서 있어야 하는 자기존재의 양보와 불편의 감수는 내 쪽에서도 수업이 된다. 지상의 영계에서 내 수준의 혼령은 용도가 있는데 나보다 영묘(靈妙)한 파동을 가진 혼령이 접근하기 어려운 곳에서 나쁜 혼령들과 맞설 수 있고 아직 지박령이나 다름없어 지상의 인간들과 밀접한 관계를 맺을 수 있다.

그들이 잠들어 있을 때는 꿈을 통해서 깨어 있을 때는 지속적인 생각의 주입을 통해서 내가 책임진 사람들의 마음에 내 경험을 인식시킨다. 타락된 행위 후에 끔찍한 후회와 공포에 처절한 자기혐오의 감정을 느끼도록 돕는다. 그들이 진지하게 이러한 생각들을 할 때까지 나의 감정을 계속 그렇게 전달한다.

이 과업을 통해 내가 전에 빠졌던 죄악의 구렁텅이로부터 여러 사람을 구했다. 자기 잘못을 뉘우칠 줄 몰랐던 구제하기 어려운 정신의 소유자들에게 잘못을 깨닫게 하여 아직 지상에 살아 있을 때 더욱 효과적으로 업보를 치를 기회를 얻게 하였다. 그리고 이 과정에서 나도 어느 정도 속죄가 가능했다. 나는 그러한 임무에 투입될 때마다 매번 성공을 거두었다.

영계에서 나의 진보가 주변에서 놀랄 만큼 빨랐고 나에게 밀어닥친 모든 유혹을 뿌리칠 수 있었던 것은 어려운 일이 닥칠 때마다 나타나 한결같은 사랑을 보여준 애나의 도움 덕택이었다. 유혹의 속삭임이 들려올 때마다 들려오는 그녀의 목소리에 이내 정신을 차렸다.

간혹 지상의 어두운 영계를 떠도는 예전의 나 같은 불행한 혼령의 구제사업에 파견되기도 했다. 우리 형제단의 상징인 별처럼 생긴 작은 불빛을 손에 쥐고 그들에게 다가갔다. 그 빛이 주변의 어둠을 몰아내면 바닥에 삼삼오오 웅크려 있거나 구석에서 비참하게 쪼그리고 있는 불행한 혼령들이 보이곤 했다.
 나는 그들에게 내가 있던 희망기도원에 갈 방도를 일러주고 저보다 비참한 자를 도움으로써 자기구원이 가능함을 전해주었다. 혼령에겐 각자에 맞는 치유법이 제시된다. 사람마다 제각기 다른 사연이 있고 죄를 지은 이유도 각양각색이기 때문이다.

6. 황혼국(黃昏國) – 사랑의 선물 – 이기심의 골짜기 – 무휴국(無休國) – 수전노국(守錢奴國) – 도박배국(賭博輩國)

어디서든 일을 마치면 황혼국으로 돌아와 희망기도원에서 파견요원들의 숙소로 마련한 건물에서 휴식했다. 건물은 그다지 어둡지 않고 음울하거나 황량하지도 않아 딴 세상 같은 느낌이었다. 각자의 작은 방 안엔 수고의 대가로 얻은 물건들이 놓여 있었다. 내 방은 다소 허하긴 했지만 매우 소중한 보물이 하나 있었는데 애나의 모습을 담은 사진이었다.

붓으로 그린 그림이라기보다 거울에 비친 실제 모습에 가깝다. 그림 속 그녀의 얼굴을 한참 들여다보면 마치 내 시선을 알아채기라도 한 것처럼 미소를 짓는다. 그리고 그녀가 뭘 하는지 내가 간절히 알고 싶어 하면 그림이 변하면서 그녀의 모습을 보여준다.

동료들은 이 선물을 놀랍고 신기하게 여겼다. 그녀가 그만큼 나를 사랑하고 생각해준 결과라고 한다. 그녀의 생생한 모습이 유계(幽界)의 빛에 실려 내 방으로 투사되는 원리도 들은 바 있다.

그녀에게서 온 또 다른 선물은 흰색 장미꽃 봉오리이다. 작은 꽃병에 꽂혀 있는데 시들지 않고 빛바래지도 않고 항상 싱그러운 향기가 풍겨 그녀의 사랑을 상징하는 것만 같다.

지상에 있을 때 꽃을 좋아했지만 이후 장례식 무렵을 빼곤 꽃을 본 적이 없었다. 이 지역은 꽃은커녕 나무나 작은 관목 풀 한 포기조차 없다. 이기적인 영들이 모여 사는 메마른 지역이라 식물이 자라지 못하는 것이다.

언젠가 잠깐 애나를 방문해 이 사실을 말한 적이 있었다. 자기의 사진 말고는 아무 것도 볼 게 없다고 했더니 애나는 나에게 꽃을 전해 달라고 기도한 것이다. 내 방에 돌아와 보니 그녀의 친구 혼령이 이 백장미 봉오리를 놓고 갔다.

세상 사람들은 꽃의 소중함을 몰라 화병의 꽃을 시들어가게 내버려 두기 일쑤다. 그들은 이 꽃이 얼마나 기쁨을 안겨주는지 상상 못할 것이다. 이 꽃과 애나의 사진과 애나가 내게 전한 따뜻한 사랑의 말은 어딜 가든 항상 지니고 다녔고 앞으로도 그럴 것이다.

황혼국을 돌아다니며 이상한 곳을 많이 둘러봤는데 하나같이 썰렁하고 황량했다. 그 중 한 곳은 회색 암석으로 이루어진 거대한 계곡이었다. 사방이 온통 잿빛으로 덮여 있었고 황혼 빛의 하늘이 그 위에 드리워져 있었다. 이곳 역시 풀 한 포기 작은 나무 한 그루도 보이지 않았다. 회색을 제외하곤 색깔 있는 존재가 없었다.

이 계곡에 사는 사람들은 일체의 관심이 자기 자신에게만 쏠려 있다. 이타적인 사랑의 아름다움이나 따뜻함엔 마음을 걸어 닫는다. 그들은 오로지 자기만족과 탐욕만을 위해 살고 있었기 때문에 사방에 보이는 거라곤 자기들의 이기적인 삶이 투영된 잿빛의 황량함뿐이다.

계곡에는 이리저리 힘겹게 날아다니는 수많은 혼령이 있었는데 이들은 너무 자기중심적이라 다른 사람을 볼 능력마저 상실했다. 타인을 생각하고 아끼는 마음이 생겨나지 않는 한 서로는 볼 수가 없다. 주변 사람을 인식하고 그들의 운명을 개선하려는 노력을 할 때 자기의 운명도 개선되고 이에 따라 닫혀 있던 마음의 문이 열리면서 음울한 이기심의 계곡에서 벗어나게 된다.

이 계곡 너머 광활한 사막에는 약간의 식물이 드문드문 자란다. 이곳의 거주자들은 주변에 정원을 만드는 노력도 하면서 군데군데 모여 작은 마을과 도시를 이루고 있었다. 그러나 모두가 거주자들의 영적 빈곤함이 반영된 황량하고 초라한 모습이었다.

이곳 역시 이기심과 탐욕이 지배하는 땅이었지만 회색 계곡처럼 극단적인 무관심은 아니었고 서로에게 어느 정도 동료 의식을 갖고 있었다. 회색 계곡에서 넘어온 사람들도 있었지만 대부분은 지상에서 곧바로 온 사람들이었다. 자기의 단점과 한계를 극복하기 위해 안간힘을 쓰는 자들이라 이기심을 극복하려고 노력할 때마다 집 주변의 마른 땅에 작은 초목이 싹을 내밀었다.

이곳의 집들은 너무도 누추하다. 노숙자나 거지처럼 남루하고 혐오스러운 행색의 사람들 중엔 지상에 있을 때 유행의 첨단을 따르며 호사스런 인생을 누린 자들이 많았다. 그러나 그들은 재물을 오로지 자기만족을 위해서만 썼고 남들에겐 빵부스러기 같은 걸 마지못해 던져주는 인색한 삶을 산 결과 이 황혼국에서 거지처럼 가난한 생활을 하게 된 것이다.

물질적인 부유함은 죽고 나면 덧없이 사라진다. 영적인 부유함만이 영계로 가져올 진정한 재물이다. 이 진정한 재물은 생전에 왕으로 살았던 거지로 살았던 누구에게나 공평하게 얻을 기회가 주어진다. 아무런 영적 재물도 없이 영계로 오는 사람은 생전에 떵떵거렸건 비천했건 상관없이 모두 이렇게 초라한 곳에서 살아가야 한다.

이곳 사람들은 걸핏하면 싸움을 했고 내가 어떤 사람인데 이런 형편없는 곳에 데려다 놓았느냐며 불평을 해댔다. 다른 사람들이 자기보다 훨씬 잘못이 많았다느니 하며 푸념을 하거나 누군가 들어주는 사람만 생기면 과거사의 변명과 구실을 늘어놓기 바빴다.

어떤 사람들은 지상에서 사는 동안 세웠던 계획을 마무리 지으려 안간힘을 쓰기도 하고 이 지긋지긋한 생활을 끝장낼 방법을 찾았다느니 하며 허풍을 떨기도 한다. 일을 자의(恣意)로 도모해 진행하여 관계가 얽힌 타인들의 계획을 망치기도 한다. 이렇게 모두들 피곤하게 사는 이곳은 무식국(無息國)이라 불렸다. 여기서도 누구나 내 말을 들으려는 사람이라면 희망을 갖게 격려해주고 거기서의 해방에 도움 될 얘기를 해주었다.

그곳을 지나 유취국(唯取國)으로 갔다. 그곳은 말 그대로 축적의 즐거움에만 흠뻑 빠진 자들이 살고 있었다. 손가락이 갈고리처럼 생기고 허리가 구부러진 거무튀튀한 존재들이 먹이를 찾는 새처럼 금 조각을 캐기 위해 검은 땅을 여기저기 파헤치고 있었다. 뭔가를 찾아내면 마치 세상에서 가장 귀한 물건이라도 되는 양 조심스레 싸서 가슴 속에 품고 다닌다. 이들은 대개 혼자 지내는데 소중한 보물을 누가 훔쳐가기라도 할까봐 서로가 서로를 본능적으로 피하기 때문이다.

이곳에서는 내가 할 수 있는 일이 아무 것도 없었다. 오직 한 사람만이 내 말을 잠깐 듣다가 다시 보물을 캐러 갔다. 그 사람마저도 내가 혹시 자기 품안을 들여다 볼까봐 두려워 말을 듣는 중에도 눈을 굴리며 몰래 살피고 있었다. 나머지 사람들은 보물을 캐는 일에 너무 열중한 나머지 내 존재를 의식조차 하지 못했다. 나는 그 음침한 땅을 나와 다른 곳으로 떠났다.

유취국에서 어두운 아래 층역으로 내려가자 지상영계 아래층 즉 거주자의 영적수준이 지상영계보다도 낮은 곳이 나왔다. 무식국과 흡사했지만 혼령들은 훨씬 추악한 몰골을 하고 있었다. 식물을 기르려는 시도는 아예 없었고 하늘도 밤처럼 어두컴컴했다. 희미하게나마 빛이 있긴 했지만 가까운 곳의 사람이나 사물을 겨우 식별할 정도였다.

무식국이 말다툼과 불만과 시기로 가득 찬 곳인 반면 이곳 사람들은 격렬한 몸싸움을 벌이거나 끔찍한 폭언을 주고받았다. 노름꾼 술주정꾼 들로부터 시작하여 빈민굴의 좀도둑에서 상류사회의 거물 사기꾼에 이르기까지 온갖 도둑들이 모여 있었다.

하나 같이 방탕하고 이기적인 자들이었다. 개중엔 품위 있는 인생을 살 수도 있었지만 질이 안 좋은 부류와 어울리는 바람에 신세를 망치고 그 인연의 끈으로 인해 죽은 뒤에도 이처럼 어두운 영계로 끌려온 자들이 있었다.

이곳이 내가 도달 가능한 마지막 영계였다. 이곳에도 선하고 올바른 것에 대한 감각이 완전히 소멸하지는 않은 사람이 남아 있었는데 그들은 내가 저들의 절망적 상태를 일깨우는 말을 하면 말귀를 알아듣기도 하며 더 나은 누리에 대한 희망을 품어보기도 했다.

이 비참하고 어두운 땅의 가옥과 거주지들은 대체로 공간은 넓지만 불결하고 쇠락한 외관을 하고 있었다. 지상의 빈민굴에서 종종 보이는 한때 아름답고 훌륭했지만 이제는 죄악과 범죄의 소굴이 되어버린 건물과 매우 흡사했다.

외곽에는 허름한 집과 오두막들이 흩어져 있고 지상도시가 음울하게 복제된 것과 같은 시내에는 건물과 사람들이 밀집해 있었다. 어디든 너저분함과 불결함이 판을 치고 아름다운 곳이라곤 찾을 수 없었다. 그곳에 사는 사람들에게서 뿜어 나오는 탁한 기운이 그에 어울리는 환경을 만들어 놓았기 때문이다.

나는 이 비참한 지역에서 별모양의 작은 불빛을 들고 다녔다. 불빛이 너무 작아 내가 움직이면 어둠 속에서 깜박이는 것처럼 보였겠지만 그 불빛은 내 주변을 밝히며 아직 사악한 욕정에 함몰하지 않은 자들을 비추는 희망의 빛이었다.

문간이나 벽이나 허름한 방 같은 곳에 웅크리고 있던 사람들이 그 빛을 보고 몸을 일으켜 나의 외침에 귀 기울였다. 그곳을 벗어나 보다 나은 세상으로 돌아갈 방법을 그들은 알고 싶어 했다.

몇몇 사람들에게는 남들을 돕는 일에 동참하도록 설득할 수 있었다. 하지만 대개는 자신의 불행을 해결하는 일에 급급할 뿐이었는데 이것이라도 그들에겐 발전이라 할만 했다. 다음에는 다른 사람을 도울 길을 생각하는 단계로 넘어갈 수 있었다.

어느 날 나는 넓고 황량한 벌판에 있는 큰 도시의 변두리에 나와 있었다. 검고 메마른 토양은 마치 거대한 석탄재의 더미처럼 보였다. 주변에 막 쓰러질 듯한 작고 허름한 오두막들이 있었는데 우중충한 도시의 경역(境域)이었다.

갑자기 오두막집 한 곳에서 왁자지껄하게 싸우는 소리가 들렸다. 무슨 일인지 호기심이 들기도 하고 또 도움을 줘야할 사람이 있을지도 몰라 그쪽으로 가보았다.

그곳은 집이라기보다는 헛간에 가까운 곳이었다. 크고 엉성한 탁자가 방 한 가운데 놓여 있는데 십여 명의 사람이 조잡한 나무

의자에 빙 둘러 앉아 있었다. 말이 좋아 사람이지 오랑우탄과 돼지와 늑대를 섞어놓은 듯한 험상궂고 뒤틀린 모습을 하고 있었다. 하지만 그들끼리는 서로 정상으로 보인다고 한다.

옷차림도 기괴하면서 남루한데 몇 백 년 전 옛날 옷도 보였다. 신식 옷을 걸친 자들도 있었지만 더럽고 너저분하긴 마찬가지였다. 부스스한 머리카락에 욕정으로 번들거리는 눈빛은 저마다 심중(心中)의 적을 향한 음흉한 복수심으로 날카롭게 빛나고 있었다.

그 광경을 보고 있으려니 여기가 바로 지옥이구나 하는 생각마저 들었다. 하지만 나중에 그보다 더 등급이 낮고 어두운 곳에서 훨씬 무시무시하고 악독한 사람들을 보게 됐는데 그에 비하면 이곳 사람들은 차라리 온순하고 인간적이라 할 만하다. 밑바닥 세계인 지옥과 같은 곳에 대해서는 나중에 설명한다.

오두막에서 싸우고 있는 혼령들은 탁자 위에 놓인 동전 가방을 놓고 다툼을 벌이던 차였다. 그 가방은 그들 중 하나가 발견한 것인데 도박에 쓰이는 판돈이었다. 다들 상대방 입장은 고려치 않고 자기 혼자 독차지하려고 악다구니를 쓰고 있었다.

목소리 크고 힘센 사람이 최고라는 듯 이들은 서로를 거칠게 위협하고 있었다. 그 동전들은 지상에서 쓰이는 것과 똑같았는데 돈을 발견한 자는 이십대쯤으로 보이는 젊은 남자였고 아직 선량한 모습을 간직하고 있었다. 얼굴에 배어 있는 방탕한 인상만 아니었다면 그곳의 분위기에 어울리지 않는 사람처럼 보였을 것이다. 그는 돈이 자기 것인데 노름을 하려고 꺼냈다 빼앗겼다고 소리쳤다.

왠지 내가 간여할 일이 아닌 것 같아 분노에 찬 아우성을 뒤로한 채 자리를 떴다. 그러나 몇 발짝 가지 않았을 때 오두막에 있던 사람들이 한꺼번에 튀어나와 돈 가방을 든 청년 옆에서 뒤엉킨채 치고받는 것이었다.

그 중 하나가 청년을 발로 차고 때리며 돈 가방을 낚아챘다. 그러자 이번엔 모두가 달려들어 그 자를 공격했다. 그러는 동안 그 청년은 무리에서 빠져나와 내 쪽으로 달려왔다. 그때 속은 것을 깨닫고 화가 치민 무리가 다시 청년을 쫓아와 두들겨 팼다. 가방 안에는 돈 대신 돌멩이만 가득했는데 옛날이야기에서처럼 동전이 전부 돌로 둔갑한 것이다.

 불쌍한 청년은 내게 달려와 바짓가랑이를 붙들며 악마들로부터 자기를 구해 달라고 울부짖었다. 그러자 온 무리가 청년을 잡으러 내 쪽으로 달려왔다. 나는 재빨리 청년을 데리고 근처의 빈 헛간으로 뛰어 들어갔다. 그리고 문이 열리지 않도록 등으로 받치고 온 힘을 다해 밀었다. 그들이 아우성을 치며 문을 두드리고 내리찍고 부수려 했지만 나는 사력을 다해 버텼다. 그 당시엔 몰랐지만 보이지 않는 힘이 나를 도와주고 있었다. 문을 열지 못해 잔뜩 성이 난 그들은 또 다른 시빗거리를 찾아 어디론가 사라졌다.

7. 실연자(失戀者) 라울(羅鬱)의 이야기

그들이 떠난 뒤 구석에 움츠리고 있는 청년에게 가보니 거의 의식을 잃은 상태였다. 나는 그를 깨워 잠시 걸을 수 있겠냐고 물었다. 패거리들이 돌아올 수도 있어 그곳을 떠나는 게 좋을 것 같았다.

가까스로 그를 일으켜 세워 어두운 벌판의 좀 더 안전한 곳으로 데려갔다. 피난처라고 할 수는 없었지만 길에서 먼 곳의 작은 석조건물이라 비교적 안전한 곳이었다. 그의 고통을 가라앉히게 희망기도원에서 배운 응급조치를 취했다.

한참 뒤 그는 입을 열었고 어찌하여 그 어두운 영계로 떨어졌는지 털어놓았다. 그는 비교적 최근에 죽었는데 살아 있을 때 어떤 유부녀를 흠모했는데 질투심에 불탄 그녀의 남편이 총으로 그를 쏴 죽였다. 다행인 것은 이 청년이 자신의 목숨을 앗아간 남자에게 분노나 복수심을 품지 않은 것이다. 단지 슬픔과 수치심에 사로잡혀 있을 뿐이어서 구원받을 가능성이 다분했다.

그를 타락의 길로 빠뜨린 건 배신감이 남긴 상처였다. 모든 걸 바쳐 사랑했던 여자가 사실은 냉담하고 이기적이어서 애초부터 진실한 사랑 같은 건 안중에도 없었다. 그 여자는 오로지 자기 자신과 사교계에서의 위상 같은 것에만 관심이 있었다. 자신의 불행한 남편과 그에게 희생당한 이 청년에겐 분노와 짜증 말고는 아무런 감정도 느끼지 못했다.

라울이라 부르는 이 청년은 말했다. "죽긴 했지만 아직 지상으로 돌아갈 수 있는 걸 알았을 때 제가 처음 생각한 건 그녀에게 가서 위로를 해주자는 거였어요. 그게 아니라면 최소한 내가 이렇게 살아 있고 여전히 그녀를 사랑하고 있다는 정도라도 알리고 싶었지요. 그런데 막상 그녀를 찾아갔더니 기가 막혀 말이 안 나오는 거예요. 나 때문에 울고 있었냐구요. 슬픔에 잠겨 있었냐구요. 말도 마십시오. 그 여자는 속으로 '어휴 저 인간들 때문에 이게 무슨 망신이람. 아예 처음부터 만나지를 말았어야 하는 건데. 인생 최대의 오점이 됐지 뭐야. 그래도 내 매력만큼은 인정받은 셈이니까 잊혀질 때쯤 해서 좀 더 괜찮은 남자와 새 출발을 해야겠어.' 이런 생각을 하고 있더라구요. 그때 나는 깨달았습니다. 그녀가 나를 티끌만큼도 사랑한 적 없었다는 사실을요. 상류사회에 들어가려고 돈 많은 귀족인 나를 이용했을 뿐이에요. 나와 잠자리도 마다하지 않은 건 사랑 때문이 아니라 단지 경쟁관계에 있는 여자를 누르고 싶다는 허세 때문이었죠. 나는 사랑에 눈먼 얼간이였어요. 어리석음의 대가를 하나뿐인 목숨으로 치른 겁니다. 그녀에게 나는 단지 치욕스런 추문의 불쾌한 기억일 뿐이었습니다. 나는 쓰라린 가슴을 부여안고 지상으로부터 멀리 날아갔습니다. 어디로 간들 알 게 뭐냐 하는 자포자기의 심정이었어요. 이제는 사랑이나 인간의 진심 따위를 절대로 믿지 않겠다고 다짐했지요. 그런 막된 생각이 나를 이 어두운 곳으로 끌어들인 겁니다. 이곳에 와보니 생전에 내 주변을 맴돌며 기생하던 자들과 아첨하던 자들이 있는데 바로 그네들과 함께 살면서 나는 본성이 소모되고 영혼을 잃어갔던 것이죠."

"아, 불행한 친구 같으니." 나는 그에게 말했다. "이제 회개하고 밝은 세계로 돌아가 행복한 생활을 하고 싶지 않은가."

"이젠 너무 늦었어요. 이곳은 분명 지옥일 텐데요. 지옥에 무슨 희망이 있겠습니까."

"희망이 없다니, 그런 말하지 말게나. 불행한 영혼들은 늘 그런 식으로 말하지만 가장 암담한 절망 속에서도 희망은 남아 있다는 걸 내가 직접 증언할 수 있다네. 나 또한 자네 못잖은 비통함과 좌절을 겪었지. 그러나 내겐 늘 희망이 있었네. 내가 사랑하는 여자가 천사 같은 사람이었기 때문이지. 그녀가 변함없는 사랑과 희망을 보내준 덕에 나는 내가 받은 희망의 소식을 다른 이들에게 나눠주게 되었네. 이제 나하고 함께 좋은 곳으로 가시게나. 안내해 드리리다."

"그렇습니까. 그런데 당신은 누구십니까. 저를 이렇게 구해주시고 좋은 말씀도 해주셔서 고맙긴 합니다만 저는 이곳에 와서야 진실에 눈을 떴답니다. 인간은 정말이지 죽을 수도 없는 존재입니다. 죽을 만큼 고통 받는 사람에게도 죽음은 오지 않는다고요. 죽음 뒤에도 고통은 계속 이어지니까요. 인간은 그렇게 영원한 고통 속에 살아야 합니다. 말해 보세요. 당신이 누구며 이곳에 어떻게 왔는지를. 그렇게 자신만만하게 희망을 운운 하시다니 당신의 그 외모만 아니었어도 나를 구하러 내려온 천사인 줄 알았을 겁니다. 하지만 겉모습이 나랑 그리 차이 나지 않는 것 같군요."

나는 그간에 있었던 일들을 얘기해 주었다. 그리고 언젠가 사랑하는 사람과 다시는 헤어지지 않아도 될 곳에서 함께 살 거란 얘기도 해주었다.

"그 여자 분이 언제까지고 당신을 기다려 줄 거라 생각하시나요. 당신과 천국에서 만나기 위해 지상에서 평생을 고독하게 살 거라니요. 스스로를 속이고 있는 겁니다. 신기루를 좇고 있는 거라구요. 늙은 여자나 추녀가 아닌 이상 그런 꿈을 꿀 리가 천부당만부당합니다. 물론 잠시 동안은 그럴 수도 있다는 걸 인정합니다만. 뭐 성격이 약간 감상적이거나 집적거리는 남자가 주변에 없다면 가능할 수도 있겠지요. 하지만 천사가 아닌 이상 언젠가는 딴 마음을 품게 돼 있습니다. 제 말 믿으셔도 됩니다. 그렇게 근거 없는 희망을 희망이라 부르신다면 공감이 안 가니 미안하다고 밖엔 드릴 말씀이 없네요."

그 말을 듣고 있으려니 은근히 부아가 치밀었다. 정곡을 찌르는 말이 안 그래도 가끔씩 나를 괴롭혔던 의심을 부추겼다고 할까. 단꿈에 젖은 사람에게 찬물을 끼얹는 그의 말에 나는 뭔가를 보여주고 싶기도 하고 나 자신의 의심도 불식시키고 싶었다.

"나와 함께 지상으로 가십시다. 오직 나로 인해 슬픔에 잠겨 있는 그녀를 보여주면 내가 환상에 빠진 게 아니란 걸 믿겠소이까. 인생과 여자에 대해 당신이 경험한 게 전부가 아니고 당신이 경험해보지 못한 뭔가가 세상에 아직 남아 있다는 걸 인정하겠소이까."

"내 말이 상처가 됐다면 사과드립니다. 당신의 믿음을 존경합니다. 그 믿음을 조금이라도 나눠가질 수 있다면 좋겠군요. 저를 꼭 그분에게 데려가 주십시오."

나는 그의 손을 잡았다. 그녀에게 닿고자 하는 의지가 우리를 생각대로 이동시켜 지상에 있는 그녀의 방에 도착했다. 수호령이 그녀의 곁을 지키고 있는 게 보였다. 방과 가구의 어슴푸레한 윤곽도 보였다. 그러나 청년에게는 의자에 앉아 있는 그녀의 모습만 보이는 것 같았다. 그녀의 영혼엔 밝은 광채가 뿜어져 나왔고 주변에 희미하게 후광이 드리나 마치 성녀와도 같았다. 지상의 사람들에겐 영혼의 빛이 보이지 않지만 영계의 사람들에겐 선하고 순수한 삶을 사는 지상인 주변에 그러한 광채가 보인다. 반면 질이 좋지 않은 사람 주변엔 안개처럼 검고 탁한 기운이 보인다.

"이런!" 청년이 감탄하며 그녀의 발치에 무릎을 꿇었다. "나를 여자가 아니라 천사이며 성녀에게 인도하셨군요! 이분은 지상의 인간이 아닙니다!"

내가 그녀의 이름을 부르자 그녀가 내 목소리를 들었는지 얼굴이 환해지면서 슬픈 표정이 가셨다. 그녀가 부드러운 목소리로 말했다. "내 사랑, 정말 이곳에 계신가요. 당신이 오기만을 기다리고 있었어요. 당신 말고는 아무 것도 생각할 수 없고 어느 누구도 그리워할 수 없습니다. 나를 만질 수 있나요."

그녀가 손을 내미는 바람에 잠깐 동안 내 손을 그 위에 갖다 댔다. 짧은 순간에도 그녀는 마치 얼음처럼 차가운 바람을 맞은 듯 부르르 몸을 떨었다.

"당신에게 기도를 부탁하려고 불행한 친구를 한 명 데려왔어요. 지상에도 신뢰할 수 있는 여자가 있고 진정한 사랑이 존재한다는 걸 이 사람에게 알려주고 싶었어요."

그녀는 내 말을 또렷하게 듣지는 못했지만 마음속으로 무슨 뜻인지 알아차리고 환한 미소를 지었다. "그럼요, 나는 늘 당신만을 사랑하고 있어요. 내 사랑, 당신도 나를 사랑한다면 언젠가 우리는 행복하게 살 수 있을 거예요."

그러자 무릎을 꿇고 있던 라울은 손을 내밀어 그녀의 몸을 만지려 했다. 그러나 보이지 않는 벽이 그의 손을 막았다. 그러자 그는 울음을 터뜨렸다. "당신의 마음이 사랑과 자비로 가득 차 있다면 이 비참한 저에게도 조금 나눠주시고 제가 도움을 받도록 기도해 주십시오. 하나님이 내 기도는 듣지 않아도 당신의 기도는 들으실 겁니다. 제게도 아직 희망이 남아 있다는 걸 알게 됐습니다."

그녀는 이 불행한 남자의 말을 들었는지 의자 옆에 무릎을 꿇고 우리 모두를 위한 도움과 위로의 기도를 올렸다. 청년은 너무 감격한 나머지 바닥에 털썩 주저앉아 하염없이 울었.

그녀는 나의 독점욕을 채워주려 나만을 사랑하는 정도에 머무는 여자가 아니었다. 그녀는 자신의 사랑이 필요한 자에게 사랑을 베푸는 자였으며 나는 그 중 가장 그녀 앞에 두드러졌을 뿐이었다. 우리 둘은 그녀에게 감사를 겸한 작별인사를 했다.

나는 그를 데리고 다시 영계로 돌아왔다. 그런데 이번에는 예전의 그 어둡고 절망에 찬 영계가 아니었다.

라울은 그 뒤 어두운 땅에서 한동안 나와 함께 일했다. 그는 날이 갈수록 희망찬 모습으로 변했다. 프랑스인 특유의 쾌활하고 낙천적인 성격이라 그처럼 끔찍하고 무시무시한 환경 속에서도 품위 있고 유쾌한 모습을 잃지 않았다. 우리는 아주 친한 친구가 되는 바람에 함께 있을 땐 일이 훨씬 즐거워졌다. 늘 같이 할 수는 없었지만 각기 다른 부대에 소속된 병사들이 전쟁 중에 합쳤다 갈라졌다 하는 것처럼 그 뒤로도 함께 일할 기회가 곧잘 있었다.

8. 유혹

나는 영계를 돌아다니는 일을 잠시 멈추고 지상에 내려가 누군가를 도우라는 임무를 받았다. 그런데 그곳엔 내 생애를 통틀어 가장 무서운 시험이 기다리고 있었다.

작업 중에 우연히 아직 살아 있는 어떤 사람을 마주쳤는데 지상에서의 내 인생은 그 자로 인해 파멸된 거나 다름없었다. 내게도 잘못은 있었지만 그 자 때문에 고생한 걸 생각하면 복수심을 느끼지 않을 수 없었다. 다른 일을 하다가도 그자의 존재를 의식하면 그동안 사무친 원한이 폭발할 것 같은 적이 한두 번이 아니었다.

지상을 돌아다니면서 나는 육체를 가진 인간에게 해를 입히는 많은 방법을 알게 됐다. 혼령의 능력은 여러분의 상상을 초월하지만 사례를 공개하면 원한을 품은 혼령이 악용할 가능성이 있으니 비밀로 남겨두는 게 좋을 것이다. 의문사나 미제(未濟) 범죄 등 실제로 일어났던 몇몇 사건의 자초지종을 나는 상세히 설명할 수 있다. 그런 일들은 지상의 사람들이 혼령에게 조종당해 자기도 모르는 사이에 저지르는 일이기 때문에 사실상 그들에게는 책임이 없다고 할 수 있다. 때로는 여러 사람들을 동시에 조종하여 어처구니없는 큰 사고를 일으키기도 한다. 가령 배가 전복되어 사람들을 구해야 할 때 처음 발견한 자부터 구출하러 가야 할 군인들까지 모두가 약속이나 한 듯이 잘못하고 실수하여 사람을 거의 구하지 못하는 경우가 있다. 이럴 때 세상 사람들은 관련된 사람들만을 탓하지만 그들의 뒤에는 그들을 조종하는 힘이 있는 것이다.2) 이런 일들이 영계에는 많이 알려져 있다. 악령의 빙의에 대한 오래된 믿음은 전혀 허황된 게 아니다. 악령은 한때 지상에서 살았던 인간들이다.

그토록 증오했던 대상의 장본인을 마주쳤을 때 오랜 시간이 흘렀음에도 해묵은 고통과 분노의 감정이 지상에서보다 열배는 더 강렬하게 다가왔다. 영혼은 기쁨이나 아픔 즐거움이나 고통 사랑이나 증오를 육신에 둘러싸여 둔해진 인간보다 훨씬 강하게 느낀다.

그 사람을 보자마자 오랫동안 별러왔던 복수심이 타올랐다. 그리고 악마와도 같은 복수의 계획이 머릿속에 떠올랐다. 그러자 그 사악한 마음가짐이 지옥 밑바닥으로부터 시커멓고 무시무시한 혼들을 끌어 올렸다. 악몽 속에서도 본 적이 없는 상상조차 할 수 없을 정도로 섬뜩한 모습이었다.

이런 혼들은 지상은커녕 그 언저리 영역에서도 살 수 없다. 오직 비슷한 파동을 내는 인간이나 혼의 강력한 끌림을 통해서만 잠시 머물 수 있을 뿐이다. 지상에 있는 사람이나 혼령의 극도로 사악한 욕망에 반응해 올라왔다 하더라도 오래 머물 수는 없고 끌어당기는 힘이 약해지면 마치 밧줄이 끊긴 것처럼 원래 있던 어두운 곳으로 떨어진다.

압제에 시달리던 군중의 울분이 폭발하는 시기(時機)에는 그들에게서 터져 나오는 복수심이 이런 어두운 존재들을 먹구름처럼 끌어들인다. 프랑스대혁명과 같은 대규모 폭동에서 광분한 민중들은 악마라 할 만한 혼들의 지배하에 놓이게 된다.

내 경우도 그처럼 가공할 존재들이 몰려와 간단하면서도 무시무시하고 끔찍한 복수의 방법을 귀에 대고 속삭였다.

뿌린 대로 거두는 법이라 불길한 열매를 맺는 사악한 씨앗은 뿌리지 않는 게 좋다. 보통 때 같았으면 그러한 악마 같은 존재들을 보고 겁에 질려 물러섰겠지만 복수심에 사로잡힌 나는 그들에게 원수를 갚도록 도와 달라고 부탁하려 했다.

그때 그녀의 목소리가 종소리처럼 내 귓전에 울렸다. 다른 사람은 몰라도 그녀의 말만큼은 나를 움직일 수 있었다. 그녀는 우리의 성스러운 약속을 깨지 말고 자기 곁으로 와달라고 애원했다. 나는 복수를 쉽사리 포기할 수 없었지만 결국 증오의 마음을 사랑의 마음으로 바꿨다.

그러자 검은 악령들이 달려들어 나를 다시 그들에게로 돌려놓으

제1부 어둠의 날들

려 했다. 그러나 지고지순한 목소리가 내 가슴 깊숙이 파고들면서 악령들의 힘은 약해졌다. 그녀가 팔을 내밀며 방에 서 있는 모습이 보였다. 든든한 수호령 둘이 옆을 지키고 타오르는 은색 빛이 벽처럼 그녀를 에워싸고 있었다. 그녀가 나를 부르자 나는 벽을 통과해 그녀 옆에 서있게 되었다.

암흑의 무리들이 나를 따라오려 했지만 타오르는 벽에 막혔다. 그중 대담한 녀석이 벽을 통과하는 나를 쫓아와 붙잡으려다 손과 팔이 불길에 싸여 마치 화로에 넣었다 뺀 것처럼 오그라들었다. 고통과 분노의 비명을 지르며 그 악령은 조롱을 퍼붓는 나머지 무리 속으로 돌아갔다.

애나는 온 힘을 다해 내게 애원했다. 그런 끔찍한 생각을 버리고 다시는 그런 못된 유혹에 굴복하지 않겠노라 약속하라고. 그녀는 자신보다 복수를 더 사랑하느냐고 물었다.

"원한을 갚으려 드는 순간 우리 사이엔 넘을 수 없는 죄의 상념이 벽처럼 쌓인답니다. 우리 사랑이 그 정도 밖에 안 되는 건가요?"

그래도 나는 포기할 수 없었고 포기하지 않으려 했다. 그러자 마침내 그녀가 흐느껴 울기 시작했다. 심장에서 뚝뚝 떨어지는 더운 핏방울이 얼음을 녹이듯 그 눈물은 마음을 녹였다. 나는 그녀의 눈물을 보고 가슴이 에여 무릎을 꿇고 용서를 구하는 기도를 했다. 내가 언제나 그녀의 사랑 안에 있고 그녀가 내 유일한 희망이자 모든 것이 될 수 있게 해달라고 기도했다.

나를 끌어내려 했던 어두운 혼들은 마치 검은 안개가 바람에 흩어지듯 사라지며 본거지로 돌아갔다. 나는 너무 지친 나머지 그녀의 발치 앞에 쓰러졌다.

그 뒤로 가끔 그 어두운 혼들이 주변을 어슬렁거리긴 했지만 다시는 가까이 접근하지 못했다. 그녀의 사랑이 갑옷이 되고 그녀와의 약속이 방패가 되어 나를 지켜 주었다.

9. 빙설국(氷雪國)의 동면굴(冬眠窟)

　다음 나는 영계에서도 독특하다 할 곳인 빙설국(氷雪國)으로 파견(派遣)되었다. 지상에서 냉혹하고 타산적인 삶을 살았던 자들이 모여 있는 곳이다. 온정이나 애정과는 담을 쌓고 산 탓에 자신과 남들의 삶을 파괴했던 자들이다. 사랑을 파괴하고 멸절시키는 삶을 살았기에 주변에 따사로운 생명의 빛은 사라지고 차가운 서릿발만 남았다.
　이곳 주민들 중엔 지상에 있을 때 위대한 정치인으로 불렸던 자들도 있었다. 그러나 그들은 조국을 사랑했던 것도 공동선(共同善)을 추구했던 것도 아니었다. 야망과 공명심(功名心)을 채우는 것만이 목표였다. 그런 자들은 저들의 야망을 상징하는 거대한 얼음성의 뾰족한 첨탑에 살고 있었다. 그들보다는 야욕의 충족이 덜했던 탐욕스러운 지방관리나 부도덕한 사업가 등도 결국 한데 묶여서 일체의 온기가 차단된 이 냉랭하고 삭막한 환경에 살고 있었다.
　내가 그동안 봐왔던 사악함은 과도한 정열로 인한 것들이었는데 이번엔 그런 것이 너무 결핍하여 생긴 정반대의 악이라 할 것이었다. 오용된 사랑의 결과는 끔찍하긴 하지만 이곳처럼 사랑의 감정이 아예 결핍된 상태보다는 비교적 극복하기에 쉽다. 이곳의 인구가 다른 곳에 비해 훨씬 적은 것은 다행하다고 하겠다.
　이곳엔 온갖 종교의 거물급 인사들이 국적을 불문하고 모여 있다. 로마가톨릭의 추기경과 수도자들은 금욕적이고 독실했지만 냉혹하고 이기적인 삶을 살았다. 청교도의 설교자, 감리교와 장로교의 목사, 영국성공회의 주교와 성직자, 브라만 사제, 조로아스터교 사제, 이집트 신관, 이슬람교도 등 모든 교파와 국적의 종교인들을 볼 수 있었다. 그들 누구도 주변의 얼음을 약간이나마 녹일 온기를 갖지 못했다. 불행한 영들에 슬픔의 눈물 한 방울 흘릴 감정이라도 있었다면 얼음이 녹으며 희망이 솟을 텐데.
　한 남자가 빙옥(氷獄)에 갇힌 게 눈에 띄었다. 창살도 얼음인데 강철만큼 단단했다. 그는 베네치아 종교 재판소의 대심문관이었다. 그 도시 사람들은 이름만 들어도 가슴이 철렁 내려앉을 만큼 악명이 자자(藉藉)한 사람이었다. 역사적으로도 유명한 인물이었지만 심문관으로 봉직하면서 단 한 순간도 인간적인 동정심을 내비친 적이 없었다. 일단 심문을 시작하면 죽을 때까지 고문을 가해 기어코 자백을 받아내곤 했다. 매우 금욕적인 삶을 사는 것으로도 유명했던 그는 다른 이들뿐 아니라 스스로에게도 관대함을 내비친 적이 없었다. 어찌나 냉혹하고 무자비한지 고통에 몸부림치는 사람의 아우성을 들으면서도 눈썹 하나 까딱하지 않았다.

  그는 전형적인 냉혈한의 얼굴을 하고 있었다. 길고 예리한 콧날 뾰족한 턱 높이 솟은 광대뼈 가느다란 노끈 같은 얇은 입술 납작하고 평평한 두상 그리고 눈썹 밑에 깊숙이 자리 잡은 꿰뚫어 보는듯한 눈빛은 먹이를 향해 달려드는 야수처럼 날카롭게 빛났다.

  이 자에게 희생당한 사람들이 행렬을 이뤄 그 앞을 지나갔다. 고문으로 부러지고 살이 터져 피투성이가 된 그 창백한 망령들은 영혼이 이미 떠나고 남은 유피(幽皮)였다. 이들은 이 남자의 에너지에 사슬처럼 연결되어 있기에 분해되지 못한 채 그렇게 붙어 있는 것이었다. 영혼을 비롯해 모든 영소(靈素)가 빠져나갔지만 아직 일정량의 생명력이 안에 남았는데 그것은 있었던 영혼의 것이 아니라 이 남자에게서 나온 영기(靈氣)였다. 선한 사람이 살해당했을 때 장소를 떠도는 듯 보이는 망령이 바로 이런 종류일 수(數) 있다. 살인자의 눈에는 그러한 유체(幽體)가 살아 움직이는 듯 보이지만 일종의 환영 같은 것으로서 가해자가 양심의 가책을 느끼고 참회하면 영기의 연결이 끊기면서 소멸된다.

  이 남자에게 붙어 야유를 퍼붓는 또 다른 혼령들이 보였다. 이들은 주변의 망령들에겐 찾아볼 수 없는 또렷한 외관과 지능을 갖고 있었다. 이들은 유체 속에 영혼이 아직 남아 있는 존재들이다. 그러나 너무 심하게 고문을 당해 오직 복수의 열망만이 남아 있다. 이 혼령들은 자기들을 고문했던 남자를 갈기갈기 찢어버리려고 쉴 새 없이 달려들었지만 얼음으로 만든 감옥이 보호막 역할을 해주고 있었다. 그중에 영리한 자가 길고 예리한 꼬챙이를 만들어 창살 사이로 쑤셔댔는데 남자는 요리조리 잘도 피하고 있었다. 짧고 날카로운 창(槍)을 창살(窓살) 사이로 던지는 자도 있었고 오물(汚物)과 구정물을 퍼붓는 자 한꺼번에 달려들어 창살을 뜯어내려 하는 자들 등이 있었지만 모두 허사였다. 안에 있는 남자는 오랜 경험으로 자신의 철창이 난공불락이란 걸 알고 있어서 그들의 부질없는 노력을 조롱하고 있었다.

이 남자가 과연 저곳을 나올 수 있을까 마음속으로 의문을 떠올리자 예전에 내 무덤 옆에서 들렸던 그 위엄 있는 음성이 대답을 해주었다. 내가 도움이나 가르침을 구할 때마다 나에게 말을 해주곤 했다. 이때도 멀리서 그의 음성이 마치 옛날 예언자들이 들었던 우뢰(雨雷)속의 신의 음성처럼 들렸다. 그 소리는 내 귓전을 장엄하게 울렸지만 감옥 속의 남자와 주변의 혼령들에겐 들리지 않는 것 같았다.

"잠시 그의 생각을 들여다보라. 그가 자유로워지면 어떻게 할 것인지 읽어 보아라."

그때 거울에 비치는 영상처럼 이 남자의 생각이 들여다보였다. 이 남자는 자유의 몸이 되면 지상으로 돌아가 비슷한 야심을 가진 인간을 물색하고 그들에게 도움을 줘 사람들의 목에 채울 훨씬 강력한 굴레를 만들고 희생자들의 잔당을 소탕할 더욱 강력한 권력을 만들려 하고 있었다.

그는 자신이 살아 있을 때보다 더 강력한 힘을 휘두를 수 있음을 알고 있었다. 육신의 속박을 받지 않고 자유롭게 활약하기 때문인데 자신처럼 잔인하고 냉혹한 혼령들을 심복처럼 주변에 끌어모을 능력도 있었다. 이런 계획들을 떠올리며 그는 희열을 느끼는 것 같았다. 뿐만 아니라 고문 받고 죽어가는 자들의 비명과 신음소리에 미동도 않던 기억을 떠올리며 자부심을 느끼고도 있었다.

그는 가학성향의 소유자로서 살아생전 압제를 통해 사회적 지위를 강화시켜 나갔다. 너무 완고한 성격이라 일말의 가책도 느끼지 못하는 것 같았다. 이런 사람이 풀려나와 지상으로 돌아간다면 어떠한 제한도 받지 않으므로 상상도 못할 위험한 일을 벌일 수 있다.

그는 자신이 자랑스러워하는 종교재판이 구시대의 유물이 돼버렸다는 사실을 모르고 다시 지상에 내려가 한층 강화시키고 싶어했다. 종교재판과 이단심문은 그가 휘두른 권력보다 훨씬 강력한 힘에 의해 사라진지 오래이다. 사랑과 평화를 전하기 위해 지상에 내려왔던 신의 이름으로 인간성을 유린하고 만행을 자행하던 암흑의 시대는 재현되지 않을 것이다. 선과 진실이 암흑의 시기를 견뎌낸 뒤에 압제자들이 만들어낸 공포의 신 대신 사랑과 자비의 신을 사람들이 믿기까지는 아직도 많은 시간이 필요할 것이다.

우울해진 마음으로 빙설국을 떠났다. 언젠가 돌아오겠지만 당장은 머물고 싶지 않았다. 그곳에선 내가 할 일이 아무 것도 없는 것 같았다. 그들은 대국적(大局的)인 영향력을 가지며 역사를 주물렀던 자들이라 나 같은 일개 예술인 출신이 치유하겠다면서 나서기에는 버거운 탓일지도 몰랐다. 그저 오싹할 따름이었다.

빙설국에서 황혼국으로 돌아오는 길에 동면굴(冬眠窟)이라 불리는 수많은 큰 동굴들을 지났다. 그 안에는 무수한 영들이 혼수상태로 누워있다. 지상에 있을 때 마약에 빠져 영적인 진보의 기회를 박탈당한 자들이라 한다. 성장 대신 퇴보를 해 지금은 태아보다도 무력해진 상태이다. 이들의 잠은 몇 백 년이나 계속되기도 한다. 마약 중독이 심하지 않을 경우 몇 십 년에서 백년 정도에 그칠 수도 있다. 살아 있긴 하지만 감각이 곰팡이보다 조금 낫다 할 수준이다. 그러나 영씨(靈氏)가 남아 있어 언젠가 좋은 토양을 만나면 싹을 틔울 것이다.

동굴 안은 선한 혼령에서 나오는 생명의 에너지로 충만해 있다. 그들도 살아 있을 때 마약 중독에 빠졌던 자들이라 죽은 듯 누워 있는 혼령들을 간호하며 기력을 불어넣고 있다. 지상에 있을 때

약물에 중독된 정도에 따라 다르지만 대체로 중독자들은 조금씩 의식을 되찾으면서 금단현상으로 고통 받는다. 이 혼령들은 오랫동안 서서히 감각과 의식을 회복해 마침내 연약한 아이 같은 상태가 되는데 이 정도만 돼도 교육을 받을 수 있기에 지상으로 치면 정신지체아 시설쯤 되는 곳으로 보내진다. 그곳에서 재활교육을 받으면서 지상의 삶으로 인해 파괴되었던 능력들을 회복한다.

이 가엾은 영들은 배움의 속도가 매우 더디다. 지상에서 배우기로 예정됐던 교훈들을 이곳에서 깨우쳐야 하는 때문이다. 알콜중독자보다도 심하게 감각을 마비시켰고 지상의 가르침을 회피했던 것이다.

동면굴을 바라보고 있으려니 비애가 느껴졌다. 이들은 귀한 시간을 너무 오랫동안 무의식 상태에서 허비하고 있다. 토끼가 잠든 사이 느려터진 거북이가 경주를 이기는 우화처럼 이 혼령들은 잃어버린 시간을 되찾기 위해 오랜 세월을 노력해야 한다. 마침내 의식을 찾으면 이들은 지상에 환생하여 험난한 인생역정을 거쳐서 자신들이 추락했던 지점까지 다시 기어 올라가야 한다. 사람의 육체와 영혼을 치명적으로 파괴하는 마약 밀매로 부를 축적하는 자들이 그래도 있음은 몸서리쳐지는 일이다.

이 처참한 동굴 속의 무력한 영들보다 더 참담한 운명이 어디 있을까? 백치 같은 정신으로 겨우 잠에서 깨어나 수백 년을 노력해야 고작 성인이 아닌 유아 정도의 정신 수준을 회복한다. 더군다나 정상적인 상태의 아이가 아니기 때문에 그 후의 발전도 몹시 더딜 수밖에 없다. 사람이 통상적으로 지상에서 한 세대 만에 배우는 것들을 이들은 몇 세대를 거쳐야 겨우 터득할 수 있다.

이들이 마침내 유아 수준의 발달 단계에 이르면 환생을 시작하게 되고 오용했던 지상의 삶을 다시 누릴 기회가 주어진다는 얘기를 들었다. 이들이 회복과정을 단축하고 잃어버린 시간을 되찾는 데 도움이 될 길이 있으면 좋겠다는 생각만 들 뿐 내가 해줄 수 있는 것은 없었다.

10. 황혼국의 나의 집 - 산 자와 죽은 자의 교류

나는 황혼국의 숙소로 돌아와 휴식을 취했다. 나 자신과 내 안에 잠재된 힘에 관해 공부하기도 하고 그동안 영계를 돌아다니며 배운 가르침들을 생활에 응용해 보기도 했다. 이 무렵 나를 지도해준 스승은 여러 면에서 나와 비슷한 분이다. 지상에서 나하고 비슷한 인생을 보낸 적이 있고 나처럼 낮은 차원의 영계를 거쳐 지금은 빛으로 가득 찬 밝은 곳에서 살고 있다. 그곳에서 나 같은 단원들을 가르치고 돕기 위해 내려온다.

또 다른 스승이 있는데 자주 만나진 못한다. 그러나 그로부터 매우 큰 영향을 받았고 특별한 것들을 많이 배웠다. 그는 아주 진보한 영역에 있기에 내가 개별적으로 만날 일은 드물다. 그의 가르침은 내 마음 속 질문에 대해 정신적인 암시나 영감을 주는 강의 등의 형태로 전해진다. 황혼국에 거하는 동안은 그를 아주 희미하게 밖에 볼 수 없기에 좀 더 밝은 차원으로 올라가기 전엔 그에 대해 더 묘사할 수 없다.

잘 보이지는 않지만 나는 그의 존재와 도움을 종종 인식한다. 내가 지상에 있을 때 그가 나의 주된 수호령이었음을 나중에야 알게 됐다. 수많은 생각과 암시 고귀한 영감들이 그의 영향으로 인한 것이었고 영계에 처음 들어와 끔찍한 환경에 주눅 들고 힘들어 할 때 음성을 통해 경고와 위로를 건넸던 것도 바로 그였다. 그 암울했던 시절 그가 내 작은 방을 잠시 지나치는 것을 나는 어렴풋이 알아차릴 수 있었다. 그때마다 그 놀라운 기력으로 끔찍한 고통이 잦아들곤 했다.

어두운 영역들을 둘러보고 황혼국으로 돌아오니 집에 온 듯한 기분이었다. 초라하고 비좁은 방이긴 했지만 가장 소중한 보물이 있었으니 애나의 얼굴이 나타나는 그림거울과 장미 그리고 그녀가 보낸 편지였다.

게다가 이곳엔 친구들도 있다. 모두 나처럼 불운한 동료들이다.

평상시에 우리는 홀로 묵상을 하며 지내지만 이따금 친구들이 한 두 명씩 찾아오면 몹시 반갑고 즐겁다. 지상에 있을 때 욕된 삶을 살았던 전력이 있고 새로운 삶을 모색하는 터라 동병상련의 정이 있다.

우리의 생활은 지상의 삶과 비슷하면서도 다른 부분이 있다. 우리도 이따금씩 간단한 식사를 한다. 시장기를 느끼면 마술처럼 곧바로 음식이 나온다. 그러나 어떨 땐 일주일 내내 밥 생각이 안 날 때도 있다. 지상에 있을 때 식탐이 있던 사람이라면 사정이 달라질 수도 있겠다. 그런 이들은 식욕이 자주 생겨 충족을 시키려면 다소 번거로울 것이다. 나 같은 경우 먹고 마시는 것 자체를 그다지 즐기지 않았고 식사를 대부분 간소하게 했기 때문에 별로 문제될 건 없었다.

우리 주변은 낮과 밤의 구분이 없이 늘 해질녘의 상태가 지속된다. 물론 지구에서도 극지방에서는 이와 비슷한 상황이 연출되지만 이런 단조로움은 나로선 견디기 힘들다. 밝고 화사한 걸 좋아하는 취향 때문이다. 살아 있을 적 일광욕을 하면 늘 활력이 샘솟곤 했다. 내가 태어났던 곳도 햇볕이 화창하고 꽃이 만발한 곳이었다.

우리도 건물이나 그 주변 지역을 걸어 다닌다. 그러다 마음만 먹으면 공중으로 떠오를 수도 있는데 진보한 영들처럼 능숙하지는 못하다. 만일 어디론가 급히 가야할 일이 생기면 우리의 생각은 눈 깜짝할 사이에 몸을 이동시킨다.

우리는 잠을 안 자고도 오랜 시간 활동할 수 있는데 한 번에 몇 주일씩 계속 잠만 잘 수도 있다. 어떨 때는 의식이 부분적으로 남아 있는 상태로 자기도 하고 또 어떨 때는 완전한 숙면을 취하기도 한다.

우리의 옷은 결코 닳지도 않고 야릇하게 새 옷으로 계속 변한다. 평상시에는 짙은 청색 옷에 황색 요대(腰帶)를 차는데 왼쪽 소매에 황색의 닻이 그 밑의 '希望은 永遠하다'란 문구와 함께 수놓아져 있다. 속옷 역시 짙은 청색으로 몸에 꼭 맞도록 되어 있다.
 길고 헐거운 겉옷은 지상의 수도승이나 고행자의 옷인데 어깨에 두건이 달려 있어 얼굴이나 머리를 감춰야 할 때 덮어 쓴다. 실제로 두건을 쓰고 다닐 때가 있다. 고뇌와 회한으로 몸 상태가 안 좋아져 사람들의 시선으로부터 얼굴을 가리고 싶을 때가 있다. 움푹 들어간 눈 홀쭉해진 뺨 지치고 구부정한 몸 얼굴 깊이 파인 고뇌의 주름은 그 사람에게 무슨 일이 있었는지를 말해주기 때문에 남들의 시선으로부터 얼굴을 감추게 된다.
 우리의 삶은 단조롭다. 시계바늘처럼 정해진 시간에 공부를 하고 강의를 듣는다. 이곳에선 시간을 날수나 주 단위로 계산하지 않기 때문에 정확히 알기는 곤란하지만 어느 정도 시간이 흘러 깨우침이 일어나고 영적인 진보가 이뤄지면 영혼은 배움의 더 높은 단계로 나아가게 된다.
 어떤 사람들은 교훈을 깨닫기 위해 매우 긴 시간을 보내기도 한다. 그러나 지상에서처럼 재촉이나 압박을 받는 일은 없다. 지상의 인생은 뭔가를 배우기엔 너무 짧은 반면 영계는 무한한 시간이 주어지기 때문에 멈추건 나아가건 본인의 의사에 달려 있다. 주어진 가르침을 완벽히 이해할 때까지 계속 그 단계로 머물 수도 있다.
 서두르는 사람도 없고 미성숙한 상태로 줄곧 남아 있다 해서 옆에서 뭐라 하는 사람도 없다. 다른 사람의 자유를 제한하지 않고 형제단의 기본적인 규율을 지키는 한 아무도 간섭하지 않는다. 학습을 강요당하거나 방해받는 사람도 없다. 모든 것은 본인의 의사에 맡긴다. 떠나려는 사람은 언제든 떠날 수 있고 돌아오고 싶을 때는 언제든 돌아올 수 있다. 문은 누구에게나 열려 있다. 각자가 자신의 부족함을 잘 알기 때문에 다른 이들의 잘못이나 결점을 주제넘게 비판하는 일도 없다.
 학습이 어렵고 진도가 나가지 않아 몇 년을 머무르는 자들도 있다고 한다. 어떤 이들은 이곳을 나가 지상에서 여러 번 환생했는데 돌아온 뒤에는 마음누리의 가장 밑바닥마루로 추락해서 앞서의 희망기도원에서 정화의 과정을 거치게 되었다. 얼핏 그들은 퇴보한 것 같지만 사실은 퇴보가 아니라 나름대로 필요한 가르침을 배우고 있는 것이다. 그러한 과정을 거쳐 지상의 쾌락을 추구하려는 욕망에서 자유로워진다. 나처럼 진보에 강렬한 염원을 가지면 빠른 발전을 보이며 단계를 올라간다. 그러나 시련을 이겨내기 위해 희망과 도움의 손길을 필요로 하는 자들이 무척이나 많다.

애나로부터 받는 사랑과 희망의 소식을 주변의 불행한 사람들에게 나눠 주는 것이 나의 몫이다. 그리고 이제는 지상에서 새로운 즐거움이 생겼다. 전에는 그녀가 나를 감지하지 못했던 적이 많았지만 이제는 나를 완전히 인식하게 됐기 때문이다. 마음누리에서 시간이 나면 그녀를 보러 지상누리로 내려가곤 한다. 그녀는 내 모습을 볼 수는 없지만 내 존재와 손길을 느낄 수 있다. 그녀는 자기 의자 옆에 또 다른 의자를 놓고 살아 있을 적처럼 나란히 앉게 한다. 내게 말을 걸고 희미하게나마 대답을 듣는다. 심지어는 형체를 어렴풋이 분별한다. 산 자와 죽은 자의 기묘한 슬프고도 아름다운 만남이었다. 애나는 그동안 영적 능력을 계발해왔다. 잠재해 있던 재능을 살린 것이다. 그녀는 우리 사이에 드리워진 장막을 생각보다 빨리 걷어낸 것을 기뻐했다.

또 다른 기쁨도 있다. 그녀가 사사(師事)한 영매는 자기 몸의 독특한 조직을 이용해 영이 물질계에 모습을 드러내도록 해주는 사람이었다. 지상의 친지들이 알아볼 만큼 생시와 비슷하게 몸을 물질화시킨다. 나는 이제 손을 물질화시켜 그녀를 만질 수 있게 됐다. 이 일은 우리에게 더 할 나위 없는 행복이 됐다. 전신을 드러낼 수 있다면 더욱 좋겠지만 얼굴이 물질화되면 고뇌와 풍상의 흔적이 고스란히 드러나 상대에게 고통을 안겨줄 뿐이라기에 연기했다. 나중에 영적으로 향상이 되면 전신을 드러낼 수 있을 것이다.

얼마나 많은 혼령들이 자신을 드러내고 싶어 이 영매의 모임에 몰려들었는지 모른다. 자신이 여전히 살아 있다는 사실을 알면 기뻐할 사람들이 많기 때문이다. 그러나 여건이 되는 소수의 사람들만 혜택을 받다보니 대부분의 혼령은 실망만 안은 채 떠난다.
　마음누리는 고독한 혼령들로 가득 차 있다. 하나 같이 자신이 살아 있음을 알리려 애태운다. 남겨진 사람들을 여전히 그리워하며 그들의 힘든 삶에 관심을 두고 있다. 이들은 육체의 구속을 받지 않기에 지상에 있을 때보다 훨씬 유용한 조언과 도움을 제공할 수 있다.
　밝은 곳으로 떠날 수 있는 혼들이 지상에 머무는 경우가 얼마나 많은지 모른다. 자신들의 죽음을 슬퍼하며 시련을 겪고 있는 이들에게 미련과 애정이 남아있기 때문이다. 그래서 그 혼령들은 남은 사람들 주변을 맴돌며 자신의 존재를 인식시킬 기회를 본다. 이들이 남아 있는 사람과 연락할 수만 있다면 그 숱한 절망감과 처연함은 없었을 것이다. 위로의 천사들이 남은 사람들의 슬픔을 달래주고는 있다. 쌍방이 교류할 수 있다면 사람과 혼령 모두에게 행복한 일이다.
　잘못된 길로 빠진 아들을 둔 어머니의 혼령이 있었다. 아들은 어머니가 멀리 하늘나라로 간 줄 알고 있었다. 그러나 어머니는 몇 년 동안 아들을 따라다니며 자신의 존재를 인식시키고 아들을 죄악의 길에서 구해내려고 경고를 하고 있었다.
　어떤 한 쌍의 연인이 있었는데 오해가 생겨 결별했다가 남자가 죽는 바람에 넘을 수 없는 장벽이 생겼다. 지상에 남겨진 여자는 불행에 빠졌다. 남자는 온 힘을 다해 실상을 전하고 오해가 있었지만 자신의 마음은 변함없다는 사실을 알리려 했다.
　이처럼 자신들의 존재를 알리려 안간힘을 쓰지만 아무런 반응도 없어 슬픔과 절망에 빠진 혼령을 나는 수도 없이 봐왔다. 손이나 옷을 잡아보려 하지만 잡히지 않고 아무리 소리를 질러도 듣지 못한다. 지상에 남겨진 사람은 죽은 사람을 다시 보고 싶어 간절히 기도하며 염원하지만 정작 그 사람이 바로 옆에 와 있다는 생각은 하지 못한다. 그래도 지상의 사람이 절망감을 품은들 혼령보다는 덜할 것이다. 빤히 눈앞에 있는데도 말조차 걸 수 없으니 그야말로 미치고 환장할 노릇이다.

  슬픔에 잠긴 사람들을 위해서라도 선사시대처럼 영계와 물질계가 다시 교류할 수 있다면 얼마나 기쁜 일일까. 물론 영매와의 강신술(降神術) 모임을 통해 일어나는 현상들 중엔 시시하거나 어리석어 보이는 일들도 많다. 저속하고 해괴한 일들이나 사기꾼 같은 영매들의 속임수도 비일비재하다. 단지 슬픔에 빠진 사람들을 돕는다는 구실로 그 많은 황당한 일들이 용인돼서는 안 될 것이다. 잘못된 일을 잡아내는 것도 중요하지만 사람들을 올바른 길로 인도할 지식을 추구하는 것 또한 필요하다. 단순히 조롱하고 억압하려 드는 것보다는 사랑하는 사람들 사이의 장벽을 제거하려는 마음누리의 노력을 있는 그대로 인정하는 것이 좋을 것이다.

11. 스승 아린지만(雅隣智滿)

형상화 모임에서 나는 먼저의 그 고매(高邁)한 혼령이 선명히 보이게 되었다. 그는 동양 출신의 지도자 아린지만(雅隣智滿)이었다.

장신의 근엄한 풍모에 황색의 도복을 입고 띠를 둘렀다. 약간 짙은 얼굴빛의 동양인이면서도 이목구비가 아폴로 조각상처럼 반듯하고 아름답다.

크고 검은 눈동자는 온화하고 상냥해 보이면서도 깊숙이 강렬한 열정이 엿보인다. 지상의 시절에 격정적인 애증을 두루 겪어봤음이다. 그 열정은 세속을 벗어나 정화(淨化)되었지만 나처럼 오욕칠정을 극복 못해 고생하는 자들을 향한 긍휼(矜恤)로서 남아있다.

유완(柔婉)하게 덮인 수염이 뺨과 턱을 덮고 물결치는 머리칼이 어깨까지 드리웠다. 크고 강한 풍채이면서도 동양인 특유의 유순함이 배어 있다.

사람이 지상에서 죽어도 천상의 혼은 지상의 모습을 지닌다. 아린지만은 육체를 떠난 지 몇 백 년이 지났지만 서양인과는 다른 동양인의 특색을 지니고 있다. 고수준 영의 밝고 신비로운 영묘(靈妙)함과 선명한 존재감은 이루 말할 바 없다.

아린지만은 지상에 있을 때 신비학에 심취해 있었는데 영계로 온 뒤 그러한 지식을 더욱 향상시켜 나에겐 그의 능력이 거의 무한대처럼 보인다. 그도 나처럼 정열적인 기질을 가졌지만 영계에 있는 동안 열정을 자제하고 극복하는 법을 익혀 지금은 능력의 정점에 있으면서 나처럼 고생하는 영혼을 구해내는 일을 하고 있다.

그는 인간의 나약한 본능을 간파하고 있기 때문에 그의 도움은 우리에게 상당한 호소력을 갖는다. 한 번도 타락해본 경험이 없는 자가 도움의 손길을 주려는 것이라면 우리는 오히려 관심이 덜할 것이다.

온화함과 동정심 말고도 그는 저항하는 자에게 사용할 의지의 힘도 갖고 있다. 혼령이 스스로 혹은 타인을 해하려 할 때 아린지만에게 제지당하는 광경을 몇 번 본 적 있다. 손끝 하나 대지 않으면서 의지력의 올가미로 죄어 꼼짝 못하게 하곤 했다.

그렇게 마비시켜 놓고 차근차근 따지면서 저들의 행동이 차후에 몰고 올 결과를 보여준다. 그런 뒤 마비를 풀고 자유롭게 놓아주면 그 행동을 감히 못한다. 얼마나 끔찍한 결과가 이어지는지 미리 보았기 때문이다. 나도 고집이 센 편이라 어지간한 사람한테는 굽히는 법이 없는데 그의 앞에서는 강력한 힘 앞에 여러 번 고개를 숙여야 했다.

영계에서는 모든 게 자유롭다. 원하면 얼마든지 자신의 성향과 욕망을 따를 수 있고 조언을 거부할 수도 있다. 영계에서 지나친 방종이나 다른 이의 권리를 침해하는 행위는 자신이 속한 마루의 법과 질서에 따라 규제된다.

예를 들어 영계의 가장 낮은 마루에서는 강자의 논리가 지배한다. 누구든 내키는 대로 행할 수 있고 상대방이 도저히 감내할 수 없을 정도로 해를 입히거나 학대를 가할 수도 있다. 물론 그 사람은 자기보다 강한 자로부터 똑같은 학대를 받아도 할 말이 없다. 이곳 마루에서는 힘센 사람이 최고이기 때문이다. 지상에서 가장 학대받는 노예라 할지라도 이곳의 거주자들보다는 덜 불행할 것이다.

이곳은 법도 원칙도 없고 하나님의 법을 무시하는 혼령들만 있을 뿐이다. 이들에겐 자신들이 곧 법이라서 서로에게 거침없는 학대와 불의를 저지른다. 어떤 혼령이 아무리 힘세고 포악하고 가학적이라 해도 그보다 더 강하고 포악한 혼령이 어딘가에 존재하는 법인데 그렇게 사슬은 이어져 결국은 지옥의 마왕이라 할 만한 존재아래 놓인다.

어느 악행자도 악행으로 고통을 받으니 결국엔 넘쳐나는 악이 스스로를 치유하려 애쓰게 되어 현재와는 뭔가 다른 상태를 찾는다. 제재를 가하는 율법이라든가 통제하는 권력을 갈망하게 된다.

그러한 상태가 첫 단계 즉 더 나은 삶의 소망을 품는 단계이다. 그 상태에 이르면 희망형제단 같은 사람들이 그 어두운 곳까지 내려가 상황을 개선할 방법과 아직 늦지 않았다는 희망의 소식을 전한다.

영혼의 등급이 올라가면 각 마루마다 법과 질서의 정도가 증가하며 영들은 너나없이 법질서를 존중한다. 가장 높은 도덕률을 완벽하게 준수하는 자들은 가장 높은 마루의 영들뿐이다. 타인의 권리를 존중하는 자는 자신의 권리도 존중받으며 타인을 짓밟는 자는 더 강한 자에게 똑같이 짓밟힌다.

마음누리에서는 일을 하든 빈둥거리든 선한 일을 해서 은총을 받든 악한 일을 저질러 저주를 받든 모두가 본인의 자유이다. 자기가 어떤 존재냐에 따라 주변 환경이 결정된다. 자기에게 맞는 마루가 자기가 도달할 수 있는 최고의 마루이며 보다 높은 마루에 거주하려면 그에 걸맞은 노력을 해야 한다. 그러므로 선한 영은 악한 영을 굳이 방어할 필요가 없다. 서로의 상태가 달라 도저히 넘지 못할 벽이 그들 사이에 있기 때문이다.

높은 마루의 혼령은 언제든 내려와 다른 혼령을 도울 수 있지만 낮은 영들에게 높은 마루는 통과 못할 장벽으로 가로막혀 있다. 물질계가 존재하는 지구 같은 행성에서만 선과 악이 거의 대등한 영향력을 발휘한다. 인간이 비천한 열정에 사로잡혀 선한 세력의 도움에 마음의 빗장을 걸지 않는 한 지상에서도 선이 더 강한 힘을 갖고 있다.

인간의 마음이 어린아이처럼 순수했던 태고에는 영계는 물질계와 문하나 사이를 두고 있었지만 오늘날 현대인은 뗏목을 타고 짙은 안개 속을 헤매는 표류자처럼 영계의 실체를 찾아 헤매고 있다. 다행히 영계의 친절한 수로(水路) 안내인들이 지상의 삶에 지친 이들을 밝은 희망의 세계로 인도하고자 힘쓰고 있다.

12. 두 번째 죽음

아린지만은 내게 곧 일어날 큰 변화를 준비하라 지시했다. 내가 한 단계 높은 마루로 올라가게 된다는 것이었다.

나는 스승들로부터 영계가 몇 개의 층위(層位) 즉 마루로 나뉘어져 있다는 말을 들었는데 사람마다 얘기가 조금씩 달랐다. 이러한 차이는 사실 그다지 중요하지 않다. 영혼들이 진보하면서 각 단계의 층위들이 끝없이 변하다보니 정확히 구분 짓기는 사실 어렵다.

어찌 보면 모두 맞는 얘기라 할 수 있다. 도합 일곱 층위가 있는데 七이란 숫자가 성경의 천국을 의미한다고 말하는 사람도 있고 열두 개의 층위가 있다고 주장하는 사람들 혹은 그보다 많은 숫자를 대는 사람들도 있다.

그런데 각각의 층위는 다시 여러 누리로 나뉜다. 대체로 한 층위에는 열두 누리가 존재한다. 물론 이 누리의 수도 사람마다 다르게 얘기된다.

나는 지상 위로 일곱 층위가 있고 아래로 다시 일곱 층위가 있다고 보고 있다. 여기서 상하의 개념은 태양계의 중심인 태양으로부터 멀거나 가까움을 나타낸다. 태양으로부터 가까운 곳이 높은 층위가 되고 먼 곳이 낮은 층위가 된다. 각 층위는 열두 누리로 나뉜다. 각 누리는 서로 중첩되어 있어서 누리와 누리 사이는 별다른 느낌 없이 건너갈 수 있다.

나는 지금까지 지상 영계라 불리는 곳에 있었는데 대기권 안에서 지구 표면을 에워싸는 거대(巨帶)이다. 지상 영계는 상위 일곱 층위의 최하층위이자 하위 일곱 층위의 최상층위이기도 하다. 지하의 영역으로 가라앉지도 못하고 물질계의 유혹으로부터 벗어나 올라가지도 못하는 지박령(地縛靈)의 거주지이다.

이제 나는 물질계의 흡인력으로부터 자유로워졌고 물질의 유혹을 극복했기에 두 번째 층위로 올라가게 됐다. 낮은 층위의 영체가 허물을 벗고 높은 층위로 올라가기는 대개 아주 깊이 잠들어 있는 동안 일어난다. 지상의 육체를 떠날 때 깊은 잠 즉 혼수상태에 빠지는 것과 유사하다.

영이 진보할수록 이 과정은 점차 의식을 가진 상태에서 이루어지며 마치 옷을 좀 더 섬세한 것으로 갈아입는 것과 비슷한 과정이 된다. 성장하면서 영혼은 지상의 층위를 넘어 태양계의 다른 영역들로 건너가게 된다.

지상 영계의 방문을 마치고 돌아왔을 때 내게 그 일이 일어났다. 나른하고 이상한 느낌에 사로잡혔는데 졸린다기보다도 뇌가 마비되는 느낌이었다. 나는 황혼국의 내 작은 방의 소파에 털썩 몸을 눕혔다. 그리고는 꿈도 꾸지 않는 죽음처럼 깊은 잠에 빠졌다.

이런 무의식 상태에서 지상의 시간으로 약 보름동안 누워 있었다. 그 사이에 내 영혼은 일그러진 유체의 상태를 벗어나 새로 태어난 아이처럼 밝고 순수한 영혼의 외피를 입고 부활했다. 내면의 악을 극복하려는 노력이 빚어낸 결과였다. 신생아로 태어난 게 아니라 다 자란 성인으로 다시 태어난 것이다. 어린이의 모양은 지구처럼 둥근 미완성인간이다. 둥근 지구에서 태어났기에 지구의 존재생성원리를 따라 본래의 모습보다 둥글게 되어 있다. 마음누리는 형체가 둥글지 않은 곳이므로 재탄생을 할 때에 모든 사람이 굳이 둥근 어린이의 모습을 할 필요가 없다.3)

지상 사람들 중엔 지식이 얕고 수양이 덜 되고 단순하여 성정(性情)이 유치한 자들이 있는데 이런 자들은 아무리 오랫동안 지상에 살았다 해도 영계로 오면 어린 아이가 된다. 그러나 내 경우는 그렇지 않았다.

완전한 무의식 상태에서 나의 영은 다른 영들의 도움을 받아 두 번째 영역에서 다시 태어났다. 그곳에서 나는 눈 뜰 때까지 깊은 잠을 잤다.

내가 허물처럼 벗은 유체 외피는 도우미 영들의 힘에 의해 지상

영계의 원소들로 분해되었다. 마치 지상에 있을 때의 육체가 죽음과 함께 썩어 지상의 물질로 돌아가는 것처럼. 먼지는 다시 먼지로 돌아가지만 불멸의 영혼은 더 높은 단계로 올라간다. 그리하여 나는 이 두 번째 죽음을 거쳐 더 높은 자아로 부활했다.

제2부 여명

13. 여명국(黎明國) 도착과 그곳의 내 집

죽음의 잠을 통과하여 정신을 차려보니 환경이 훨씬 좋게 변해 있었다. 그토록 갈구하던 광명이 보였다. 해가 나지 않는 흐린 빛이었으나 음침한 어스름과 어둠의 연속에 비하면 은혜로운 것이었다. 지상의 가정과 꽤 닮은 아담하고 깔끔한 방의 포근한 침대에 누워 있었다. 창밖으로 언덕진 넓은 전원이 보였다. 나무도 없고 작은 꽃이 핀 잡초뿐이었지만 황혼국의 황무지 대신 나타난 푸른 초지(草地)는 신선했다.

이곳은 여명국(黎明國)이라 불리는데 일출 직전쯤의 빛이 들어오고 하늘은 푸르스름한 회색이다. 희고 작은 구름들이 지평선 위를 가로지르며 유유히 떠다니고 있다. 영계에는 구름이나 햇빛 같은 것이 없다고 생각할 지상의 사람들은 내가 오랜 동안 그들을 못 본 채 지내다 느끼는 감격을 알기 어려울 것이다.

내 방은 사치하지는 않지만 산장(山莊)처럼 쾌적했다. 생활의 안락을 위한 모든 것이 갖춰있다. 특별히 아름다울 것은 없지만 먼저의 감옥 같은 곳과는 다르다. 지상에서의 행복했던 순간이 담긴 그림 몇이 걸려 있다. 보고 있으면 추억이 떠오르면서 기분이 한결 상쾌해진다. 또 영계로 온 뒤의 모습이 담긴 그림도 몇 점 있다. 고맙게도 가지고 있던 화면경(畵面鏡)과 장미 그리고 애나의 편지도 그대로 있다. 화면경을 들여다보았더니 애나는 잠이 들었는데 얼굴 가득 행복한 미소를 짓고 있다. 나에게 일어난 좋은 일을 그녀가 꿈에서 보는 듯했다.

창가로 가서 잔디와 고사리뿐인 언덕을 바라봤다. 지상의 풍경과 비슷하지만 같지는 않았다. 황량하면서도 평화로움이 있었다.

저급 영계의 풍경에 질려 있던 나로선 모든 게 한없이 감사할 따름이었다.
　창 옆의 작은 거울을 들여다보았다. 순간 나는 움찔하며 탄성을 질렀다. 이럴 수가! 이게 정말 나란 말인가. 거울을 보고 또 보며 어쩔 줄 몰라 했다. 나는 다시 젊어져 있었다. 삼십대 초중반 정도밖에 안 되어 보였다. 지상에 있을 때의 가장 좋았던 모습으로 돌아온 것이다. 황혼국에 있을 때의 나는 지상에 있을 때보다 훨씬 추한 모습이어서 거울보기도 꺼렸는데 이제는 변한 것이다. 손도 얼굴만큼이나 탱탱해져 있었다. 날렵해진 전신을 확인하니 더욱 기뻤다.
　모든 면에서 활기 넘치는 청년이었지만 그 때의 모습으로 완전히 돌아온 건 아니었다. 표정에는 여전히 슬픔이 묻어나고 특히 눈동자에는 세월의 풍상이 어려 있었다. 철모르고 날뛰던 옛 시절로 돌아가는 것은 아니었다. 처절했던 과거가 회상되면서 희열에 들뜬 마음은 가라앉았다. 지나간 잘못에 대한 가책 때문에 몸이 새롭게 부활한 환희 중에도 그늘이 드리웠다.
　결코 우리는 지상의 삶에서 저지른 일을 되돌릴 수는 없다. 나보다 훨씬 진보한 영들조차도 과거의 잘못과 슬픔의 상처는 여전히 남아 있으며 영겁의 세월 속에서 매우 서서히 없어진다. 나 또한 소원성취의 기쁨 중에도 어둠의 그늘이 함께 했다.
　나에게 일어난 변화를 보면서 여러 생각에 잠겨 있는데 문이 열리며 한 혼령이 조용히 들어왔다. 나처럼 황색 단(端)을 댄 감청색 도포를 입고 소매에는 이곳 형제단의 상징이 수놓아져 있었다. 신입 단원들을 위한 환영회에 나를 초대하러 온 것이다.
　"이곳은 모든 게 소박하답니다. 축하잔치도 조촐해요. 하지만 흥을 돋우는 와인 정도는 준비돼 있습니다. 값진 승리를 거둔 여러분을 맞으러 다들 기다리고 있어요."
　그는 내 손을 잡고 창문이 많이 나 있는 긴 대청으로 데려갔다. 창밖으로 언덕과 넓고 평화로운 호수가 보였다. 연회에 쓰이는 긴 탁자와 의자들이 놓여 있는데 새로 온 사람들이 오륙백 명 정도 됐고 천 명 정도 되는 기존 단원들이 자기들을 일일이 소개하며 반갑게 신입자들을 맞았다. 그리고 여기저기서 오랜 친구나 동료 혹은 낮은 영계에서 도움을 주고받은 사람들이 서로를 알아보며 반가워했다. 모두 이곳 형제단을 통솔하는 지도자가 오기를 기다리고 있었다. 그는 이곳에서 단장이라 불리고 있었다.

이윽고 대청 한 쪽 끝의 큰 문이 열리면서 단장과 수행원들이 입장했다. 맨 앞에 있는 위엄 있고 잘 생긴 사람이 단장이었다. 성모 마리아의 그림들에서 볼 수 있는 짙은 청색의 긴 옷을 입고 있었다. 흰 안감에 황색 단을 댄 옷이었는데 어깨에 흰 안감을 댄 황색 두건이 달려 있었고 소매에 형제단의 상징이 자수되어 있었다.

단장 뒤를 백 명이 넘어 보이는 젊은이들이 뒤따르고 있었는데 모두 흰 색과 푸른색의 긴 옷을 입고 손에 월계관을 들고 있었다. 홀의 한쪽 끝 단상에는 흰색과 청색 황색 차양이 덮인 의자가 있었다. 단장이 우리에게 인사를 한 뒤 의자에 앉자 젊은이들이 그 뒤를 반원형으로 둘러섰다. 단장은 모두를 위해 전능하신 하나님께 감사의 기도를 드린 뒤 말했다.

"형제들이여 우리 희망기도원에서 안식과 평화 그리고 사랑을 수업할 신입생들을 환영하고자 이 자리에 나와 주심에 감사드립니다. 그리고 새로 오신 형제 여러분! 진심으로 환영합니다. 여러분은 이기심과 죄악에 감연(敢然)히 맞서 싸우고 결국 승리를 거뒀습니다. 우리는 자랑스러운 여러분께 감사와 존경을 보냅니다. 여러분이 성취한 새로운 삶이 재료가 되어 지상과 낮은 영계의 어둠에서 아직 고통 받는 형제들에게 사랑의 손길이 닿길 바랍니다. 더 완벽하고 고귀한 승리를 거두셔서 우리 형제단의 위대한 사랑을 더 널리 나누기를 바랍니다. 우리 형제단의 가장 높고 영광스런 스승들은 천상에 있고 일선의 단원들은 아직도 어두운 지상영계에서 죄악과 씨름하고 있습니다. 우리 형제단은 천상에서부터 지상에 이르기까지 하나로 연결된 거대한 조직을 이루고 있으며 모든 단원이 이 조직의 일원이라는 사실을 늘 명심하십시오. 여러분 모두가 천사(天使)와 함께 하는 일꾼이며 억눌린 자들과 함께 하는 형제들입니다. 여러분이 성취한 영예의 상징인 월계관을 나눠드릴 테니 받으시기 바랍니다. 우주의 위대한 주재자와 모든 천사와 형제들의 이름으로 한분 한분께 시들지 않는 월계관을 씌워드립니다. 여러분은 이제 빛과 희망과 진실의 근원에 스스로를 바친 것입니다."

우리 신입단원들은 이처럼 따뜻한 환영사를 받은 영예에 감복(感服)해 단장 앞에 무릎을 꿇고 젊은이들이 단장에게 건네주는 월계관을 머리에 받았다. 마지막 사람의 차례가 끝났을 때 단원들 사이에 기쁨의 환호성이 터져 나오면서 아름다운 축가(祝歌)가 합창되었다.

    罪惡에 빠진 영혼이 치러야 할
    放縱의 代價는 悽絶하고 무섭지만
    한번 치러진 代價는 다시 요구되지 않는다.
    심판자는 아무도 구원받을 시기를 놓쳤다고 말하지 않는다.
    神의 권능을 어찌 감히 헤아릴 수 있을까.
    森羅萬象에는 神의 음성이 있다.
    풀잎 하나하나와 빛살 하나하나에!
    神의 善함과 慈悲는 얼마나 위대한가?
    얼마나 인내하고 節制하는 분인가?
    천사와 수호령은 회개하고 자비를 구하는 모든 자를 부른다.
    자비는 언제나 주어진다.
    조건 없는 완전한 용서는
    진심으로 구하려는 모든 자에게 주어진다.
    무덤 저편에도 지옥문 안에도
    자비와 용서는 존재하고 희망과 사랑이 전해진다.

인간영혼은 깨알만큼도 상실되거나 파괴되지 않고
영원한 비참함에 놓이지도 않는다.
희망을 잃지 말고
주어진 시간동안 최선을 다하라.
지상에 있을 때 속죄하는 것이 훨씬 쉽다.
저승에서 피해자와 가해자에 장벽이 생기면 어려워진다.
지옥의 모든 것은 인간의 삶이 만든 결과물이다.
지상에서건 영계에서건 모든 건 자신이 지어낸 업이다.
神은 죄지은 이들에게 티끌만큼의 짐도 지우지 않는다.
아무리 끔찍하고 충격적인 환경도 자신이 만들어낸 창조물이다.
죄업을 되돌려놓는 것도 각자의 몫이다.
무너뜨린 건 쌓아올리고 더럽힌 건 정화시켜라.
마침내 지상과 영계의 선은 악을 이겨낸다.
사악한 곳은 해변가의 물거품이 파도에 밀리듯 사라지고
정결한 생명수로 넘쳐날 것이다.
검은 山과 흐린 안개 오염된 大地는
회개의 정화된 불 속에 녹아버릴 것이다.
희망은 영원하며
어느 영혼에게도 진보는 가능하다.4)

시적인 가사는 지상의 모든 이들에게 들려주고 싶은 마음을 우러나게 했고 또 우리가 실천을 통해 전해야 할 내용이었다. 그 곡조도 더할 나위 없이 우미(優美)했다. 축가가 끝나자 우리는 각자의 자리로 인도되어 앉았고 만찬이 시작되었다.

혼령도 음식을 먹는다. 하급 마루의 혼령이 지상의 사람을 통해 육식을 맛보기도 하지만 여기 차상위 마루에서 가장 맛난 것은 과일이다. 거의 투명해 보이는 이 과일은 입안에서 사르르 녹는 것 같다. 거품이 이는 과즙 같은 와인도 있는데 사람을 취하게 하거나 갈증을 유발하지는 않는다. 식탐을 만족시킬만한 것은 없지만 부드러운 케익과 빵도 있다. 과일들은 영계에 와서 처음 본 것들인데 이곳 사람들이 봉사의 마음으로 공들여 재배한 것이라 한다.

만찬이 끝나고 또 다른 연설과 감사의 대합창이 있었다. 이번엔 우리도 함께 불렀다. 그렇게 환영회는 막을 내렸고 모두 각자의 거처로 돌아갔다. 우리 중 어떤 사람들은 지상에 있는 친지들에게 이 경사를 알리려 했지만 대부분 죄악 속에서 죽은 탓에 애도를 받고 있는데다 희소식을 전할 방도가 없어 안타까워했다.

사람들은 새로 생긴 친구들과 대화를 나누거나 했지만 나는 애나에게 이 소식을 전하러 곧장 지상으로 내려갔다. 때마침 그녀는 물질화 모임에 참석하려 하고 있었다. 나는 기쁜 마음에 그녀를 따라 그곳에 갔다. 내 모습이 그녀에게 고통이나 충격을 줄 일이 없으니 숨길 필요도 없었다. 그녀 또한 이러기를 오래 기다렸을 것이다.

그날은 참으로 행복한 밤이었다. 나는 계속 그녀 옆에 서 있었다. 그리고 몇 번이나 그녀를 만져 보았다. 더 이상 사람들의 눈을 피해 숨을 필요가 없었다. 나는 희망 속에 새 몸을 받았고 수치와 슬픔을 안겨주던 몰골은 사라졌다. 이날의 절정은 내 모습이 그녀에게 보인 순간이었다. 그녀는 깜짝 놀란 눈으로 나를 바라보았다. 처음엔 누군지 못 알아보는 듯했다. 미간을 찌푸리며 초조하게 지상에서의 나를 닮은 모습을 찾아 두리번거렸다. 나의 젊은 얼굴이 그녀에겐 생소한 듯했다. 그녀는 미소를 짓고 어리둥절하며 내 얼굴을 봤다. 내가 몇 분만 더 물질화 상태를 유지할 수 있었다면 그녀도 눈치 챌 수 있었을 텐데 아쉽게도 나의 모습은 얼마 못가 촛농처럼 녹아버렸다. 내가 사라지자 그녀가 중얼거렸다.

"그 사람의 소시 적 모습 같긴 한데 아닌 것 같기도 하고 잘 모르겠네. 정말 그 모습이 맞는 걸까."

나는 그녀 뒤로 가서 귀에 대고 틀림없는 내 모습이라고 속삭였다. 내 말을 들은 그녀는 미소를 지으며 자기도 그런 것 같았다고 말했다. 나는 날아갈 듯 기뻤고 이로써 그날의 대미가 장식되었다.

14. 부정(父情)

　행복한 시간이 흘렀다. 나로서는 휴식과 회복의 기간이었고 이후로 오랫동안 그런 시간은 오지 않았던 것 같다. 그 시절의 추억은 소중했다. 사랑하는 그녀 옆에서 많은 시간을 보냈던 것이었다. 그녀는 내 말을 전부는 아니어도 상당부분 알아들었다. 지상에서 너무 오랜 시간 그녀 곁에 머물다보니 내가 살고 있는 새벽의 나라를 탐사할 시간도 낼 수 없었다.
　어느덧 깜짝 놀랄만한 일이 나를 기다리고 있었다. 죽은 뒤로 나는 한번도 먼저 죽은 친구나 친척을 만나본 적이 없었는데 어느 날 그녀를 만나러 내려갔다가 이상한 애기를 듣게 됐다. 어떤 혼령이 찾아와 내게 애기를 전해 달라고 부탁했는데 바로 나의 아버지였다고 한다.
　지상에 있을 때 나는 아버지를 정말 사랑했다. 어머니가 어릴 적에 돌아가셔서 어머니에 대한 기억은 희미하게만 남아 있다. 그래서 아버지는 나의 모든 것이었다. 아버지는 나의 성공을 자랑스러워했고 내 미래에 무한한 기대를 걸고 있었다. 내 인생이 망가졌을 때 아버지가 실의에 빠져 돌아가신 것도 무리는 아니었다. 그 뒤로 나는 아버지를 떠올릴 때마다 부끄럽고 참담한 마음뿐이었다.
　아버지가 그녀를 찾아와 애기를 전했다니 못난 자식에 대한 한탄은 아니었을까 두려운 마음이 들었다. 나는 아버지를 감히 뵙지 못하겠다고 하면서도 한편으론 그녀가 무슨 애길 들었는지 죄 지은 자식을 용서하신다는 말은 없었는지 듣고 싶어졌다.
　"지상에서 떠날 때만 해도 자식을 잘못 기른 죄책감으로 견디기 어려웠고 처음 저승누리로 왔을 때도 그러한 마음이 떠나질 않으셨다고 해요. 그러나 영계에서 더 많은 공부를 하신 후에 지상에서 자식의 연으로 태어난 것은 신이 맺어준 것이니 신이 사람을 용서하듯이 자식을 한정 없이 용서해야 함을 깨달았다고 하세요."

이 말은 마른 땅에 떨어진 이슬처럼 내 마음을 적셨다. 아마 성경에 나오는 탕자를 받아들인 아버지 또한 그와 비슷하지 않았을까.

그 말을 듣고 그녀 앞에서 눈물을 펑펑 쏟았다. 아버지를 다시 만나 어릴 적처럼 품에 안기고 싶었다. 그런데 고개를 돌려보니 바로 옆에 아버지가 서 계신 것이었다. 마지막 그 모습 그대로이고 단지 영계의 영광에 둘러싸인 모습만 다를 뿐이었다. 오랫동안 떨어져 지낸 아버지를 이렇게 다시 만날 줄이야!

"아버지!"

"얘야!"

이 말만 한 채 부둥켜안고 서로 아무 말도 하지 않았다.

감정이 가라앉고 나서 우리는 많은 이야기를 나누었다. 나를 지금까지 올바른 길로 인도해준 그녀의 사랑에 대해서도 말씀드렸다. 나는 아버지가 그동안 우리 둘을 곁에서 지켜보고 보호해 주었다는 사실을 알게 됐다. 내가 지상에 있을 때나 영계로 왔을 때나 항상 뒤에서 나를 돕고 위로해왔다. 내 눈엔 보이지 않았지만 늘 가까이서 변함없는 사랑을 보내주었다.

내가 아버지를 만나길 꺼려할 때도 아버지는 당신을 드러낼 기회를 기다렸다. 그러다 애나와 함께 우리 세 사람이 상봉의 기쁨을 가지게 한 것이다.

15. 지옥 원정길을 지시받다

아버지와 함께 영계로 돌아와 오랜 시간을 보냈다. 아버지는 흥미로운 것을 전했다. 가장 낮은 밑바닥 영계로 내려갈 원정대가 조직되고 있다는 것이다.

가장 낮은 영계는 내가 아직 가본 적이 없는 곳인데 교회에서 소위 지옥이라 일컬어지는 곳이다. 근래 오랫동안 원정이 없었다가 지금 다시 일이 시작될 것인데 한번 내려가면 목표를 이룰 때까지 머물러 있어야 한다고 한다.

나의 동양지도자는 원정에 가담하라고 권했다. 아버지도 생전 조국을 위한 전쟁에 자식들을 보냈듯이 이번에도 진실과 광명과 희망의 원정에 참여하기를 바랐다.

그 사악한 힘에 맞서 싸우려면 낮은 마음누리의 유혹을 견딜 수 있어야 한다. 불행한 자들에게 도움을 주려면 그들이 우리를 보고 만질 수 있어야 한다. 지금 내가 거주하는 두 번째 마루의 첫 누리보다 높은 영계에 속한 진보한 존재들은 낮은 영계의 거주자들 눈에 보이지도 않고 들리지도 않는다. 게다가 가장 저급한 영계로 들어갈 때 우리 몸이 보일 수 있도록 그들의 물질 원소로 몸을 감싸야 하는데 진보한 영들에겐 이 일이 불가능하다. 비록 고급 영계로부터 보이지 않는 협조자들이 우리를 보호하러 원정에 동반하긴 하지만 그들은 우리뿐 아니라 우리에게 도움을 받는 사람들 눈에도 보이지 않는다.

나와 함께 원정에 참여하기로 되어 있는 단원들은 모두 성향이 비슷한 사람들이었다. 다들 나처럼 열정적이라 쾌락의 유혹에 빠지기도 그만큼 쉬웠다. 그런 경험에서 얻은 교훈을 잘 살린다면 저급한 영계의 회개하는 영들을 구해낼 수 있을 것이다.

우리가 구해내는 사람들은 바로 내가 처음 영계로 왔을 때 있었던 곳으로 보내진다. 거기에는 그러한 불쌍한 혼들을 위해 활동하는 단체들이 많다. 단체를 주관하는 사람들도 한때 지옥의 왕국에서 구출된 경험이 있는지라 그런 일에는 적임자들이다. 희망의 형제단 외에도 다른 단체에서 파견한 유사한 행동대원들이 있다. 죄지은 자식들을 영원한 비참함 속에 내버려두지 않는 자애로운 하나님의 이름으로 파견된 원정대이다.

많은 친구들이 우리의 여정에 꽤 먼 곳까지 동행해 주었다. 원정을 지휘하는 대장도 하계(下界)로부터 구출되었던 사람이라 그곳의 위험성을 잘 알고 있었다.

아린지만이 제자 하나를 보내 하계까지 동행하도록 했다. 그는 우리가 여정(旅程)에 맞닥뜨릴 신기한 유계(幽界) 현상들을 설명해주기로 했다. 하세인이라는 그는 마법이라고들 불리는 신비현상을 연구했다. 마법은 흔히들 사악한 것으로 여기지만 오용(誤用)하는 경우뿐이고 제대로 사용(使用)하면 사악한 세력의 힘을 막을 수 있다. 그는 살아있을 때 페르시아인이었고 아린지만과 같은 배화교도(拜火敎徒)였다. 그들은 배화교도가 아직도 다수를 차지하는 종파(宗派)에 속해 있다. 영계에서 종파를 말하는 것이 이상할듯하지만 아린지만은 이에 대해 다음과 같이 말해주었다.

영계엔 수많은 사상의 종파들이 있다. 모두 우주의 영원하고 위대한 진리를 담고 있지만 세부적 이론이나 영혼의 진보를 위해 진리를 적용하는 방법 등에는 서로 차이를 보인다. 이론을 만들어내는 방법도 다르고 보유한 지식으로부터 결론을 끌어내는 방법이나 불확실한 상황에 적용하는 방식 등이 각양각색이다.

그러므로 창조의 위대한 신비를 설명하고 인간이 존재하는 이유와 내력, 선과 악이 혼재하는 이유, 영혼의 본질과 그것이 어떻게 신으로부터 창조되는지를 완벽하게 설명하는 이론이 영계에 있을 거라 넘겨짚는 것은 오산이다.

진리의 파동은 우주의 위대한 중심들로부터 끝없이 흘러나오고 영혼 지성의 통신망으로 지구로 전달된다. 각각의 영들은 자신의 발달 수준이 허용하는 범위 내에서 진리의 일부를 전달받을 뿐이다. 물질계의 인간들도 자신의 지적능력이 소화할 범위에서만 진리를 받아낼 수 있다.

　영이나 인간 누구도 모든 것을 알 수는 없다. 영들도 저들의 종파나 스승으로부터 전수 받은 얘기를 해줄 뿐이다. 그 이상은 그들도 알 수가 없다. 물질계와 마찬가지로 영계도 절대적인 확실성이란 없다. 저들이야말로 우주의 거대한 비밀을 밝혔다고 주장하는 자들도 저들보다 진보한 영들로부터 전수받은 것을 얘기할 뿐이다. 그들 종파의 위대한 스승들은 존중받아 마땅하지만 다른 종파의 스승들보다 더 절대적인 권위를 부여받은 것은 아니다.

　영계에서 가장 뛰어난 영적 지도자로 인정받는 분으로부터의 얘기인데 태양계의 영들이 풀 수 있는 범위를 벗어난 문제들에 대해서는 최종적인 대답을 주는 게 불가능하다고 한다. 하물며 지구에 속한 영들은 말할 나위 없다. 결국 우리가 가진 지식은 무한한 우주를 유한한 곳으로 가정한 상태에서의 잠정적인 지식이라 할 수 있다. 그 누구도 알 수 없는 절대자의 본질에 대해 우리가 이제껏 알아낸 거라곤 절대자는 무한한 영혼이며 우리로서는 불가지하다는 것이다.

　많은 인간과 영들이 이러쿵저러쿵 논쟁하고 이론을 제시하지만 저들이 아는 범위 내에서 말하는 것일 뿐 범위를 넘어선 것은 누구도 알 수 없다. 누가 감히 한계가 없는 존재의 한계를 논할 것이며 무한히 깊은 생각의 심연을 헤아리겠는가. 생각은 생명처럼 영원하며 깊이를 가늠할 수 없다. 하나님은 만물에 내재되어 있으면서도 그 모든 것들의 우위에 있다. 아무도 본성과 본질을 알아낼 수 없다. 하나님은 모든 것이며 어디에나 있다는 사실을 제외하곤 말이다.

　인간은 우주를 탐구할 때 한계를 넘어서는 범위 앞에서 자신의 보잘 것 없음을 자각하고 물러설 줄 알아야 한다. 인간이 할 수 있는 최선의 일이란 겸손하고 조심스러운 자세로 공부하고 연구하는 것이다. 한 단계 올라서기 전에 자신이 거쳐 온 단계가 분명히 정리(整理)해둬야 한다. 아무리 뛰어난 지성의 소유자라도 모든 것을 한꺼번에 알 수는 없다. 영계에서 가장 진보한 지성조차 늘 자신의 제한된 능력을 염두에 두고 연구를 하는데 하물며 물질계의 인간이야 말할 나위가 있겠는가.

16. 통시력(統視力) - 여정(旅程)의 시작

아린지만이 나를 지도하기 위해 동행시킨 하세인이란 친구는 이십대후반의 젊은이로 보였다. 그러나 물질계에 있을 때는 환갑을 넘겼었다고 한다.

혼령의 나이는 영적 발달 정도와 관련이 있고 외모에서 드러난다. 혼령이 지적인 능력을 키워감에 따라 외관도 성숙해져 마침내 현인의 모습을 갖는다. 물질계와 달리 주름살이나 검버섯 같은 것은 없고 다만 위엄과 역량이 연륜에 자연스레 묻어 나타난다.

한 혼령이 지구에서 가장 높은 단계에 오르면 원로의 면모를 갖추는데 태양계를 떠나 더 높은 차원으로 넘어가게 되면 그곳의 높은 혼령들에 비하면 아직 어리기에 다시 청년기부터 시작한다.

하세인은 영혼보다 낮은 차원의 존재와 그 다양한 기능을 연구하고 있다. 여행 중 보게 될 많은 진기한 현상들을 설명해주겠다고 한다. 그는 우선 내게 다음과 같은 예비지식을 가르쳐주었다.

지상의 인간 대부분이 혼령을 볼 수 없는 것처럼 유계의 혼령들도 지각 능력이 완전히 발달하지 않은 상태라서 못보고 지나치는 존재들이 많다.

지상에는 인간의 혼령뿐 아니라 영혼이 깃들지 않은 유체(幽體)나 원체(原體)까지 보는 능력을 가진 자들이 더러 있다. 유체나 원체는 안에 영혼이 없거나 혹은 영혼이 분리되어 빠져나간 껍데기일 뿐이다.

영혼이 없는 유체와 영혼을 지닌 혼체를 구분하려면 영혼을 보는 영시력(靈視力)에 우주진리를 보는 통시력(統視力)[5]을 모두 갖춰야 한다. 이러한 능력을 불완전하게만 갖고 있으면 유체나 원체를 볼 수는 있어도 혼령과 뚜렷이 분별을 못한다. 이런 불완전한 통시 능력자들은 그 존재들의 본질과 속성에 관해 많은 혼동과 오해를 가질 수밖에 없다.

물질계의 인간에겐 일곱 단계의 영시력이 있는데 성긴 물질계를 벗어나면 다시 일곱 단계가 추가된다. 영혼은 진보해가면서 성긴 허물을 하나하나 벗고 더 고운 차원으로 들어가는데 이때마다 영시력도 향상된다. 처음에는 물질계의 가장 성긴 허물을 벗는 것이지만 다음에는 더 고운 허물을 벗는 식으로 나아간다. 태양계에 안에서는 영혼과 물질이 완전히 나뉘지 않는다. 태양계 밖에서는 어찌 되는지는 알 수 없고 추측할 뿐이다.

물질을 곱거나 성기게 보는 것은 영혼의 발달정도에 따른 상대적인 감각이다. 지상에서 주로 여성이나 아이들에게서 영시능력을 가진 사람을 볼 수 있다. 처음 삼단까지 갖춘 사람은 흔한 편이지만 사단과 오단에 이른 사람은 드물고 육단과 칠단은 특정한 점성학적 영향력 하에 태어난 극소수를 제외하곤 거의 찾아볼 수 없다. 완벽한 능력을 가진 사람은 극히 드물고 육단의 능력까지 조금 갖춘 사람이 간간이 있을 뿐이다. 이런 사람들은 완벽한 영시에 이를 수 없다. 불완전한 안경을 쓰고 있는 셈이라 영계의 사물을 불완전하게 본다. 그들은 육층의 영계까지도 투시로 볼 수 있지만 능력의 한계로 많은 부분을 왜곡해서 보게 된다.

완벽한 육칠 단계의 능력자들은 지구영계마루의 가장 높은 곳으로서 천국이라 할 칠층 영계까지 들어갈 수 있다. 옛날 성(聖) 요한처럼 말로 표현할 수 없는 것들을 보게 되는 것이다.

이 정도가 되려면 사람의 영은 죽을 때 끊어지는 생명줄을 제외한 모든 육체의 결박으로부터 자유로워져야 한다. 그러므로 육체를 벗어나 칠층 영계로 들어가는 건 매우 어렵고 위험한 일이다. 능력이 있다 해도 아주 특수한 상황 하에서 예외적인 사람에게만 허용되는 일이다. 저급의 통시능력자일수록 자기 능력에 맞는 영계만을 보아야 한다.

많은 통시능력자들이 처음의 한두 단계에선 완전한 능력을 가지다가도 단계가 올라가면서 능력이 불완전해지는데 이처럼 불완전한 상태에서는 보는 정보를 무분별하게 뒤섞는 경향이 있다. 이런 때문에 영시(靈視)의 전달에는 불완전하거나 거짓인 보도가 나오는 것이다. 그래서 어떤 단계에서 불완전한 영시능력을 사용하는 것보다는 그 단계의 능력을 아예 사용안하는 것이 낫다.

그래서 고대인들은 제자들에게서 한두 단계의 완벽한 능력을 발견하면 더 이상 개발을 못하게 막았다. 어설프게 개발한 능력이 기존의 완벽한 능력에 손상을 주기 때문이었는데 이런 방식으로 그들은 신뢰 가능한 통시능력자를 양성했다. 그 이상의 능력을 개발하려 했다간 부실하거나 거짓된 정보로 인해 잃는 것이 많았을 것이다.

고대엔 점성가의 등급을 구분했는데 지금도 동양의 몇 곳에선 그 전통을 고수하고 있지만 대부분은 그렇지 못하다. 각 등급의 예언자들은 자기 능력에 맞는 수련을 했다.

지금은 뛰어난 능력을 갖고 있어도 지혜로운 사용법을 몰라 부정확한 결과들이 나오는 경우가 많다. 영매(靈媒)와 청원자(請願者) 모두에게 해가 되는 일이다.

마치 어리석은 트레이너가 운동선수의 근육에 손상을 입히는 무리한 훈련을 시키는 것처럼 이들도 영적인 능력을 무제한적이고 무차별적으로 개발하고 있다. 둥지를 너무 일찍 나온 어린 새는 파닥거리다 땅에 곤두박질치지만 날개가 자라길 기다렸다 나오면 날아오른다. 지상의 삶의 경험과 훌륭한 스승의 지도를 통해 영매에게 지식이 쌓이면 저급한 영혼과 진보한 영혼을 구분하여 영적인 활동을 방해하는 혼란과 위험을 점차 제거할 수 있다.

한편 영계에도 혼령과 인간의 여러 존재양식에 관한 연구를 수백 년 해온 교사들이 많다. 그들은 연구한 지식을 전달하여 인류에 도움을 줄 길을 지금도 찾고 있다. 많은 부분이 아직 전해지지 않았지만 이미 전달된 것도 있다. 이 지식들은 지상의 지성을 향상시킬 것이다.

이상의 많은 것을 가르쳐준 하세인이 고마워 후에 기회가 되면

갚기로 약속했다. 원정대 출발 직전 나는 지상으로 내려가 애나에게 작별을 고했다. 헤어진 동안 우리는 함께 했던 시간을 얼마나 그리워했는지. 비록 이계(異界) 간의 벽에 막힌 제한된 만남이지만 우리 둘 모두에게 큰 기쁨이었다.

지상에서 돌아와 보니 원정 준비가 모두 마무리된 상태였다. 나는 아버지와 여러 사람들에게 작별인사를 하고 큰 홀에서 단장으로부터 환송의 축복을 받는 모임에 참석했다. 모임이 끝난 뒤 원정대는 가득 모인 형제단의 갈채와 성원을 받으며 출발했다.

17. 유계(幽界)와 그 거주자들 - 유령 요정 흡혈귀

우리의 여정은 거대한 나선의 움직임과 같다. 돌아가는 거대한 바퀴와 같은 고리의 중심에 있는 작은 점이 지구이다. 지구의 중심을 꿰뚫고 위 아래로 뻗어 있는 가상의 축이 있다고 할 때 그 축을 중심으로 역시 여러 고리가 회전을 하며 하나의 원통 모양을 이룬다. 태양 쪽을 향한 말단이 가장 진보한 마루이다. 우리는 나선모양의 길을 따라 차상위영계에서 지상영계를 거쳐 아래 영계로 넘어간다.

내려가는 길에도 수많은 혼체들이 오가는 것을 봤다. 그런데 혹한의 나라에 갔을 때 얼음 감옥 주변을 맴돌던 것과 비슷한 망령들이 떠다니는 게 보였다. 이 망령들은 지구 주위를 순환하는 유류(幽流)에 떠밀려 마치 바다 위에서처럼 둥둥 떠다니고 있었다.

그중 어떤 것들은 얼핏 살아 있는 것처럼 보였지만 자세히 들여다보면 눈동자와 표정에 총기가 보이지 않았다. 속이 다 빠져나간 밀랍인형처럼 넋이 나간 몰골이었다.

내가 먼저 지상 영계를 다닐 때는 그런 존재를 보지 못했던 이유를 물으니 하세인이 설명해주었다.

"첫째, 당신이 일에만 너무 열중했기 때문이고 둘째, 시각 능력이 충분히 발달하지 못했던 탓이오. 저길 보시오."

어린이들처럼 손을 잡고 폴짝폴짝 뛰며 우리 쪽으로 다가오는 무리가 있었다.

"저들은 어린이들의 몸과 마음에서 뿜어 나온 잔기(殘氣)들이오. 지구 주변을 흐르는 거대한 생명력의 흐름이 남자 여자 그리고 어린이의 분출파와 접촉 반응하여 저런 기괴한 형체로 굳어지는데 해를 주지는 않소. 저들은 영혼과는 달라서 지능이 없소. 지금 보시면 알겠지만 여름 하늘의 구름처럼 형체도 계속 변하오."

그들은 일그러져 기괴한 형체로 변하더니 다시 꽃으로 만든 옷과 모자를 쓴 날개달린 작은 요정으로 변했다. 인간의 몸에 동물의 머리에 나비의 날개를 단 형체였다. 강한 자기장의 물결이 그들을 쓸고 지나가자 전부 흩어지더니 이번엔 또 다른 입자들과 새로운 형태를 이루는 것이었다.

운동하는 존재들의 출몰(出沒)은 놀라운 것이었다. 내 마음을 읽은 하세인이 알려주었다.

"방금 보인 것은 기초적인 생명인자들이 어렴풋이 형체화했을 뿐이고 물질화가 충분하지 못해서 지상영계에서 머물 수는 없는 것들이오. 순전히 지상의 삶과 생각의 파동으로 생겨난 것으로서 바닷가의 물거품 같은 거요. 그럼 지상의 여파(餘波)로 된 것이 아닌 것들은 유계(幽界)6)에서 얼마나 견고한지를 봅시다."

이번엔 사람 같으면서도 아닌 어둡고 흉측한 거대한 무리가 떠오는 것이 보였다.

"이것들은 술주정꾼 주변에 모여드는 존재들인데 술주정꾼의 타락한 기체(氣體)에 단단하게 들러붙습니다. 자기를 지킬 의지를 상실한 사람은 저것들을 떼어낼 수 없어요. 본성이 악착같은 데가 있어서 거머리처럼 사람의 생명력을 계속 빨아들입니다. 주정뱅이를 도울 최선의 방책은 강력한 의지와 기력을 가진 사람에게 치유를 맡기는 겁니다. 망령들이 더 이상 붙어있지 못할 때까지 치유자의 강력한 기운을 붓는 겁니다. 건강한 기력은 이 존재들에게 독극물 같은 작용을 합니다. 결국 몸에서 떨어져나가 먼지처럼 사그라들지요.

만일 이 존재들이 그런 식으로 퇴치되지 않는다면 사람의 생명력을 다 빨아들인 뒤 다른 사람에게 붙는 식으로 수십 년 동안 떠돌아다니다 마침내 스스로 독립적인 생명체가 됩니다. 이 단계가 되면 좀 더 지능적인 존재들한테 이용을 당하지요. 이른바 흑마술을 하는 자들이 이 영혼 없는 피조물을 자신의 실험에 쓰거나 눈밖에 난 자들을 해치는데 이용하기도 합니다. 결국 웅덩이 바닥의 죽은 잡초처럼 이 유체들은 소모되어 사라집니다."

"그럼 이 유체(幽體)들이 술주정꾼에게 달라붙어 술을 계속 마시게 하는 건가요? 술주정꾼으로 죽어 지상에 묶인 영들이 육체를 가진 인간을 조종하는 것처럼."
 "아니요. 이 녀석들은 술맛이 뭔지도 모릅니다. 단지 사람의 기체를 망가뜨려 무방비 상태로 만드는 것일 뿐입니다. 이 녀석들이 원하는 건 사람의 생명력이죠. 식물이 생존하려면 물이 필요한 것처럼 이 녀석들도 생존을 위해 생명력이 필요한 거죠. 생명력을 고갈시켜 사람을 피폐하게 만들고 위안이 되는 자극을 찾아다니도록 조종하는 것일 뿐 음주 자체를 부추기는 것은 아니에요. 이놈들은 그냥 기생체들일 뿐이에요. 기초적 성질 말고는 지능이 없으니 이름을 붙일 것도 없어요."
 계속해서 하세인이 전하는 지식은 다음과 같았다.

 생각을 하거나 나타내기 위해선 영혼의 씨앗 즉 신성(神性)의 불꽃이 내재해야 한다. 일단 존재하면 결코 사라지지 않는 개체성을 갖는다. 물질화된 외피를 한 꺼풀씩 계속 벗어 나가거나 혹은 반대로 점점 탁하게 물질화되어갈 수도 있지만 한번 영혼의 씨앗이 부여되면 존재는 소멸하지 않는다. 그리고 자신의 행동에 책임을 진다. 인간처럼 고차원적인 혹은 동물처럼 저차원적인 존재에도 영혼이 내재하지만 영성(靈性)이 얼마나 순수한가의 차이가 있다. 정도의 차이가 있을 뿐 인간과 동물은 모두 지능이 있다.
 이러한 사실에서 우리 종파(宗派)는 다음과 같은 결론을 내렸다. 인간과 동물은 모두 의식을 가진 채 개별적으로 영생하는 존재들이지만 영성의 수준에 차이가 있을 뿐이며 인간뿐 아니라 동물도 끝없이 발전해 간다. 인간뿐 아니라 동물도 영계에서는 지상에서보다 진보한 상태로 존재한다.
 영혼이 없는 기생체가 인간의 마음에 영향을 미치기란 불가능하다. 오직 영혼만이 육체를 가진 인간을 부추겨 술이나 그 밖의 악에 물들게 할 수 있다. 저급한 욕망에 빠져 유피(幽皮)의 속박에서 벗어나지 못하고 지상을 맴도는 영혼들은 사람을 다양한 방법으로 조종할 수 있다. 가장 통상적인 방법은 자신의 영체로 사람의 일부분을 에워싸는 건데 결국 그들 사이에 연결 고리가 생긴다. 마치 쌍둥이 아이들이 몸은 다르지만 정신적으로 연결되어 있어 한쪽이 느끼는 걸 다른 쪽도 느낄 수 있는 것과 비슷하다. 이런 상태에서 사람이 술을 마시면 그 사람을 조종하는 혼령도 즐기게 된다. 가능하면 많이 마시도록 자극하다가 더 이상 충동질을 할 수 없게 되면 그 사람을 떠나 의지가 약하고 타락한 취향을 가진 또 다른 대상을 찾아 나선다.

인간과 혼령 양쪽이 그들 사이의 연결 고리를 언제든 마음대로 끊을 수 있는 건 아니다. 이런 종류의 결합이 오랜 기간 지속되면 연결을 끊는 게 매우 어려워진다. 혼령과 인간 양쪽이 서로에게 피로감을 느낀다 해도 연결을 끊지 못해 몇 년이 지나도록 계속 그 상태로 가는 수도 있다. 이 경우 높은 차원의 힘을 가진 존재의 도움이 필요한데 이들은 도움을 호소하면 누구든 기꺼이 도와준다.

만일 어떤 혼령이 자기만족을 위해 사람을 계속 조종한다면 영적인 등급이 점차 낮아져 희생자와 함께 최하층 영계로 떨어진다. 그곳에서 상황을 개선시키려는 욕망이 생기면 다시 위로 올라가는 길고 험난한 여정을 시작한다.

영혼만이 사고력과 의지를 갖고 있다. 영혼이 없는 다른 피조물들은 우주를 구성하는 물질 원자들이 그러하듯 인력(引力)과 척력(斥力)의 법칙에만 복종할 뿐이다. 이 기생유체들이 오랫동안 인간의 생명력을 빨아들인 나머지 일정 부분 독립적인 생명을 갖게 된다 해도 그들 자신이나 다른 존재들의 움직임을 유발할만한 지능을 갖지는 못한다. 불결한 환경에서 생기는 병원균처럼 떠다니다가 적당한 사람에게 들러붙는데 병원균처럼 낮은 형태의 생명을 갖고 있다고 할 수는 있다.

다른 종류의 유체로는 흙이나 공기 불 물 등 각 원소에 있는 생명의 근원으로부터 생겨난 존재들을 들 수 있다. 빛이 들지 않는 광산이나 산속 동굴에 사는 요정 등이다. 외지고 격리된 곳에서 주로 볼 수 있는 존재들인데 이들은 구성 원소의 성질에 따라 제각기 다른 본성을 지닌다. 옛날이야기 속에 나오는 온갖 정령과 요정이 바로 그들이다.

이런 존재들은 생명을 갖고 있지만 그렇다고 영혼을 갖고 있는 건 아니다. 이들은 인간의 생명으로 인해 생겨나고 유지되는 반영체일뿐이다. 어떤 것들은 매우 낮은 등급의 생명을 갖고 있는데 독립적으로 움직일 수 있는 것만 빼고는 식물과 다를 게 없다.

또 어떤 것들은 매우 활동적인데다 여기저기 아주 빠른 속도로 날아다닌다거나 하는 온갖 기괴한 재주를 갖고 있다. 전혀 해롭지 않은 것들도 있지만 야만인들의 생명력으로부터 생겨난 것들은 위험하다. 이 신기한 존재들은 문명이 발달된 곳에서는 생존을 이어가지 못하는데 문명인으로부터 방사되는 생명원기에서는 이들을 존속시킬만한 소자(素子)가 매우 적기 때문이다.

문명이 진보할수록 이처럼 저급한 존재들이 설 자리를 잃게 되다보니 사람들이 결국 이들의 존재 자체를 의심하고 종국엔 애초부터 존재하지 않았다고 여기게 된다. 오직 동양의 고대 종교들이 보존해온 옛 기록에서만 이런 존재들에 대한 설명과 생성 원리 등을 살펴볼 수 있다.

영혼이 없는 이 존재들은 앞에서 말한 인간의 타락한 마음과 행동에서 방사되는 것들과는 다르다. 서양의 철학자들이나 지식인들은 해롭고 황당무계한 이야기라며 이러한 지식들을 폐기처분했지만 그 결과 육체적인 감각으로만 보고 듣고 느낄 수 있는 좁은 영역의 지식에 매몰되고 급기야 인간의 고귀하고 순수한 본체인 영혼의 존재마저 의심하기 시작했다.

옛날의 인류는 마치 아이처럼 신에게 도움과 원조를 구하고 그러면 신은 천사와 수호령을 보내 당신의 자녀들을 보호하셨는데 이 시대 사람들은 말썽 많은 청소년처럼 자만심에 빠져 도움을 청하기는커녕 오만과 무지의 붕대로 눈을 가린 채 위험 속으로 뛰어들고 있다.
　힘겨워하는 자녀들을 위해 신은 최근 다시 전보다 더욱 양계(兩界) 간 교류의 문을 열어놓으셨다. 인간에게 경고하기보다는 더 나은 행복의 삶에 이르는 길을 알려주시고자 전령들을 보내고 있다. 옛 선지자들처럼 이 전령들도 인간에게 말씀을 전하는데 이들이 옛 선지자들처럼 간접적인 상징을 사용하지 않고 명료한 화법으로 말하는 것은 인류가 이제 유아기를 벗어났기 때문이다. 앞으로는 믿음과 희망의 말씀이 이성적이고 과학적인 방법으로 전달될 필요가 있다.

　하세인은 고개를 돌려 우리 시야의 지평선 위로 멀리 떠 있는 작고 검은 구체를 향해 손을 벌리며 외쳤다. 그 구체는 지구라 불리는 슬픔의 행성이었다.
　"인간은 자신을 부르는 그 목소리에 귀 기울이고 너무 늦기 전에 깨달아야 한다. 신은 죽은 자들의 신이 아니라 살아 있는 자들의 신이란 것을. 모든 생명체는 영생한다. 생명은 만물에 깃들어 있다. 흙이나 단단한 바위에도 생명의 싹이 있다. 우리가 숨 쉬는 공기와 무한한 우주의 공간도 생명으로 가득 차 있다. 신은 좋든 나쁘든 생명을 귀하게 여기며 육신을 벗어난 인간을 벌하거나 고문하지 않는다. 생명은 만물에 깃들어 있으며 신은 모든 생명의 중심이다."
　하세인은 말을 멈추더니 더욱 차분한 목소리로 말했다.
　"저 쪽을 보시오. 저것들이 뭘까요?"
　그가 가리킨 건 바람에 나부끼며 우리에게 다가오는 한 무리의 혼체들 같았다. 가까워지자 영혼이 없는 유체껍데기라는 걸 알게 됐다. 얼음 감옥 속의 남자에게 붙어 있던 망령들과는 달리 이것들은 단단해 보였고 동물적인 활력으로 가득 찬 것처럼 보였다. 그러면서도 어딘가 모르게 기계적인 느낌이 들기도 했고 지능이 없는 것 같기도 했다. 마치 바다의 부표처럼 둥둥 떠다니고 있었다. 그들이 우리에게 가까이 다가오자 하세인이 의지력으로 그중 하나를 붙잡았다.

"보세요. 살아있는 거대한 인형 같지 않습니까? 이건 저급하고 동물적인 삶을 사는 인간들의 육신에서 방사되는 원자들이 만들어 내는 거예요. 그 방출물들이 유계의 전자기적 힘에 접촉돼 이처럼 지상 인간들의 복제품 같은 형체를 이루죠. 인간의 눈에 보일만큼 물질화돼 있진 않지만 약간의 기초적인 통시력만 있으면 볼 수 있어요. 그러나 통시력이 일정 수준을 넘어야만 이것들이 진짜 영혼이 아니란 걸 식별할 수 있죠. 더 뛰어난 통시력을 가진 사람이라면 이 안에 영혼이 깃든 적이 한 번도 없었음을 알 수 있죠.

통시능력가들 사이에서 유체에 대한 연구가 충분히 이뤄지지 못했기에 영혼을 담고 있는 유체인지 영혼이 떠나버린 유체인지 아니면 영혼이 존재한 적 없는 유체인지 구분할 수 있는 통시가들이 거의 없어요. 조금 뒤에 유체로 실험을 하나 해볼 텐데 그전에 먼저 이 존재를 있는 그대로 잘 봐두세요. 지상의 생물처럼 생생하고 활력이 넘치지 않나요? 전에 보았던 것처럼 영혼이 빠져나간 뒤 급속하게 일그러지고 쇠약해진 것들과는 다르다는 점을.

이 싱싱해 보이는 유체는 빨리 쇠멸(衰滅)해요. 생명의 정기가 전혀 붙어 있지 않으니까요. 반면에 영혼을 담은 적이 있는 유체는 완전히 쇠멸할 때까지 꽤 긴 시간이 걸리는데요. 유체는 차원 높은 원천에서 생명력을 끌어오지 않으면 산산이 부서지고 말지요."

"그런데 그것들이 어떻게 인간의 모습을 취하는 겁니까?"

"영적인 자기력의 흐름이 작용해 그런 모습을 만들어 내죠. 바다에 조류(潮流)가 흐르듯이 우주의 공간엔 끝없는 자기력의 흐름이 존재하는데 이건 과학자들이 알고 있는 자기력보다 더 영묘(靈妙)한 등급의 것이에요. 말하자면 영적인 자기력이라 할 수 있죠. 마치 얼어붙은 창유리의 습기에 정전기가 작용해 나무나 식물 같은 형체를 만드는 것처럼 이 자기력의 흐름이 원자의 구름 같은 덩어리에 작용해 인간의 형상을 만들어 놓지요. 전기가 식물체에서 잎이나 나무 모양을 형성하는 데 중요한 요인이란 건 널리 인정되지만 이 영묘한 형태의 자기력이 인간과 동물의 신체를 형성하는 데 마찬가지의 작용을 한다는 건 잘 알려져 있지 않지요."

"그럼 동물의 유체도 있는 건가요?"

"물론이죠. 그중 어떤 것들은 아주 기괴하죠. 지금은 당신의 시각능력이 완전히 발달하지 못한데다 발달을 시켜드릴 시간적 여유도 없기 때문에 보여드리기 곤란하지만 언젠간 유계의 다른 이상한 것들과 함께 보여주리다. 원자들은 각각의 부류가 있고 똑같은 부류끼리 서로 뭉치는 경향이 있소. 식물의 원자들은 유계의 나무나 식물들을 이루기 위해 서로를 끌어당기는데 동물의 원자들도 짐승이나 새들의 형상을 이루기 위해 모이고 인간의 원자들 또한 남자나 여자의 형상을 이루기 위해 모이죠.

이따금 인간에게서 등급이 매우 낮은 거의 동물 수준의 원자들이 나올 때가 있는데 이런 원자들은 동물과 인간을 동시에 닮은 기괴하고 끔찍한 형상을 만들어내죠. 통시력을 가진 사람이 반무의식 상태에서 보면 악몽 속의 괴물처럼 보일 거요.

이처럼 엄청난 양의 살아있는 원자들이 지상의 저급한 인간이나 동물들로부터 끝없이 방출되어 유체를 유지하고 새로 만들어 냅니다.

이 유체외피(幽體外皮)들이 만약 고차원누리로 보내져서 저급생기(低級生氣)로부터 벗어난다면 가스처럼 사라져버립니다. 인체원자의 잔상체(殘像體)로서 영혼을 담아본 적이 없는 이것들은 상위의 지성의 힘이 지켜주지 않는 한 유리창의 성에꽃처럼 한시적인 것입니다.

보시다시피 밀랍인형 같이 무표정한 이 녀석들은 참으로 다양해서 예부터 주술사들에게도 쓸모가 있었죠. 유계원자들이 식물 동물 인간의 어떤 모습을 했든 간에 영계의 진짜 영혼의 외피원자들과 혼동돼서는 안 됩니다. 유체들은 종류를 막론하고 지상의 조방

(粗放)한 물질과 영계의 영묘한 물질의 중간정도의 물질화수준에 있죠. 유체외피에 싸인 영혼을 지박(地縛)의 상태라고 하는데요. 지상에 존재하기엔 너무 비물질적이고 높은 차원이나 낮은 차원의 영계로 이동하기엔 너무 물질화된 존재이죠."

"그렇다면 가장 낮은 영계의 영조차도 지박령보다는 영묘하단 말씀인가요?"

"맞아요. 유계는 각각의 행성을 벨트처럼 감싸고 있어요. 그런데 유체들은 지구로 다시 흡수되기엔 너무 영묘하고 지구의 인력을 벗어나 영계로 들어가 새로운 형태를 이루기엔 너무 조방하거든요. 유체들이 하나의 형태를 이루도록 유지하는 건 영혼의 자기력(磁氣力)이 가진 생명력이죠.

영혼의 외피로서 생명을 가져본 인형유체(人形幽體)의 경우 유원자(幽原子)들은 영혼의 자기력(磁氣力) 즉 생명의 정수(精髓)를 다소 흡수하는데 그 영혼이 지상에 있을 때 선했느냐 악했느냐 수준이 높았느냐 낮았느냐 영혼의 자기력이 그것을 오랫동안 활성화시켰느냐 아니면 짧은 기간만 그랬느냐에 따라 생명의 정수를 흡수하는 정도가 결정되죠. 영혼이 생전에 고결한 욕망을 품고 살았을 경우 연결이 곧 끊어지면서 유체외피는 붕괴되죠. 그러나 악한 욕망을 가진 영혼이었다면 연결은 몇백년을 지속될 수도 있고 그 영혼을 사실상 지상에 결박하죠. 간혹 매우 사악한 삶을 살았던 영혼의 유체가 자기보다 높거나 낮은 차원의 에너지들을 흡수하기도 하는데 유체상태의 물질은 영혼의 활력으로 넘쳐나기 때문에 그 안에 살던 영혼이 낮은 차원으로 떨어지고 난 뒤에도 빈껍데기로 남아 원래 주인의 희미한 형체를 띠고 지상을 떠돌아다니죠. 통시가(統視家)들에겐 생전에 자신이 살았던 곳을 떠도는 존재처럼 보이는데 이들 망령은 영혼이 떠난 상태라 지능을 갖지 못하고 따라서 영매에게 정보를 전달하거나 물건을 움직이는 등의 일은 못해요. 선하든 악하든 지능을 가진 존재의 꼭두각시 노릇을 제외하곤 아무 것도 못하죠.

지금 우리 앞에 있는 유체는 그 안에 생명의 자기력이 존재하지 않죠. 이전에 담아봤던 적도 없으니 곧 원자들이 해체되면서 다른 존재들에 흡수될 거요. 이 유체에 내가 가진 의지력이 작용하면 어떻게 되는지 한번 보세요."

그가 말을 끝내자마자 그 인형 같은 유체가 갑자기 활기를 띠더니 지능이 생겼다. 그리고는 하세인이 지목한 단원에게 스르르 다가가 어깨를 건드리며 "친구여, 하세인이 인사를 합니다."라고 말하는 것이었다. 그러고 나서 어리둥절해 하는 그 형제에게 꾸벅 고개를 숙이더니 마치 사슬에 묶여 훈련 받은 원숭이처럼 다시 우리에게 돌아왔다.

"이제 아시겠지요. 이 유체를 보내 특정한 일을 수행하는 전령처럼 사용했잖아요. 옛 주술사들은 이렇게 먼 곳의 일을 조종하곤 했지요. 이네 유체들은 유계에서만 활동할 수 있어요. 사용(使用)하는 사람의 눈에는 보이지만 물체를 움직이거나 할 수는 없지요. 그러나 더 물질화된 유체들은 땅 속을 뚫고 들어가 인간의 눈에 띄지 않는 보물이나 귀중한 금속 등을 가져오는 데 쓰일 수 있지요. 이런 건 말하지 않는 게 좋겠소. 그런 방법을 알아내고 활용했던 주술사들도 곧 자신들이 불러낸 힘의 희생자가 돼버리고 말았지요. 계속 조종을 할 수 있는 경우는 드물다오."

"그런 유체들이 사악한 자들에 의해 활성화 된다면 인간에겐 참으로 위험하겠군요."

"그렇죠. 나야 유체외피를 쓰고 지상에 가려 한 적도 없지만 무지한 혼령이 지상의 인간들 눈에 띄고 싶어 그럴 수 있거든요. 하지만 그 경우 유체외피와의 연결이 끊어지지 않아 위험할 수 있어요. 상당 기간 유계에 묶일 수 있는 거죠. 그렇기 때문에 지상의 사람들이 죽은 사람을 보고 싶어서 혼령을 지상으로 불러들이는 일이 해로울 수 있다는 거예요. 순진하고 어리숙한 혼령이 누군가 남겨놓은 유체껍질 속에 들어가는 실수를 저지를 수 있으니까요. 일단 그렇게 되면 높은 차원의 능력을 가진 존재가 도움을 줄 때까지 꼼짝 못하고 지상계에 갇히는 대가를 치르죠.

　낮은 차원의 혼령이 똑같이 이런 빈 유피(幽皮)를 입으면 혼령이 너무 조야(粗冶)해서 오래 있지 못하죠. 저급한 혼령의 탁한 자기력이 강한 독성 수증기나 가스 같은 기능을 해서 거미줄그물과 같은 외피를 산산조각 내기 때문인데 유계 위쪽의 고차원에 사는 혼령에게 유계외피는 무쇠처럼 단단하지만 유계 아래쪽에 사는 저급한 혼들에게는 너무 약해요. 영혼의 등급이 낮을수록 외피가 단단해서 더 강력히 영혼을 붙들어 매니 능력을 제약하고 상층위(上層位)로의 향상을 막는 것이죠."

　"그러면 혼령이 때로 지상의 영매에게 나타날 때 이 유체외피를 조종하거나 그 안으로 들어갈 수도 있다는 말씀인가요?"

　"그렇습니다. 지상계의 위쪽에 사는 혼령이 자기의 모습을 기초적 통시능력자에게 보이려 할 때 이러한 외피에 들어가 자기 존재를 보일 수 있어요. 그러면 통시력자는 이 외피를 보고 모습을 전할 수 있죠. 그런데 선량한 혼령이라도 무지(無知)에 의해 걸려들어 이 유체외피를 벗어나지 못할 수 있죠. 외피가 활성화되어 강해진 생명력이 그를 죄수처럼 옭아매죠. 혼과 지상의 영매의 관계가 너무 오래도록 밀접하면 그들 사이의 연결은 사슬처럼 강력해지죠. 한편 저급영계의 혼들에게 유체외피는 편리하지만 너무 빨리 사라지죠. 이들은 자신의 흉한 혼체를 잠시라도 숨기면 통시가 들이 그 안의 추한 혼체를 못보게 속일 수 있지만 선량한 혼들에게 유체외피는 자기를 가둘 무쇠 옷이 되죠."

　"아하, 그럼 지상의 강신술(降神術) 모임에서 한 혼이 다른 혼을 사칭해 나타날 때 유체를 이용하는 거군요."

　"그런 일이 빈번하게 일어나죠. 속임수를 쓰는 혼령이 영매와 직접 접촉하기엔 등급이 너무 낮은 경우죠. 지상의 인간이 품는 생각은 놀랍도록 유계에 반영되지요. 그런 생각들은 그걸 읽을 능력이 되는 혼령들에 의해 그림처럼 생생하게 간파되고 응답되거든요. 물론 모든 혼령이 그런 능력을 가진 건 아니죠. 지상의 인간들도 모두가 신문이나 편지를 읽을 수 있는 건 아니듯이 우리도 생각을 읽으려면 소질도 있어야 하고 어느 정도 훈련을 받아야 해요. 인간이 가장 조심해야 할 혼령은 타락한 인생을 살다가 지상계나 저급한 영계로 떨어졌지만 도움을 받아 올라가길 원하는 무지하고 가엾은 혼이 아니라 뛰어난 능력을 악용하는 사악하고 지능적인 혼령이죠. 이들은 정말 위험하기 때문에 그에 맞서 감시를 할 필요가 있어요. 영매의 의식 수준이 높아야만 감시와 방어가 성공적으로 수행되는데 그러면 인간과 혼령이 조화롭게 공동 작업이 가능하고 고의적인 사기나 선의의 실수로부터 영적 운동을 보호할 수 있죠. 선한 의도를 지녔지만 어설프고 무지한 혼령이나 인간이 종종 남들의 이목을 끌어보려다가 양쪽 모두에게 해를 입히는 경우가 많은데 이들은 무지한 화학자 같아서 지식을 추구하려고 실험을 하다 자신뿐 아니라 주변 사람에까지 해를 끼치는 경우이죠."

"동기의 순수함이 그들을 보호해주지 않을까요."

"동기의 순수함이 뜨거운 난로에 손을 대는 아이를 화상으로부터 구할 수 있나요. 천만에요. 아이를 보호하는 유일한 방법은 난로 근처에 못 가게 하는 겁니다. 선하고 현명한 영혼의 보호자들이 최대한 힘을 쓰곤 있지만 아이들이 계속해서 위험한 난로 주변을 맴돌며 안을 들여다보려고 온갖 시도를 한다면 몇몇 아이들이 화상을 입는 건 불가피합니다."

"그러면 당신은 영적능력의 무분별한 개발(開發)을 반대하시겠군요?"

"물론이죠. 현명한 보호자 밑에서 조심스레 개발된 능력을 사용한다거나 남들을 도울 목적으로 하는 개발이라면 도울 겁니다. 하지만 사욕의 동기도 있다면 돕기 어려울 거예요. 물질적 이익을 기꺼이 포기할 사람에게만 영매활동을 허용했으면 해요. 세속적 욕심에서 자유로울 사람이어야 해요. 이제 다른 걸 볼까요."

그는 유체에 재빨리 손을 얹어 미지의 언어를 몇 마디 했다. 그러자 이제껏 우리 곁을 떠다니던 유체가 잠시 멈칫하더니 자기력의 흐름에 휩쓸려 파도 위의 나무 조각처럼 떠내려갔다.

고개를 돌리자 이번엔 어둠속에 기이하고 무시무시한 무리가 다가오는 게 보였다. 안에 생명을 담아본 적이 없는 유피(幽皮)들인데 방금 떠나보낸 말끔한 밀랍인형과는 달리 혐오스러운 외관이었다.

"이놈들은 사악하고 음탕한 삶을 사는 인간들에게서 뿜어져 나온 거예요. 말하자면 지상의 빈민굴로부터 온 것인데 도덕적인 빈민굴이랄까… 물론 타락한 상류층에서도 이런 것들이 나오죠. 이것들은 악한 의도를 가진 자들에 의해 나쁜 목적에 이용될 수 있죠. 상당히 물질화되어서 지상의 물질에 영향을 미치는데 유용(有用)하여 흑마술(黑魔術)이나 마조술(魔造術)에도 많이 쓰여 왔소. 드물긴 하지만 고수준 영매들도 강령회(降靈會)에서 물질적 영향력을 위해 쓰기도 하오. 현명하고 선량한 자라면 해가 안 가게 잘 다루겠지만 사악하거나 무지한 자에게 걸리면 말할 수 없이 위험하지요. 행실이 불량하거나 무지한 사람들이 호기심이나 재미로 하는 강령회에서 난폭하고 위험한 소동이 일어나곤 하는 건 이런 유체들처럼 영혼의 찌끼가 묻어있는 부류들 때문이에요."

"인구(人口)에 회자(膾炙)하는 흡혈귀(吸血鬼)는 어떤 영혼들인가요?"

"흡혈귀는 자기잘못으로 유피에 갇힌 혼령들이지요. 그들이 인간 생명의 정기(精氣)를 빨아들이는 건 지상계에서의 생명을 유지하고 더 낮은 차원으로 내려가지 않으려고 버티는 것이죠. 유피에 남아 삶을 유지하려고 안간힘을 쓰는 것은 마치 사악한 인생을 산 자가 죽은 뒤에 알 수 없는 공포의 세계로 떨어질까 두려워하는 것과 비슷하죠. 이 혼령들은 부단한 생명력의 재생을 통해 지상을 수백년 넘게 떠돌아다니기도 하지요."

"많은 이야기에 묘사된 것처럼 흡혈귀가 인간의 형상으로 물질화되어 다른 인간들을 접촉하는 게 가능한가요?"

"흡혈귀가 물질적인 몸을 지닌다는 것은 아니라고 하겠습니다. 그러나 인간의 육신을 점유하고 나면 그 육신에 변화를 주어서 먼저 지상에 살았을 때와 유사한 외모로 나타나지요. 물질계의 몸으로 얻은 능력으로 기담전설(奇談傳說)에 나오듯이 기묘한 이중생활을 할 수도 있고요. 대개의 흡혈귀는 지상의 육체를 소유하지 않고 유체상태로 지상을 떠돌아다니며 영매성(靈媒性)의 사람으로부터 생명력을 빨아들이죠. 그런 사람 특유의 구조가 그런 공격에 취약하니까요. 하지만 당하는 사람은 그런 존재가 있다는 사실조차 모르죠. 가엾은 희생자는 지속적인 피로와 무력감에 시달리지만 무슨 일이 일어나는지 의심조차 못합니다."

"수호령들이 그러한 존재들로부터 인간을 보호해 주지 않나요?"

"항상 그렇지는 못합니다. 대체로 보호를 해주긴 하지만 흡혈귀가 지상에서의 인연에 따라 나타날만한 장소를 피하도록 경고를 주는 정도이죠. 수호령은 죄악이 저질러진 장소나 악인이 살아 더럽혀진 장소에 대한 본능적인 두려움을 인간의 마음속에 심어주죠. 그러나 인간은 모든 면에서 자유롭고 또 자유로워야 하기 때문에 그 이상은 어쩔 도리가 없어요. 인간은 꼭두각시처럼 조종돼서는 안 됩니다. 아무리 참담한 결과를 낳는다 해도 본인이 직접 경험해봐야 하죠. 정보와 안내와 도움은 항상 주어지지만 인간의 자유의지를 간섭하지 않는 선에서 본인이 원하는 정도로만 주어질 뿐이에요. 영계로부터는 어떤 것도 강요되지 않습니다."

18. 지옥에의 접근

하세인에게 유계와 그곳의 기이한 생명체들에 대해 더 많은 걸 묻고 싶었지만 시간이 없었다. 우리는 유계를 뒤로 한 채 내가 먼저 잠시 탐사한 적이 저급영계를 향해 내려가고 있었다. 생각의 속도만큼은 아니나 인간이 상상 못할 빠른 속도였다. 우리는 밝은 세계로부터 점점 멀어졌다. 미지의 곳에 대한 두려움에 싸여 아무도 입을 열지 않았다. 모두가 앞으로 펼쳐질 공포의 세계와 그곳 거주자들의 비애를 예감하는 것이었다.

저 멀리 먹물 같은 검은 연기가 대지를 어둠의 장막처럼 덮고 있었다. 가까이 가니 끝없는 검은 구름의 곳곳이 도처의 거대한 분화구에서 뿜어 나온 듯한 붉은 유황불빛에 물들여 있었다. 공기는 너무 탁해 숨을 쉴 수조차 없었다. 한 번도 느껴본 적 없는 엄청난 피로감이 몰려오면서 사지가 마비되는 것 같았다.

원정대장이 멈추라 명령하자 우리는 검은 잉크의 호수 위에 불룩 솟아 보이는 거대한 검은 산 정상에 착륙했다. 멀리 지평선 위로 무시무시하고 소름끼치는 세계가 모습을 드러내고 있었다.

우리는 그곳에서 잠시 쉰 뒤에 우리를 데려다준 친구들과 작별하기로 돼 있었다. 가져온 과일과 음식들로 간단히 요기를 한 뒤 대장이 우리 모두를 위해 보호와 힘을 간구하는 짧은 기도를 했다. 그러고 나서 모두들 바람이 휘몰아치는 산 정상 기슭에 누워 휴식을 취했다.

달콤한 무의식 상태에서 깨어나 보니 다른 사람들 역시 모두 일어나 있었다. 우리는 의심 받지 않고 그곳으로 들어가기 위해 두세 명씩 그룹을 짓기로 했다. 어둠의 왕국 속으로 선교사처럼 흩어져 들어가 우리의 도움을 기다리는 이들을 구해내려는 것이었다.

놀랍게도 휴식을 취하는 동안 몸에 변화가 일어나 새로운 환경에 적응이 되어 있었다. 이 세계의 조방한 물질을 덮어쓴 듯 몸이 이곳의 인력(引力)에 따르게 되어 이전처럼 공중에 떠 있으려 해도 잘되지 않았다. 공기도 더 이상 질식할 것 같은 느낌을 주지 않으며 사지(四肢)를 짓누르지도 않았다. 이곳에 머물 동안 필요한 식량을 분배 받은 뒤 대장의 마지막 지시사항을 들었다.

하세인은 작별인사를 하며 아린지만이 내게 남긴 조언을 전했다.

"나는 이따금 당신 애인과 친구들의 소식을 전하러 들르겠습니다. 그때 나를 통해 당신의 전언(傳言)을 주셔도 됩니다. 지금 당신은 기만과 거짓으로 가득 찬 곳에 있음을 잊지 마세요. 우리가 보낸 전령이라며 접근하는 사람도 형제단의 암호를 대지 않는 이상 믿지 마세요. 그런 자들이 당신의 생각을 추측할 수는 있어도 정확히 읽어내지는 못할 겁니다. 당신이 영적으로 앞서 있기 때문이죠. 이곳의 누리로 들어가면서 물질성분을 일부 공유하니까 당신의 생각이 일부 간파될 수도 있지요. 당신의 욕정이 당신과 그들 사이에 연결고리를 만드는 경우에만 그렇습니다. 그들은 당신을 유혹하여 함정에 빠뜨리고자 고도(高度)의 모략을 꾸밀 겁니다. 지상에 살 때 뛰어난 두뇌의 소유자였던 자들도 있어요. 그래도 너무 사악한 삶을 살았기에 이 밑바닥까지 떨어졌는데 다른 사람들을 지배하면서 지상에 있을 때보다 더욱 악랄한 두목이 되어 있죠. 조심하시고 우리가 당부한 경고들을 늘 명심하세요. 임무가 완수될 때까지 간간히 충실한 친구들로부터 도움과 격려를 받게 될 겁니다. 큰일을 마치고 무사히 돌아오길 빕니다. 친구여 그대들 모두에게 신의 은총이 함께 하길!"

하세인과 작별하고 아쉬움을 뒤로 한 채 대원들과 출발했다. 내려가면서 마지막으로 본 것은 어두운 하늘을 배경으로 흰 옷의 다른 대원들이 손을 흔드는 모습이었다.

제3부 지옥

19. 화벽(火壁)을 지나서

　나의 동반(同伴)이 된 혼령은 전에 이곳에 와본 경험이 있어 초심자인 내가 당황하지 않도록 잘 안내해 주었다. 그는 우리가 곧 떨어져 각자의 길을 가야하지만 유사시엔 언제든 상대방을 부를 수 있다고 했다.
　연기와 불길이 치솟는 거대한 언덕에 다가가면서 나는 풍경이 이상하리만치 실감나는 것을 느꼈다. 물질계의 사람들은 영계가 반투명하고 형체도 없는 곳이라 상상하기 쉬운데 전혀 그렇지 않다. 나는 이제 영계의 현실감 있고 견고한 환경에 익숙해있다.
　하지만 두터운 연기구름과 활활 타오르는 불기둥은 내가 상상했던 지옥과 많이 달랐다. 영계를 다니면서 어둡고 음울한 누리와 불행한 혼령들을 많이 봐왔지만 지금껏 어떤 불도 본 적이 없었다. 그래서 지옥에 실제로 불이 존재하는 것은 아닐 거라 믿고 있었다.
　지옥불이란 게 단지 정신적인 상태를 나타내는 비유적 표현일 뿐이라 생각했다. 실제로 많은 사람이 그렇게 가르쳐왔다. 지옥의 고통은 정신적이고 주관적인 것이지 객관적인 것은 아니라고 말하곤 했다. 이런 것에 대해 동반자에게 묻자 그가 대답했다.
　"양쪽 다 일리가 있는 말이에요. 이 불기둥과 연기는 이곳에 사는 불행한 존재들의 영적인 발산으로 생긴 거니까요. 당신의 시각 능력은 영적인 사물에 열려 있기 때문에 이 불이 보일 겁니다. 하지만 육체를 입은 지상의 인간을 이곳까지 데려온다면 저 불이 보이지 않는다고 할 거예요. 실제로 저 안엔 지상적인 차원의 물질이 존재하지 않아요. 그럼에도 불구하고 저것들은 물질이죠. 지상

물질계건 영계건 모든 존재는 일종의 물질로 싸여 있어요. 다만 그 견고함이 무한에 가까울 정도로 다양한 등급에 걸쳐 있기에 특정한 진동수가 아니라면 영계의 건물이나 신체도 사람 눈에는 보이지 않죠. 저 불길은 이곳의 저급한 영들이 내뿜는 조야한 진동으로 만들어진 것인데 이곳의 거주자들보다도 당신처럼 높은 차원에서 관조하는 이에게 더 선명하고 실감나게 보일 겁니다."

이 동료의 이름은 신우(信友)였다. 이 사람의 친구가 우정을 이용해 이 사람을 배신한 적이 있는데 비난이나 모욕 심지어 복수를 해도 시원찮을 판에 모든 걸 덮어주고 그 친구에게 도움을 준 바 있다. 그래서 신우란 별명이 붙었다. 고결한 영이긴 하지만 지상에 있을 때 그다지 도덕적이지 못한 삶을 산 탓에 죽은 뒤 지상 근처의 저급 영계로 떨어졌다고 한다. 그러나 빠른 속도로 상승해서 내가 두 번째의 영계로 올라갔을 때 이미 그곳에서 살고 있었다. 그는 이곳에 한 번 파견 와본 적이 있었다.

우리들은 베수비오산이 일만 개는 들어감직한 거대한 분화구 같은 곳에 다가갔다. 우리들 위로 한밤중처럼 어두운 하늘이 펼쳐져 있었다. 무시무시한 불길만 아니었다면 칠흑 같은 어둠에 쌓여 있었을 텐데 그 거대한 불길은 이 땅을 에워싼 불벽과도 같아서 이곳을 들어가거나 나올 때는 반드시 통과해야 했다.

신우는 우리에게 설명하며 격려했다.

"이제 이 불벽을 통과해야 돼요. 두려워하면 안 됩니다. 용기를 갖고 의지력으로 불의 입자들을 물리치면 불길이 몸에 닿지 않아요. 마치 홍해의 물처럼 양쪽으로 갈라져 다치지 않고 지나갈 수 있어요. 의지가 약하고 겁 많은 사람이라면 불의 힘에 밀려날 수도 있어요. 저 불길은 이곳을 지배하는 사나운 존재들의 강력한 의지력으로 생긴 겁니다. 이곳 사람들은 자신의 지배자들이 외부의 침범으로부터 자기를 지켜준다고 생각하거든요. 하지만 우리는 이들보다 영묘한 몸을 갖고 있어서 우리가 지상의 문이나 벽을 통과할 수 있는 것처럼 이곳의 불이나 바위도 얼마든지 지나갈 수 있답니다. 물론 이곳에 사는 혼들은 뜨겁거나 단단하게 느껴지기 때문에 통과할 수 없어요. 혼령은 영묘할수록 물질에 덜 얽매이죠. 물질에 얽매이지 않는다는 건 그만큼 물체를 움직이는 힘도 약해진다는 뜻이라 지상에서 물체를 움직이려면 영매의 후광(後光)에서 나오는 물질화된 기력의 도움을 받아야 합니다. 이곳도 마찬가지예요. 물체를 움직이려면 영매의 자질이 있는 혼령의 후광을 이용할 필요가 있는데 그렇게 되면 우리의 고차원적인 영능력은 억제되죠. 이 낮은 영계로 들어가 이곳의 거주자들이 우리의 몸을 볼 수 있도록 하려면 이곳의 진동수에 우리를 어느 정도 맞춰야 하는데 그렇게 되면 우리는 이들의 유혹에 쉽게 영향 받게 됩니다. 내면에 잠들어 있던 저급한 본성이 여러 다양한 형태로 나타날 텐데 그것에 지배당하지 않도록 최선을 다해야 해요."

우리는 손에 손을 꼭 잡고 불벽을 통과하기 위해 의지력을 모았다. 진입할 때 순간적으로 두려움이 일었지만 물러설 곳이 없다는 비장한 각오로 정신을 집중했다. 그러자 곧 불기둥 안에 궁륭형굴(穹窿形窟)이 뚫리면서 내가 그 안에 떠 있는 것이었다. 우리는 그 굴을 빠져나갔다. 당시엔 불기둥을 통과하는데 힘을 다했기에 경황(景況)이 없었지만 돌이켜보면 터널의 길이는 수 백 미터 되었던 것 같다.

통과하니 칠흑 같은 밤이었다. 단단한 지면을 딛고 서 있지 않았다면 검은 연기가 하늘을 뒤덮은 그곳은 무저연(無底淵) 같았을 것이다. 검은 안개처럼 탁한 대기가 온통 시야를 가려 그곳이 얼마나 넓은지 짐작조차 불가능했다. 이 광활하고 무서운 누리에 인간들이 거주하고 있다는 것이었다.

군데군데 뾰족한 바위산들이 보였는데 형태가 허물어진 것들도 있었다. 넓고 황량한 벌판 곳곳에는 질퍽거리는 시커먼 수렁들이 보였다. 검은 도마뱀 같은 파충류와 큼직한 바퀴벌레 모양의 괴물들은 몸집은 흐물흐물 하고 끈적끈적한 점액을 흘리며 기어 다녔다. 거대한 박쥐들도 시커먼 나무줄기에 우글거리고 있었다.

더 나아가자 가지 끝이 안으로 말려들어가 한번 붙잡히면 집어삼킬 듯한 기괴한 나무들이 울창한 검은 숲을 이뤘다. 이 나무들은 근처에 발을 들여놓는 자들이 있으면 여럿이 줄기를 기울이고 가지를 벌려 에워쌌다. 저들의 느릿하면서도 집요한 움직임을 피해 다니느라 우리는 정신을 바싹 차려야 했다.

눈이 점점 어둠에 적응되는지 주변의 물체들을 희미하게 식별할 수 있었다. 많은 혼령이 검은 벌판을 가로질러 생겨난 듯 큰 길이 보였다. 검은 벌판은 먼지와 재로 덮여 있는데 마치 잘못된 삶이 만들어 낸 죽음의 재처럼 보였다.

대로(大路)를 따르니 얼마 안가 큼직한 흑석(黑石)들이 어지러이 쌓인 거대한 궁륭문(穹窿門)에 이르렀다. 대문 앞에는 검은 망사(網紗)로 보이는 것이 덮여 있었다. 무심코 입구로 들어가다 기겁하지 않을 수 없었다. 그 천은 혼령들의 머리카락으로 만들어진 것인데 수많은 눈알들이 구슬처럼 매달려 있었다. 가장 무서웠던 건 그 눈알들이 살아서 애원하는 눈빛으로 우리를 쳐다보는 것이었다. 마치 그곳에 온 이유를 읽어내려는 듯 눈동자가 돌아가며 우리의 몸짓 하나하나를 살피고 있었다.

"이 눈들은 살아있는 건가요?"

"영혼은 없지만 유계차원의 생명은 있어요. 이 눈들의 주인 혼령이 아직 그 외피를 걸치고 살아 있다면 계속 이렇게 생명을 유지합니다. 이곳은 지옥의 관문 중 하나인데요. 관리자가 재미삼아 희생자의 눈을 달아놓고 있는 겁니다. 이곳엔 잔학한 인생을 살면서 정의와 자비를 무시했던 자들만 모여 있는데 그들은 여기서도 잔인한 욕망을 충족할 대상을 찾아다니느라 혈안이 돼있어요. 결국 언젠가는 자기보다 강하고 교활한 자에게 당할 것이지만요. 그래서 이곳은 잔혹의 도시라 불리고 이곳의 지배자들은 넘쳐나는 악의 힘으로 사람들을 다스립니다. 이 눈알의 주인들도 망가진 몸 안에 퇴화된 영혼이 깃들어 있어요. 지금도 시력을 잃은 상태로 황량한 벌판을 떠돌거나 포악한 주인 밑에서 노예생활을 하고 있겠죠. 눈알의 주인과 눈알은 자기력(磁氣力)으로 연결돼서 그들은 이런 상태로 살아가도록 되어 있지요. 영혼이 외피를 벗어던지고 진보된 상태로 올라갈 때까지."

그 옆엔 문지기도 있었다. 인간 같은 넓적한 머리는 눈과 입만 보이고 온몸이 마른 솔잎 같은 갈색 털 위에 미역과 같은 푸른 잎이 나있는 거대한 괴물인데 사지는 뒤틀려져 항시 지랄(肢剌)을 보이고 있었다. 우리가 조금 멀리 있으니까 보지를 못하고 있는 것 같았지만 가까이 가서 발각되면 큰 곤욕을 치를 것 같았다.

우리가 이 무시무시한 문을 보며 수군거리는 중에 눈알 달린 커튼이 열리더니 또 이상한 형체를 한 두 혼체가 나왔다. 반은 인간이고 반은 동물이었다. 제대로 걷지 못하고 손을 짚고 비틀거리지만 유인원보다는 인간에 가까웠다. 우리는 그 틈을 타 문지기에게 들키지 않고 슬쩍 안으로 들어갈 수 있었다. 두 혼체는 문을 나서면서 떨고 있었는데 문지기괴물이 오싹한 웃음을 터뜨리고는 카아악 하고 고함치자 그들은 더욱 겁을 내고 달아났다.

"저것들도 영혼이 있나요. 지상에서 살았던 존재들입니까?" 도망치는 혼체들을 가리키며 나는 물었다.

"네, 그럴 겁니다. 야만인 중에서도 거의 야생동물과 다를 바 없는 비천한 삶을 살았겠으니 여기 와 있는 것이죠. 그들이 진보할 가장 좋은 방법은 더 높은 수준의 존재로 다시 물질계에 환생하는 건데요. 이곳에서의 경험은 아주 짧겠지만 인과응보의 법칙이 존재한다는 교훈을 얻을 겁니다. 안타깝게도 이곳의 지배자의 기억을 신으로 착각할 가능성이 크죠."

그들 불쌍한 혼체들은 지상에 환생하고서도 이곳에서의 어렴풋한 기억으로 괴물과 같은 잡신을 섬길 가능성이 큰 것이었다. 그런 수준에 머문다면 진보의 정도는 미미할 것이고 지상을 떠난 후 다시 이런 곳에 올 위험 또한 큰 것이었다.

"그러면 환생론을 지지(支持)하시나요?"

"모든 영혼이 반드시 환생을 거쳐야 하는 건 아니에요. 하지만 영혼의 진보를 위해선 원칙적으로 수많은 환생 경험이 필요하죠. 지상에 살아가는 영혼은 각자의 수호령이 있는데 지상에서 운명에 맞게 생활하도록 천상에서 감독하죠. 수호령은 스스로 관장(管掌)하는 영혼을 적합한 방식으로 교육시키는데 천사(天使)라고도 하죠. 속한 종파(宗派)에 따라 생각과 행동 방식이 다르죠. 어느 곳에나 똑같은 존재는 없고 모든 사람이 다 같이 가야할 절대적인 길 같은 건 없으니까요. 각각의 종파는 지상에 그 사상을 어렴풋하고 불완전하게나마 반영하는 종단(宗團)이 있는데 천상에서 최고의 스승들이 완벽하게 체계를 잡아 놓고 중간 마루의 영들을 통해 교리가 지상으로 전달됩니다. 목표는 같지만 도달하는 길은 각기 달라요. 수호령은 영혼이 유아기와 청년기에 해당하는 기간을 지나갈 동안 보살피고 돌봐줍니다. 처음 그 영혼이 자아의식의 빛을 보았을 때부터 시작해서 많은 체험과 발전을 거쳐 마침내 수호령처럼 지적이고 도덕적인 등급까지 성장하면 다시 갓 태어난 다른 영혼의 수호령이 됩니다.

영소(靈素)는 처음엔 씨앗처럼 작고 무력하지요. 신본(神本)에서 나온 분자(分子)인데 인간 영혼으로 성장할 모든 요소가 있어요. 불사불멸의 존재로부터 생겨난 것이라 불사불멸의 본성을 지니고 있습니다. 그러나 성장을 위해 어둡고 저급한 물질계에 뿌려져야 해서 하등한 형태로부터 고등한 형태에로 육화(肉化)합니다. 동물이 처음의 형태이고 가장 높은 형태가 인간입니다. 모든 영소는 여러 단계의 경험을 거쳐 가장 높은 단계에 이르게 됩니다. 어떤 교파에서는 영혼이 환생을 거듭함으로써 미비한 부분을 경험하고 전생의 잘못을 속죄해나가면서 빠르게 진보할 수 있다하여 제자영혼들을 거듭 물질계에 태어나게 하며 새로운 가르침을 얻게 하죠. 그러나 모든 영혼이 그러한 운명을 따르는 것은 아니에요. 물질계 못지않은 빠르고 효과적인 교육을 영계에서도 얼마든지 할 수 있다고 여기는 교파들이 있거든요. 그래서 이러한 교파에 속한 제자들은 다른 과정을 거치게 되는데 물질계가 아닌 저급한 영계로 보내져 경험을 하는 것이죠. 그들은 과거의 지상의 삶을 기억 속에서 되풀이해 경험하면서 지상에 있을 때의 과오를 영계에서 속죄합니다. 영혼은 저마다 개성이 다르기 때문에 다른 방법으로 훈련받지 않으면 안 돼요. 사람이 모두가 같다면 세상이 단조로워서 지상의 삶의 매력인 다양성이 사라지겠죠. 이것은 천상계에서도 마찬가지이죠. 그래서 자기만의 잣대로 모든 영혼에게 적용되는 일반화된 법칙을 세우려 들어서는 안 돼요. 이번 방문에서 우리는 악령계의 극히 일부만을 보게 될 겁니다. 하지만 우리가 살았던 작은 지구보다는 넓은 공간을 지날 겁니다. 영계에서는 우주의 법칙에 따라 유유상종하게 됩니다. 상반(相反)된 존재들은 서로 밀어내기 때문에 서로 엮이기는커녕 접촉도 불가능해요. 우리도 이곳을 다니는 동안 연고(緣故)가 있거나 성향이 조금이라도 유사(類似)한 자들을 만나게 될 겁니다."

20. 폭군(暴君)의 도시

우리는 검은 대리석이 포장된 넓은 둑길을 따라갔다. 양 옆이 가파른 절벽이었는데 짙은 수증기가 구름처럼 깔려 깊이를 가늠할 수 없었다. 많은 혼체들이 우리 곁을 지나쳤다. 어떤 이들은 무거운 짐을 지고 그 무게에 눌려 네 발로 기다시피 하고 있었다. 목에 쇠고랑을 차고 쇠사슬로 줄줄이 엮인 노예들이 잔뜩 떼를 지어 우리 옆을 지나가기도 했다. 그들은 우리가 들어갈 두 번째 관문(關門)으로부터 나왔던 자들이었다.

저 앞의 관문 너머 거대한 요새 같은 도시가 있었다. 음산히 자욱한 안개 아래 어두운 건물들이 아스라이 윤곽을 보이고 있었다. 건물의 양식과 오가는 혼체들의 옷차림이 고대 로마의 요새화된 도시 같았다. 뛰어난 건축술로 이뤄진 장대한 규모의 것임에도 불결하고 끔찍한 분위기를 풍겼다.

두 번째의 관문은 먼저의 것보다 훨씬 세련된 모습의 성문인데 개방돼 있어서 지나가는 인파에 묻혀 통과할 수 있었다. 신우가 말했다.

"이 도시는 지상의 번영이 절정에 달했을 때의 모습이 마음누리에 고스란히 반영된 거예요. 지상에서 이 도시를 구성했던 입자들이 방사됐다가 이곳으로 내려와 도시와 건물을 이뤘죠. 이보다 현대적인 외관의 건물들과 거주자들도 있는 것을 보면 이러한 도시들이 연이어 만들어져 간다는 것을 알죠.

이 도시의 혼체들은 대부분 아직도 자신이 지상의 그 도시에 있다고 믿고 있어요. 모든 게 왜 이렇게 어둡고 더럽고 칙칙한지 어리둥절해 하고 있죠. 동일한 도시의 영적인 복제는 천상의 높은 영역에도 존재합니다. 지상에 있을 때의 아름답고 선하고 고결했던 모든 것들이 그리로 끌어당겨진 거죠. 그곳엔 진선(眞善)의 혼령들이 거주하고 있어요. 도시 거주자들의 삶이 선했느냐 악했느냐에 따라 영적인 방사물이 위나 아래로 당겨지는데 지상에 있을 때의 이 도시에서는 선한 행위보다 악한 행위가 많이 일어났기에 천상의 도시보다 이곳이 규모도 크고 인구도 많죠. 세월이 흘러 이곳의 영들이 진보하면 천상의 도시엔 사람이 모이고 여기 지옥의 도시는 사라져 버리겠죠."

지상의 도시에나 있음직한 좁은 거리에 들어서 걸은 뒤 얼마 안 가 웅장한 궁전들로 둘러싸인 큰 광장이 나타났다. 앞의 건물이 특히 두드러져 보였다. 거대한 기둥이 늘어선 아래 넓은 대리석 계단 그리고 좌우 벽면의 조각상과 창문 들이 뿌연 안개 속에 보였다.

어디나 피가 얼룩져있고 시커먼 곰팡이들이 건물의 기둥과 난간에 뱀같이 줄줄이 휘감겨 있었다. 바닥의 석판을 밟을 때마다 틈새로부터 검고 끈끈한 진흙이 압출되는 것이 도시전체가 늪지에 떠 있는 듯했다. 곳곳에서 악취 나는 수증기가 올라오며 죄악의 아지랑이처럼 주변을 감쌌다.

권세 있는 혼령의 채찍이나 창에 쫓겨 궁전 문을 들락거리거나 거대한 광장을 기어 다니는 혼령이 여기저기 눈에 띄었다. 간간이 나오는 증오에 찬 고함과 끔찍한 저주 그리고 욕설… 이게 바로 지옥의 아수라장이었다. 모든 곳에는 비애와 고통과 죄악의 먹구름이 덮여 있었다.

지상에 있었던 옛 로마 제국이 떠올랐다. 번영을 누리다 폭정아래 죄악의 참상에 빠진 그 도시의 광경이 거울에 비치듯 했다. 영화(榮華)의 도시를 죄악으로 더럽힌 운명의 베틀이 천형(天刑)의 마당과 같은 또 하나의 도시를 짜낸 낸 것이다. 이 웅장한 지옥의 도시는 입자 하나하나로 사악한 시대의 악령을 가두는 거대한 감옥을 조성했다.

넓은 계단을 딛고 넘어가는 출입문을 지나 황제의 궁정에 이르렀다. 말을 거는 사람도 없었고 아무도 우리 존재를 인식하지 못하는 것 같았다. 몇 개의 작은 홀을 지나 알현실 앞에 도달했을 때 신우가 멈추었다.

"나는 같이 들어갈 수 없습니다. 전에 이곳의 지배자를 방문한 적이 있거든요. 나를 보면 의심을 할 테니 여기 온 목적을 그르치게 될 겁니다. 당신은 여기서 한 불행한 영을 구해야 하는데요. 그가 올린 참회의 기도가 천상계에 닿았고 이렇게 당신이 내려옴으로써 응답조치를 받은 겁니다. 그 사람을 찾는 건 어렵지 않을 거예요. 도움을 받으려는 그의 갈망이 우리를 이곳까지 이끈 것이고 더욱 가까이까지 인도할 겁니다. 나는 나대로 갈 길이 바쁘니 이쯤에서 잠시 헤어집시다. 하지만 머지않아 다시 만날 겁니다. 마음을 단단히 먹고 주의사항만 잊지 않으면 아무도 당신을 해치지 못해요. 그럼 건투를 빕니다. 우리 모두 최선을 다합시다!"

신우와 작별한 뒤 혼자 알현실로 들어갔다. 여러 남녀가 모여 있었고 로마제국시대의 번들번들한 장식으로 꾸며져 있었지만 역시 궁전 밖에서도 받았던 더럽고 역겨운 느낌뿐이었다. 그들은 지상에 있을 때 오만한 귀족이었지만 문둥병처럼 혐오스러운 질병을 앓고 있었는데 문둥병보다 더 끔찍해 보였다. 벽과 바닥은 검붉은 핏자국으로 얼룩지고 이들이 걸친 위풍당당한 옷들은 좀이 슬어 있고 몸에서 나오는 고름과 분비물로 흠뻑 젖어 있었다.

거대한 옥좌에 앉아있는 황제가 보였다. 군중 속에 위엄이 돋보였으나 타락한 지성의 잔인무도함과 사악함이 현연(顯然)했다. 모략과 의지가 담긴 그 사내의 위풍당당함은 저항감이 들면서도 우러를 만한 것이었다. 지옥의 군상 앞에서조차 군주로서의 권위를 세우며 권력욕을 채우려 드는 것이었다. 십수세기가 지난 지금까지도 진정한 자아에 눈뜨지 못한 채 허상만을 좇는 것 같았다. 오만한 표정과 맹금처럼 부릅뜬 눈으로 일찍이 지상에서는 번듯이 잘생긴 호남 같은 얼굴에 숨겼을 잔혹함과 사악함을 이제는 영혼의 적나라함으로 드러내고 있었다. 그의 궁정(宮庭)은 지상에서와 비슷하게 움직이며 다름없게 보이고 있었다. 저들은 변화를 인식 못했다.

모두가 무지한 것은 아니었다. 망토로 추한 얼굴을 가린 채 구석에 웅크린 남자가 보였다. 그는 주변 사람 뿐 아니라 자신의 추악함도 제대로 인식하고 있는 것 같았다. 그 남자에게서는 절망감 속에서 더 나은 환경을 소망하는 마음이 싹트고 있었다. 아무리 험난한 길이라도 지옥에서 빠져나갈 수만 있다면 마다하지 않으리란 결기가 서려 있었다. 그를 보자 내가 이곳에 온 이유가 그 사람 때문임을 알 수 있었다. 어떻게 구할지 짐작조차 할 수 없었지만 나를 이곳까지 이끈 힘이 길을 열어줄 거란 느낌을 받았다.

주위를 둘러보는 동안 어두운 영들과 그 지배자가 결국 내 존재를 알아차렸다. 사나운 분노가 황제의 얼굴을 일렁이며 지나갔다. 그는 굵고 거친 목소리로 격앙된 감정을 드러내며 다그쳤다.

"그대는 누구인가? 감히 이곳에 어떻게 들어왔는고?"

"어두운 세계에 방금 도착한 이방인이올시다. 영계에도 이런 곳이 있다는 사실에 놀라 그만 길을 잃은 것 같사옵니다."

그는 거친 바람소리 같은 웃음을 터뜨리며 저들이 영계의 많은 것을 안내해 줄듯이 쩌렁쩌렁하게 답했다.

"우리는 그대 같은 이방인을 늘 각별히 환대해왔다. 우리의 만찬에 참석을 허하노라."

그는 자기 앞에 있는 긴 탁자의 빈자리를 가리키며 말했다. 지상에 있을 때 나왔을 법한 성대한 만찬이 마련되어 있었다. 얼핏 진짜처럼 보였지만 사실은 모두 환영(幻影)일 뿐이어서 대식가들은 식탐을 해소할 수 없다고 들은 적이 있었다. 와인은 목구멍이 타들어갈 듯 얼얼한 맛이라 마시면 갈증이 심해진다고 한다.

이곳에서는 어떤 것도 먹거나 마셔서는 안 되고 어떠한 초대에도 응하면 안 된다고 주의를 받은 터였다. 잘못하면 내 힘이 다시 감각의 지배에 빠져들고 어두운 존재들의 영향력에 휘둘리게 되는 것이다.

"환대를 베풀어주시는 은혜에 감사드리오나 사양하겠나이다. 지금은 아무 것도 식음(食飮)하고 싶지 않사옵니다."

그의 눈에 분노의 빛이 번득였다. 그러나 그는 짐짓 관대한 태도를 보이며 가까이 오라 손짓했다. 내 도움을 받아야할 남자가 황제와 나의 대화를 듣고 놀라서 다가왔다. 그는 내게 몸조심하라며 경고했다. 나를 무서운 곳에 멋모르고 떨어진 불운한 자로 여기는 것 같았다. 그가 나를 염려하니 둘 사이에 유대감이 생겼는데 그것으로 내가 그를 빼낼 매개(媒介)를 삼게 됐다.

내가 옥좌를 향해 몇 걸음 나아가자 그 혼령은 나를 따라오며 속삭였다.

"저 자한테 속지 마시오. 지금이라도 늦지 않았으니 어서 달아나요! 내가 잠시나마 저들의 주의를 끌어보겠소."

나는 그에게 감사를 표하며 말했다. "저 사람이 누구건 도망치지 않을 겁니다. 계략에 빠지지 않도록 조심하면 됩니다."

황제는 빠르게 오간 대화를 눈치 채지 못한 듯 일어서고는 옆으로 비켜서서 조급하게 검으로 바닥을 내리치며 외쳤다.

"이리로 오라 이방인이여! 황제를 기다리게 하다니 무엄하구나. 이 옥좌를 보라. 이곳에 앉아 황제의 자리가 어떤 건지 느껴보지 않겠는가?"

나는 그가 가리키는 옥좌를 바라보았다. 위에 덮개가 있는 거대한 의자였다. 날개 달린 웅장한 청동인물상이 옥좌 뒤의 양쪽에 버티고 서 있는데 좌우로 여섯 자는 돼보였다. 청동상들은 마치 기둥처럼 머리로 덮개를 받치고 있었다.

나는 그런 자리에 앉고 싶은 생각이 조금도 없었다. 그 자리의 주인이 너무 혐오스러워 근처에도 가고 싶지 않았고 설령 호기심에 잠시나마 살펴보고 싶은 마음이 들었다 해도 이윽고 본 광경 때문에 불가능했다. 그 의자는 별안간 생명이 깃든 듯이 보였다. 그리고 의자를 몸이 으스러지도록 부둥켜안고 있는 어떤 불쌍한 혼이 보이는 것이었다. 나는 그게 황제의 꼬임에 빠져 의자에 앉은 자임을 알았다. 그 환영(幻影)은 잠깐 보였다 사라졌다. 나는 황제 앞에 고개를 숙이며 말했다.

"저는 감히 폐하의 옥좌에 앉을 생각이 추호도 없습니다. 영광스럽지만 사양하고자 합니다."

그러자 그는 노발대발하며 호위병들에게 나를 옥좌에 끌어 앉히고 음식과 와인을 질식할 때까지 목구멍 속에 쑤셔 넣으라고 명했다.

곧바로 호위병들이 몰려왔다. 그러자 내가 도우려 했던 그 남자가 나를 보호하려고 내 앞으로 몸을 날렸다. 순식간에 우리는 어지러운 무리에 둘러싸였다. 앞이 캄캄하고 덜컥 겁이 났다. 그들은 철농(鐵籠)에서 풀려난 야수처럼 부르르 떨며 사납게 달려들 태세였다. 그러나 그 위험천만한 상황이 내 안에 있는 전투 본능을 끌어냈다. 나는 최대한의 의지력을 동원해 그들을 물리치면서 나를 도우려 했던 가엾은 혼령을 붙잡고 선한 세력의 지원을 요청했다. 그를 끌어안은 채 한 걸음 한 걸음 문 쪽으로 돌아나갔다.

호위병 무리가 위협적인 몸짓으로 소리치며 쫓아왔지만 내가 강한 의지의 힘으로 물리치고 있으니 우리를 건드리지 못했다. 마침내 문을 열고 밖으로 빠져나가자 문이 재빨리 닫히면서 그들의 추격을 막았다. 어디선가 나타난 강력한 팔이 우리를 끌어올려 어두운 벌판 위의 안전한 장소로 데려갔다.

공중에서 네 천사가 내려오더니 쓰러져 있는 그에게 자기력을 보냈다. 죽은 듯 누워 있던 거무칙칙한 기형체(畸形體)에서 안개 같은 게 올라오더니 짙어지며 그 사람의 혼체가 되었다. 가엾은 자의 정화된 혼이 어두운 외피에서 벗어난 것이다. 네 천사는 아직 의식이 돌아오지 않은 그 혼을 안고서 다시 공중으로 올라가 사라졌다. 내 옆에 또 다른 빛나는 천사가 나타나 말했다.

"힘내시오! 그대는 이 암흑의 땅에서 많은 이들을 도울 것이오. 회개한 죄인들이 나올 때마다 그를 보는 천사들의 기쁨은 이루 말할 수 없답니다."

이 말과 함께 그도 사라졌고 나는 지옥의 삭막한 벌판에 홀로 남겨졌다.

21. 지옥불 - 원령(怨靈) - 해적 - 오니해(汚泥海) - 자기억압의 산 - 황량한 숲 - 사랑의 소식

앞을 보니 멀리까지 좁은 길이 나 있었다. 호기심이 생긴 나는 그 길을 따라가 보기로 했다.

한참을 걷다보니 검은 산맥이 나타났다. 더 가까이 가자 산기슭에 거대한 동굴이 보였다.

동굴 안을 보니 썩은 물이 고인 웅덩이가 곳곳에 있는데 거대한 버섯들이 돋아 있고 머리에 뿔난 검은 도마뱀들이 기어 다니고 있었다. 거의가 아가리를 벌리고 다니는데 드러난 이빨에는 피가 흥건하고 핏발선 눈은 튀어나 휙휙 돌아가는 것이 생물의 창조목적 자체가 흉측함을 표현하기 위함인 듯 보였다. 천장에서는 끈적끈적한 액체가 흘러내리는 식물이 누더기처럼 너덜거리며 달렸다.

돌아서 나가려 했더니 들어가 보라는 음성이 들려왔다. 다시 동굴로 들어가 그 중 가장 큰 검은 웅덩이에 이르렀다. 물이 끝이 없이 이어져 있어서 물가를 계속 따라가 보니 큰 바위가 쌍으로 마치 여자의 음부를 방불하게 솟아있었다.

바위틈을 살피니 작은 통로가 나 있었다. 그곳을 몇 발짝 들어가니 길이 옆으로 굽었다. 돌아서 얼마간 들어가니 저 앞에 붉은 불꽃이 보였다. 통로를 올라갈수록 더 넓게 보였다. 이윽고 앞에는 피어오르는 붉은 불꽃이 가득했다. 불꽃들 사이로는 악귀인 듯한 검은 형체들이 분주히 지나다니는 것이었다.

통로의 끝까지 올라가니 전체가 내려다보였다. 거대한 지하 감옥 같은 둥근 천장 아래의 공간이었다. 바위가 울퉁불퉁 삐져나온 천장은 동굴 가운데 타오르는 거대한 불꽃의 연기에 가려 잘 보이지 않았다. 불꽃 주변으로 깡마른 인간의 형체이되 검은 털로 덮이고 큰 귀가 뾰족하게 올라간 자들이 창을 들고 떼 지어 춤추고 있었다. 소리 높여 길게 괴성을 지르기도 하고 까악까악 비명 같은 웃음소리를 내며 간간이 긴 창을 불에 찔러 넣기도 하고 발광하듯 했다. 한 구석에는 십여 개의 혼체들이 두려움 속에 웅크리고 있었다. 춤을 추던 자들은 이네들을 불속에 던져 넣을 듯이 위협하며 달려들다가 고함을 지르고 악을 쓰며 물러나기를 반복했다.

이들에겐 내가 보이지 않는 것 같아 용기를 내서 가까이 다가가 살폈다.

'아악!'

나는 쓰러질 뻔했다. 불꽃의 연료는 살아있는 사람들의 몸이었다. 그들의 몸은 연소되어 오그라들고 비틀어지고 있었다. 주변을 도는 그 악귀 같은 자들은 숯불을 뒤집듯이 창끝으로 그들의 몸을 이리저리 들쑤셨다.

'이것은 현실일까? 아니면 이 무서운 공간이 만들어낸 환영일까?'

내 질문에 종종 응답을 해줬던 깊고 신비한 목소리가 들려왔다.

"그들은 지상에 있을 때 힘없는 사람들을 숱하게 학살하면서 일말의 연민이나 가책도 느끼지 않았던 자들이다. 그 잔학함이 사나운 화염을 만들고 희생자들의 마음에 증오심을 일으킨 것이다. 영계에 뿌려진 불의 씨앗이 자라나 가해자들을 태우는 사나운 불길이 됐다. 희생자들의 고통은 몇 십 배 더했다. 불의 고통을 통해 이 혼령들은 저들이 학살했던 이들의 고통을 이해하고 지난날의 무자비함을 속죄함으로써 구원의 길이 열리는 것이다. 이러한 인과응보에 겁을 먹거나 놀라서는 안 된다. 이 혼령들은 지나치게 냉혹하고 잔인해서 고통을 당해보지 않으면 남들의 고통에 공감할 수가 없다. 지상의 삶을 떠난 뒤에도 남들에게 더욱 심한 고통을 안겨주려 했던 터라 그러한 극도의 증오심이 결국 저네 스스로를 집어삼키고만 것이다.

이 불길은 물질적인 것이 아니다. 비록 너와 거기 있는 사람들 눈엔 그렇게 보이겠지만 영계에서는 정신적인 것 역시 객관적 형태를 취하기 때문에 격렬한 증오심이나 지독한 열정이 정말 살아 있는 불의 형체로 나타난다. 이제 너는 이 혼체들 중 하나가 인도하는 대로 따라가라. 그리하여 잔인한 형벌처럼 보이는 것이 실은 자비라는 것을 깨닫도록 해라."

음성이 더 이상 들리지 않자 어느새 불길도 잦아들고 인광체(燐光體)처럼 푸르스름한 불티만이 어둠 속을 흩날렸다. 그런데 타고 남은 잿더미 속에서 혼체들이 일어나더니 동굴 밖으로 나가는 것이었다. 내가 그들을 따라가자 그 중 하나가 무리에서 떨어져 나와서 내 앞을 지나 혼자 전진했다. 나는 그 하나를 따라갔다.

이윽고 도시가 나타났다. 서인도 제도나 남미의 오래된 스페인계 도시 같았다. 군데군데 거리를 지나다니는 인디오들도 눈에 띄었고 스페인사람들과 몇몇 다른 나라에서 온 이방인들도 보였다.

그 혼체를 따라 시가지를 걷다가 예수회 수도원처럼 보이는 큰 건물 앞에 이르렀다. 예수회는 스페인의 식민정책을 지원하고 인디오들을 개종시키고자 박해했던 수도회였는데 당시에는 열렬한 신앙심의 실천으로 여겨졌다. 이 혼체에 가까이 있자 지상에서의 그의 삶이 주마등처럼 눈앞에 펼쳐졌다.

그는 살아생전 예수회의 수장으로서 인디오와 이교도들 앞에서 재판관 노릇을 했다. 자기의 방침을 따라 개종하지 않으면 수백 명이라도 고문하고 화형에 처했다. 저항할 힘도 없는 사람들을 학대하고 엄청난 금품을 탈취하기도 했다. 제대로 된 재판절차도 없이 감옥에 넣고 고문한 뒤 화형했다. 그의 마음에서는 부와 권력을 향한 갈망과 희생자의 고통을 즐기는 가학성(加虐性) 그리고 종교는 허울에 불과했고 부귀영화와 권력에의 갈망을 채우는 방편이었을 뿐임이 읽히는 것이었다.

도시의 광장을 둘러 수백의 거대한 불꽃이 용광로처럼 타올랐다. 겁 많고 온순한 원주민들이 손발이 묶인 채 무더기로 불구덩이 속에 던져졌다. 고통스러운 울부짖음이 하늘을 찌르는 동안 이 잔인한 남자와 그의 패거리들은 성가를 부르며 죄악으로 더럽혀진 십자가를 높이 쳐들고 있었다. 사랑과 박애를 전하러 온 그리스도의 이름으로 파렴치한 만행이 자행되었다. 자칭 그리스도의 목자였던 그는 희생자에게 동정은커녕 무서운 화형의 광경을 본 인디오들이 황금을 순순히 바치리라 할 뿐이었다.

그가 이렇게 모은 재산으로 스페인에 돌아가 흥청망청 주연을 베풀며 교계 안팎에서 거물 행세를 하는 장면이 보였다. 순진한 대중은 그가 멀리 바다 건너 신대륙에 가서 교회의 깃발을 꽂고 사랑과 평화의 복음을 전도한 줄로만 알았다. 피에 주린 학살자가 성자라도 되는 양 받들어졌다. 그에 대한 일말의 동정심마저 사라지는 것이었다.

그의 임종 장면이 이어졌다. 사제와 수도자들이 그의 영혼이 천국에 들도록 미사를 올렸지만 그는 자신의 삶이 만들어낸 사슬에 묶여 지옥으로 떨어졌다. 그에게 희생당한 무리들이 이를 갈며 그를 기다리고 있었다. 그들 또한 복수의 열망으로 인해 지옥으로 떨어졌던 것이다.

지옥이란 것은 신이 특별히 마련해서 의도적으로 인간의 영혼을 벌주어 괴롭히고자 하는 곳이 아니다. 생전의 악한 행위와 이를 되갚으려는 복수심이 얽히면 이를 해소하고자 모여든 영혼들이 함께 영계의 하급누리에 모여 보복을 주고받는 곳이다.7)

그는 지옥에서 자신이 학대했던 자들에게 둘러 싸였다. 너무 선하여 복수심을 품기 어려운 영혼은 이곳에 함께 있지 않고 껍질만이 대신 나와서 괴롭혔다. 혹한의 나라에서 얼음 감옥에 갇힌 남자에게서 본바 있는 현상이었다.

그러나 예수회장은 오로지 권력의 상실에 대한 격한 분노만이 있을 뿐이었다. 다른 이들을 규합해 자신을 에워싼 무리를 혹독하게 혼내줄 길만 찾고 있었다. 할 수만 있다면 그들을 다시 죽였을 것이다. 마음엔 털끝만큼의 연민이나 가책도 없었다. 오직 자신의 무력함에 대한 분노만이 있을 뿐이었다. 만일 그가 일말의 측은한 감정이라도 품었다면 원한 맺힌 희생자들과의 사이에 벽이 생겨났을 것이다. 그러면 고통을 면할 수는 없더라도 불구덩이에 던져질 정도는 아니었을 것이다.

그의 심한 잔혹성은 영적인 불길의 연료가 되었고 결국 자신의 열기로 벌을 받았다. 보복하는 악귀들은 희생자들 중에 가장 독한 자들이라 복수심이 아직도 풀리지 않고 있었다. 구석에 움츠리고 앉아 있던 몇은 더 이상 괴롭힐 생각은 없었지만 복수광경의 참관은 계속했다.

이제야 참회에 눈 뜬 예수회장은 다시 도시로 돌아가 예수회 형제들에게 자기가 저지른 과오를 되풀이하지 말라고 경고하고자 했다. 그는 자기가 죽은 뒤 많은 시간이 흘렀다는 것과 그 도시가 자기가 살았던 곳의 영적 반영물이란 것을 알지 못했다. 그는 조만간 지상에 다시 태어나 먼저 살았을 때 보여주지 못했던 자비와 동정을 사람들에게 가르치는 인생을 살리라는 예고가 내게 들렸다.

그러나 그는 여기 암흑누리에서 먼저 할 일이 남아 있었다. 자기의 범죄로 인해 이곳에 함께 떨어진 혼령들이 해방될 수 있도록 노력해야 하는 것이었다. 나는 그가 지상에서 거주했던 곳의 반영물인 건물의 문 앞에서 그와 멀어져 내 갈 길을 갔다.

로마황제의 도시처럼 이 도시도 거주자들의 죄악으로 외관이 우중충하게 퇴색되어 있었다. 울부짖으며 무거운 사슬을 끌고 다니는 어둠의 혼령들로 대기가 가득 차 있었다. 도시 전체가 무덤 위에 세워지고 피와 눈물의 붉은 안개에 감싸여 있는 듯했다. 폭력과 강탈과 압제로 벽을 쌓은 거대한 형무소 같았다.

그때 내게 다시 환시(幻視)가 보였다. 백인들이 그 땅에 발을 들여놓기 전 원주민들이 어린아이 같은 순수함으로 과일과 곡식을 따먹으며 소박하고 평화롭게 살아가는 모습이었다. 그들은 고유의 이름을 붙인 절대자를 경배했지만 그 경배는 영적이고 진실했다. 그들의 단순한 신앙과 덕성은 어떠한 신조(信條)나 교회에도 속하지 않는 우주의 절대자로부터 직접 받은 선물이었다.

그리고 나는 황금에 눈이 먼 백인들이 해안가에 상륙하는 모습을 보았다. 순진한 원주민들은 그들을 형제처럼 맞으며 자신들이 캐내어 모은 금은보석을 보여주었다. 그러자 백인들은 마각(馬脚)을 드러내 원주민을 약탈하고 학살했다. 원주민을 고문하고 노예로 만들어 광산에서 죽을 때까지 노역시켰다. 평화롭고 행복했던 낙원이 피눈물로 차오르는 과정이었다.

다시 스페인에서 진실하고 자애로운 사람들이 건너오는 광경이 보였다. 그들은 자신들만이 인간을 구원하고 영생을 누리게 할 참된 신앙을 갖고 있다고 굳게 믿었다. 신이 지구상의 선택한 곳에만 빛을 내리고 나머지 대다수의 지역은 어둠과 오류 속에 방치했다고 여겼다. 선택받은 신앙의 빛을 받지 못한 많은 민족이 바로 그런 이유로 멸망했다고 생각했다.

이 선량하고 순수한 사람들은 그릇된 종교에 빠져 어둠 속을 헤어나지 못하는 이들을 안타까워한 나머지 바다 건너 먼 미지의 땅까지 저들의 신앙을 전파하러 왔다. 선량하지만 무지한 사제들은 해변에 상륙했다. 그들은 원주민이 있는 곳이라면 어디든 가서 자신들의 신앙을 전파하면서 그대로 존중받아도 마땅한 원주민의 신앙을 흔적도 안 남기고 파괴했다. 그들은 인정 많은 사람들이어서 자신들의 영적인 행복을 위해 노력하는 와중에도 가난하고 억눌린 원주민들의 삶을 개선하려 많은 노력을 기울였다. 도처에 구호소와 교회와 학교를 세웠다.

또다시 스페인으로부터 성직자를 포함한 많은 무리가 건너오는 것이 보였다. 그들은 교회의 선행이나 진리의 전파가 아니라 신대륙의 황금과 그 밖의 사적인 욕망을 채우는 일에 정신이 팔려 있었다. 모국에서 좋지 않은 일을 저지르고 도피차 건너온 자들도 많았다. 이런 사람들이 무더기로 건너와 순수하고 선량한 사람들 틈에 섞여들다가 결국 수적으로 우세해지자 곳곳에서 선한 사람들을 제치고 그리스도를 내세운 압제자가 되었다.

그리고 나는 종교재판이 신대륙에서 노예제와 학정의 절정에 자리 잡는 것을 보았다. 종교재판은 불행한 원주민들이 거의 전멸할 때까지 숨통을 조였다. 그 땅을 찾은 이들은 지옥의 불길 같은 탐욕 속으로 걷잡을 수 없이 빨려 들어갔다. 대부분 황금에 눈이 멀어 아무 것도 보지 못했고 부자가 되려는 생각 외엔 아무 것도 하지 못했다. 탐욕의 광기가 어린 당시 지상도시의 혼기(魂氣)가 반영되어 벽돌에 벽돌이 쌓이고 티끌에 티끌이 쌓여 이 지옥의 도시가 형성되었다. 지상의 도시와 사슬이 이어져 지상도시의 사악한 거주자들이 하나하나 끌려 내려왔다. 지상의 삶대로 그들의 혼시(魂市)를 만들어 냈던 것이다. 그리하여 이 모든 수도자와 사제 귀부인 군인 상인들 심지어 불쌍한 원주민들까지 지옥으로 떨어졌다.

어디선가 비명소리가 들리는 것이었다. 돌아보니 네모진 큰 건물의 입구에서였다. 창마다 감옥처럼 창살이 붙어 있었다. 그리로 들어가라는 음성이 있었다. 안에는 지하에 방이 있었고 여러 사람들이 한 남자를 둘러싸고 모여 있었다. 가운데의 남자는 철요대(鐵腰帶)로 채워져 쇠사슬로 벽에 묶여 있는데 퀭한 눈빛과 헝클어진 머리카락과 누더기 옷으로 보아 몇 년은 갇혀 있던 것 같았다. 뺨이 움푹 파이고 뼈만 앙상한 것이 곧 아사(餓死)할 듯했지만 이곳에선 죽음으로 고통에서 해방될 수가 없다.

모인 사람 중에 팔짱을 끼고 고개를 숙인 채 서 있는 한 남자는 피골이 상접한데다 많은 상처의 흉터가 있어 오히려 묶여 있는 자보다 더 가련해 보였다. 그의 양쪽에 반원형으로 모인 다른 혼체들은 춤을 추고 고함을 질렀다. 그들의 인상과 표정에는 각자가 지닌 악감정이 나타나 있었다.

그들 중 다수는 인디오들이었고 스페인 사람 몇에 영국인도 보였다. 그들은 묶인 남자에게 단검을 던지는데 맞지는 않았다. 자꾸 빗나가기만 하자 그들은 욕설을 퍼부으며 다가가 주먹을 휘두르는데 역시 한방도 맞지 않았다. 묶인 자는 움직이지도 도망가지도 못하고 있을 뿐이고 서 있는 남자는 묵묵히 바라보기만 했다.

그 광경을 보고 있자 두 남자의 과거가 펼쳐졌다. 사슬에 묶인 자는 궁궐 같은 집에 살았는데 스페인에서 남미에 파견된 판사로 있으면서 현지에서 금품을 갈취하고 고위층에 밉보인 자들을 탄압했다. 서서 지켜보는 자는 상인이었는데 매우 아름다운 아내를 두고 좋은 저택에서 살았다. 상인의 아내에 사심(邪心)을 품은 판사는 오랫동안 유혹했으나 거절당하자 남편을 이단 혐의로 투옥하고 아내를 강간했다. 아내가 자결하자 어린 아이도 죽이도록 했다.

  남편은 이를 모른 채 감옥의 열악한 식사와 처우로 심신이 피폐해갔다. 숨막히듯 불안하고 답답한 감옥생활 끝에 이단심문법정으로 넘겨져 이교의식과 내란음모의 죄로 기소됐다. 혐의를 부인하자 고문으로 자백을 강요하고 공범을 추궁당해 애꿎은 친구들의 이름을 대니 그들마저 줄줄이 체포되었다. 곤혹과 분개에 빠진 그 남자는 다시 결백을 주장했지만 그대로 수감 중에 아사했다. 그는 죽은 뒤 아내 곁으로 가지 않았다. 그의 아내는 순수한 여인이라 자신을 죽인 사람마저 용서했기에 아이와 함께 천상계로 갔다. 그러나 남편은 가족을 파멸시킨 판사에게 강렬한 앙심을 품고 있었기에 아내와의 사이에는 넘을 수 없는 벽이 생긴 것이다.

  그는 죽은 뒤 지상을 떠날 수도 없었다. 증오심과 복수심으로 지상에 결박된 것이다. 자신이 당한 일은 용서할 수 있어도 아내와 자식이 당한 일은 용서할 수 없다는 그는 사랑하는 가족을 상봉하는 일도 제쳐놓고 밤낮으로 판사에게 들러붙어 복수의 칼날을 갈았다. 지옥의 악마들이 몰려와 육신을 입은 사람을 통해 판사를 공격하는 법을 가르쳐 주었다. 판사를 죽이고 그 영을 지옥으로 끌고 가도록 재촉했다.

  그가 감옥과 영계에서 피눈물을 흘려가며 키워온 복수의 염원은 워낙 강렬하여 아내가 선한 마음으로 누그러뜨리려 해도 허사였다. 온화한 아내의 영이 남편에게 접근하려 해도 주변을 에워싼 악념의 벽에 번번이 막혔다. 남편 또한 아내를 다시 보리라는 희망을 접고 있었다. 천국으로 간 아내는 자신을 오래전에 잊었을 거라 했다.

남편은 이백년 전 지상에 살았을 당시의 편협했던 로마 가톨릭 신앙을 여전히 신봉하고 있었다. 이단심문을 받고 죽을 때 이미 사제의 파문을 받았고 죄인으로 몰려 종부성사(終傅聖事)도 못 받았기에 천국에 가 있을 아내와 자식에게서 영원히 떨어질 수밖에 없다고 여겼다. 그에겐 오로지 복수를 해서 가해자가 자신과 똑같은 고통을 맛보게 하리란 일념밖엔 없었다.

결국 그는 지상의 한 남자를 조종해 판사를 살해하는 데 성공했다. 그의 손이 그 남자의 손을 한 치의 오차도 없이 이끌어 판사의 가슴에 칼을 꽂았다. 판사의 육신이 죽자 혼은 지옥의 지하 감옥으로 떨어져 자신이 한 것과 똑같이 쇠사슬로 묶인 채 희생자들과 대면하게 됐다.

그곳엔 판사가 죽음으로 몰아넣었던 다른 억울한 혼령들도 와 있었다. 이들은 그의 주변에 몰려들어 지옥의 뜨거운 맛을 호되게 보여주려 했다. 그러나 판사가 불굴의 의지력으로 계속 버티니 아무도 그를 때리거나 건드릴 수 없었다. 칼도 던지는 족족 빗나갈 뿐이었다. 두 혼령이 증오심을 불태우며 그렇게 대치하는 동안 다른 혼령들은 그리스 비극의 합창단처럼 들락거리며 궁지에 몰린 사람을 괴롭힐 방법을 궁리하고 있었다.

멀리 밝은 영계에서는 그의 아내가 간절히 기도하며 남편이 마음을 누그러뜨리고 복수를 거둘 날만을 고대하고 있었다. 바로 그녀의 기도가 나를 이 지하 감옥까지 이끈 것이었다. 상인의 슬픈 사연을 환시로 보여준 것 또한 그녀였다. 자신이 아직도 남편을 그리워하며 남편이 천상계로 올라와 행복한 안식에 들 날을 기다린다고 전해달라는 것이었다.

나는 오랫동안의 복수로 지친 기색이 역력한 그에게 다가갔다. 그의 마음은 사랑하는 아내를 향한 그리움으로 가득 차 있었다.

나는 그의 어깨에 손을 얹고 말했다.

"당신이 왜 여기 와 있는지 알고 있습니다. 당신이 당한 끔찍한 사연도요. 나는 당신 아내의 말을 전하려고 이곳에 온 사람입니다. 그분은 지금 밝은 세상에서 당신을 기다리고 있어요. 당신을 기다리다 지치고 당신이 아내의 품보다 복수에 더 집착한다는 사실을 받아들이기 힘들어 하고 있어요. 당신은 언제든 해방이 가능한데도 자신을 가두고 있음을 알려 달랍니다."

상인은 나의 팔을 붙들고 그 말이 진실인지 거짓인지 읽어내려는 듯 오래도록 뚫어지게 쳐다보았다. 이윽고 한숨을 쉬고 물러서며 말했다.

"당신은 누구요? 여기에 왜 온 거요? 보아하니 이곳 사람들과는 다른 듯한데. 희망을 가지란 얘기를 했소만 지옥에 떨어진 자한테 무슨 놈의 희망이 있겠소?"

"이곳에도 희망은 있습니다. 영원하고 자비로운 하나님은 누구에게도 희망을 걷어가지 않으시죠. 인간이 아무리 그의 뜻에 어긋난 삶을 산다 해도 말입니다. 나는 당신처럼 과거사(過去事)로 비탄에 빠져 있는 사람들에게 희망을 전하려 파견된 자니 당신이 나를 따라오면 더 나은 세상으로 갈 길을 안내해 드리겠습니다."

상인은 머뭇거리며 마음속으로 갈등하고 있었다. 만일 자신이 떠난다면 원수가 자유의 몸이 되어 풀려날 텐데 도저히 그 꼴을 봐줄 수 없는 것이었다.

나는 다시 그의 아내와 아이를 상기시키며 다시 만나고 싶지 않느냐고 물었다. 상인은 손으로 얼굴을 감싸 쥐고 눈물을 흘렸다. 내가 상인의 손을 잡아 일으키자 상인은 아무 저항 없이 따라나섰다. 나는 그를 도시 밖으로 데리고 나왔다. 거기엔 밝은 영들이 기다리고 있었다.

나는 그들에게 상인을 맡기고 떠났다. 상인은 아내를 이따금 볼 수 있는 나라로 인도될 것이다. 그가 영성향상에 노력하여 아내가 사는 마루에 함께하게 되면 지상에서보다 훨씬 행복한 삶을 누리게 될 것이다.

나는 그 도시에선 더 할 일이 있지 않은 것 같아 도움이 필요한 새로운 곳을 찾아 길을 떠났다.

어둡고 적막한 벌판의 한복판에 외딴 오두막이 보였다. 안을 들여다보니 더러운 건초 위에 어떤 남자가 누워 있었다. 꼼짝달싹 못한 채 숨이 곧 넘어갈 듯했다.

그는 지상에 있을 때 함께 목숨을 걸고 황금을 얻은 친구가 병이 들자 황금을 빼앗고 친구를 버리고 달아나 죽게 한 적이 있었다. 그러다 어느덧 자신도 죽고 나니 친구처럼 버려진 신세가 되어 꼼짝 못하고 누워 있게 된 것이다.

"밖으로 나가서 남들을 돕는 일을 하면 친구를 죽게 만든 잘못을 속죄할 수 있을 것이오."

그자에게 말했다. 만일 그에게 그럴 의지가 생긴다면 나도 그자를 도울 수 있다고 생각되었다. 그자는 분명 누추한 오두막에 넌더리가 난 듯했다. 하지만 그의 답은 기대에 못 미쳤다.

"왜 내가 남들 일에 신경을 써야 하오? 그럴 시간 있으면 내가 묻어둔 돈을 찾아 흥청망청 쓰는 게 낫지."

그자는 의심스런 눈빛으로 나를 흘겨봤다. 혹시 내가 그 돈이 탐이 나서 찾아내려는 건 아닌지 살피는 눈치였다.

"친구를 찾아 속죄해야 하오!"

나는 거듭 말했지만 도무지 들으려 하지 않았다. 그자는 오히려 버럭 화를 내며

"친구가 죽었든 말든 나하고는 상관없소. 하지만 이런 곳에 누워 있는 건 분통터져 못 참겠으니 빠져나가도록 도와주시오!"

하고 졸라댔다. 나는 그자가 상황을 개선할 방법을 재차 말하며 설득했지만 소용없었다. 거동을 하게 되면 누구를 살해해서라도 재산을 얻을 생각으로만 차 있는 것 같았다.

결국 그곳을 떠날 수밖에 없었다. 그자는 힘없는 손으로 돌을 집어 던지며 욕을 했다. 나는 마음속으로 질문을 던졌다.

"이 사람은 앞으로 어떻게 될까."

그때 대답이 들렸다.

"그는 폭력적인 죽음을 당한 뒤 방금 이곳에 도착한 자다. 머지 않아 기력을 되찾을 것이고 자기와 같은 도적들과 무리를 이뤄 이 곳을 더욱 무섭게 만들어 놓을 것이다. 수백 년이 지난 뒤에는 선한 삶에 대한 갈망이 싹틀지 모른다. 그럼 그때부터 성장을 시작하겠지만 매우 느린 속도가 될 것이다. 이 사람처럼 오랫동안 죄악의 사슬에 묶여 성장 없이 타락한 자는 잠재적인 계기(契機)를 만날 때까지 비슷한 상황을 몇 번이고 반복할 가능성도 있다."

삭막한 벌판을 한동안 헤맨 뒤 몹시 지치고 피곤해져 바닥에 털썩 주저앉았다. 이 무서운 땅에서 봤던 것들을 하나하나 떠올렸다. 수많은 악행과 고통의 광경이 마음을 우울하게 했다. 내가 워낙 태양과 밝은 빛을 좋아하는 남국 출신이라 그런지 이처럼 어둡고 구름만 잔뜩 낀 날씨가 더욱 힘겹게 느껴졌던 것 같다. 진절머리가 났다. 지상의 애나는 지금 어찌 지내고 있을까. 친구로부터 아무 소식도 전달 받지 못했다.

이곳은 밤과 낮이 없어서 시간이 얼마나 흘렀는지도 알 수(手) 없었다. 영원토록 어두운 밤만이 침묵 속에서 흐르고 있었다. 나는 애나의 생각으로 가득 차 이곳에서 일을 마치고 기쁜 마음으로 재회하게 그녀를 지켜달라고 기도했다.

그때 주변이 희미한 빛으로 가득 채워졌다. 별빛 같은 광채가 점점 커지더니 빛으로 틀을 잡은 근사한 액자가 나타나고 그 안에 나를 바라보며 미소 짓는 그녀가 보였다. 그녀의 입술이 뭔가를 말하는 듯 열렸다. 그러더니 손을 들어 입을 맞춘 뒤 나에게 키스를 보내는 것이었다. 수줍고 어여쁜 그 모습이 어찌나 황홀하던지 나도 벌떡 일어나 키스를 보냈다. 그녀를 더 가까이서 보려는 순간 그림은 사라져 버리고 나는 다시 어두운 벌판에 홀로 남겨졌다. 그러나 나는 슬프지 않았다. 그 환영이 나를 기쁘게 했고 다른 이들에게 기쁨을 나눠줄 힘과 용기가 불끈 솟았던 것이다.

나는 일어나 다시 걸었다. 잠시 뒤 극히 혐오스러운 무리가 따라 붙었다. 그들은 누더기 외투를 걸치고 강도처럼 검은 복면을 쓰고 있었다. 그들에겐 내가 안 보이는 것 같았다. 이곳의 거주자들은 대체로 지성과 감각의 수준이 낮아 높은 영계에서 내려온 자가 스스로 나타나기 전까지는 인식 못하는 것이었다. 그들이 어떤 자들인지 궁금해 지켜보았다.

조금 있다 또 다른 무리가 나타났다. 그들은 보물 상자 같은 것을 옮기고 있었다.

이윽고 앞의 파의복면단(破衣覆面團)은 보화운송단(寶貨運送團)을 기습했다. 무기는 없이 맹수처럼 손톱을 날카롭게 세우고 달려들어 목덜미를 쥐어뜯고 할퀴고 물었다. 보화운송단이 쓰러져 항복할 때까지 파의복면단도 절반은 부상을 입고 쓰러졌고 나머지는 보물을 향해 달려들었다. 땅에 떨어진 보물상자는 곧 그들에 의해 열렸다. 그런데 열려진 뚜껑을 통해 보이는 보물이란 것이 내 눈엔 자갈 더미로밖에 보이지 않았다.

싸움 중에 몸이 성한 자들이 모두 저마다 소중하다고 여기는 자갈돌을 챙기고 떠났다. 바닥에는 빈 상자와 신음을 하며 나뒹구는 나머지 혼체들이 있었다.

내가 그들을 돕기 위해 스스로 나타나 다가갔더니 그들은 오히려 나를 할퀴고 물려고 덤벼들었다. 모습들이 사람보다는 야수에 가까웠다. 몸통은 짐승처럼 굽어 있었다. 팔은 원숭이처럼 길고 손은 맹수처럼 손가락이 뭉툭하며 갈고리 손톱이 있었다. 때때로 짐승처럼 네 발로 기어 다녔다. 얼굴도 으르렁거리며 늑대처럼 송곳니를 드러내는 것이 짐승의 모습이었다. 인간이 짐승으로 변하는 이야기를 다룬 소설이 생각났다. 이게 바로 그 괴물이 아닐까 싶었다. 눈매엔 교활한 빛이 드러나는데 그건 인간의 것이었고 정교한 손동작도 동물이 할 수 없는 것이었다. 울부짖음과 신음소리에는 욕지거리나 비속어가 섞여 나오며 동물에게는 없는 말소리를 냈다.

"이런 자들에게도 영혼이 있습니까?"

내가 묻자 대답이 들려왔다.

"그렇다. 억눌리고 퇴화된 상태지만 이런 자들에게도 영혼은 존재한다. 이 자들은 해적이나 노상강도 약탈꾼 노예상 인신매매범들이었다. 너무 야만적인 삶을 산 나머지 인간으로서의 면모가 상당부분 사라지고 성정(性情)이 짐승같이 되어 짐승처럼 싸우며 사는 것이다."

"이들을 도울 희망은 있습니까?"

"이들에게도 희망은 있다. 대부분 오랜 동안 절망 속에 지내겠지만 당장 도움 받을 수 있는 자도 없는 건 아니다."

발밑에 한 혼체가 내 쪽으로 기어오려 안간힘을 쓰고 있었다. 더 이상 지쳐서 움직이지 못하는 것 같았다. 다른 자들보다 덜 끔찍한 얼굴에는 인간의 면모가 남아 있었다. 몸을 낮추니 그에게서 중얼거리는 소리가 들려왔다.

"물. 제발 물을 주시오. 창자가 타들어가오."

나는 물이 없는데다 어디서 구해야 할지도 몰랐다. 그래서 여명국에서 가져온 진액 몇 방울을 입에 떨어뜨려 주었다. 진액은 만병통치의 영약답게 마법 같은 효력을 발휘했다. 그는 곧 몸을 일으키더니 나를 바라보며 말했다.

"당신은 마법사군요. 타들어가던 속이 시원해졌소. 지난 몇 년 동안 이런 적이 없었는데 말이오. 이곳에 온 뒤로 몸속에 늘 불덩어리가 있는 것 같았소만."

나는 그를 그곳에서 끌고 나와 몸에 기력을 넣어 주었다. 그러자 그의 통증이 멎었다. 이 사람을 두고 가야할지 어쩔지 몰라 주춤거리고 있는데 그가 내 손을 잡고는 호들갑스럽게 입을 맞췄다.

"아, 제가 어떻게 보답을 해야 할까요. 그토록 오랫동안 고생해 왔는데 이렇게 구해주시니 뭐라고 감사를 드려야 할지 모르겠습니다."

"정말 그렇게 감사하다면 나처럼 남들을 도우며 똑같은 감사를 받고 싶지 않습니까. 어떻게 하면 되는지 가르쳐드릴까요?"

"네! 가르쳐만 주신다면 기꺼이 따르겠습니다요!"

"좋습니다. 가능하다면 빨리 여기를 떠나도록 합시다."

그는 나하고 함께 할 일을 찾으러 나서기로 했다.

그는 전에 해적이었는데 노예무역에 종사했다. 해적선의 항해사 노릇을 하다 어떤 싸움에서 목숨을 잃었다. 정신을 차려보니 동료들과 같이 이 어두운 곳에 와 있었다는 것이다. 얼마나 오래 있었는지는 모르지만 까마득히 긴 시간이 흐른 모양이었다.

그와 동료들은 무리를 지어 늘 싸움을 벌였다. 다른 패들과 싸움이 없을 땐 자기들끼리라도 싸웠다. 싸움만이 유일한 낙이었다. 이곳에선 타는 듯의 갈증을 달랠 방도가 없었다. 뭔가를 마시기만 하면 백배 천배 더 속이 탔는데 마치 목구멍 속으로 불덩이를 밀어 넣은 듯했다.

"아무리 고통스러워도 죽을 수가 없어요. 아주 끔찍한 저주에 빠졌어요. 죽음을 넘어선 곳에 떨어진 겁니다. 자살을 시도해도 나를 죽일 수 있을만한 놈을 만나 죽자고 달려들어도 소용없어요. 고통에서 빠져나갈 방법 자체가 없지요. 우리는 굶주린 늑대들 같아요. 싸움을 걸어오는 놈들이 없으면 우리끼리라도 지쳐 떨어질 때까지 싸우거든요. 그러고는 아파서 끙끙거리다 기력을 되찾으면 오늘은 어떤 놈을 덮치나 두리번거리며 돌아다니죠. 나는 이곳을 벗어나기를 오랫동안 고대해 왔답니다. 이젠 거의 기도하는 심정이 되었죠. 신께서 나를 용서하시고 기회를 주신다면 무엇이든 하고 싶었는데 내 앞에 서 있는 당신을 봤을 때 천사가 결국 왔구나 싶었습니다. 그림에 나오는 것처럼 날개나 뭐 그딴 건 안 갖고 계시지만…. 그런데 그림도 지옥의 모양을 제대로 그려놓은 건 없죠. 그림쟁이들이 알지도 못하면서 대충 그려놓은 거 아니겠습니까."

그 말을 듣고 나도 이 비극의 땅에서 웃음을 터뜨렸다. 내가 일을 제대로 하고 있음에 마음이 한결 가벼웠다. 나는 해적에게 내가 누구며 어떻게 이곳에 왔는지 말해주었다. 그러자 그가 말했다.

"사람들을 돕고 싶다면 근처에 매우 음산한 늪지가 하나 있습니다. 엄청나게 많은 혼령이 갇혀 있는데 내가 안내하고 도움을 줄 수도 있습니다.
 그는 내가 자기를 버려두고 떠날까봐 염려하는 것 같았다. 나는 그에게 마음이 끌렸다. 그는 내게 몹시 고마워하고 있었고 나도 길동무가 생긴 게 좋았다.
 짙은 안개가 시야를 가리는 통에 처음엔 늪지에 도착했다는 사실조차 몰랐다. 차갑고 축축한 느낌만이 얼굴을 스쳤을 뿐이었다.
 이윽고 눈앞에 거대한 진흙의 바다가 펼쳐졌다. 악취가 풍기는 검고 끈적끈적한 기름때 같은 진흙 위로 부풀은 몸통과 돌출된 눈을 가진 괴상한 파충류들이 여기저기 뒹굴고 있었다. 사람 같은 얼굴을 한 거대한 박쥐들이 흡혈귀처럼 상공을 맴돌았다. 고약한 냄새의 수증기가 썩은 표면 위로 모락모락 올라와 기이한 유령 같은 형체를 이루다 금세 변하여 팔을 흔들고 머리를 부들부들 떨며 감각도 있고 말도 하는 듯싶다가 금세 안개 속으로 녹아들고는 또 다른 흉물로 변했다. 거대한 오물 늪의 기슭에는 진흙투성이의 큼지막하고 흉측한 생물들이 기어 다니다가 사지를 편 채 드러눕거나 늪 속으로 뛰어들기도 했다. 나도 모르게 몸서리가 쳐졌다. 이런 더러운 늪에 인간의 혼이 정말 있을까 의심이 들었다.
 그때 어둠 속 어디선가 구슬픈 울음소리가 들려왔다. 심장이 얼어붙을 것처럼 절망적인 절규였다.
 그 사이에 눈이 안개에 익숙해졌는지 두 팔로 허우적대는 사람의 형체가 여기저기 눈에 들어왔다. 나는 그들에게 내 쪽으로 걸어 나오라고 소리쳤다. 그러나 그들은 나를 보지 못하고 내 말을 듣지도 못했다.
 "저들은 바로 코앞에 있는 것만 알아볼 뿐 다른 건 보지도 듣지도 못합니다. 나도 늪에 빠진 적이 있지만 혼자 힘으로 기어 나왔지요. 대부분은 다른 사람의 도움 없이는 나올 수 없을 겁니다. 몇 년째 저러고 있는 사람도 많지요." 해적은 내게 알려주었다.
 다시 울부짖는 소리가 들렸다. 이번에는 아주 가까이서 나는 소리였다. 늪에 뛰어들어 그자를 끄집어낼까 생각해봤지만 엄두가 나지 않았다. 상상만 해도 끔찍한 일이라 주춤대는 사이 다시 절박한 울부짖음이 들려왔다. 이번엔 어쩔 수 없다는 생각이 들어 역한 느낌을 참고 뛰어들었다.

비명 소리가 있는 곳으로 나아가자 곧 그자에게 닿을 수 있었다. 거대한 안개 유령이 나풀거리며 머리 위로 달려들었다. 그자는 목까지 잠겨 당장 가라앉을 듯 보였다. 나 혼자 끄집어내기란 불가능한 것 같아 해적에게 도와달라고 외쳤다.

그러나 그가 어디로 갔는지 보이지 않았다. 해적이 나를 함정에 빠뜨리고 내뺐다는 생각이 들어 나는 그곳을 다시 빠져나가려고 버둥댔다. 그때 그 불쌍한 혼체가 너무도 애절히 자기를 버리지 말라 하소연하는 것이었다.

그래서 나는 온 힘을 다해 그를 끌어당겼고 그는 자신의 발목을 휘감은 수초에서 간신히 풀려날 수 있었다. 나는 그를 절반은 끌고 절반은 부축하며 가까스로 산기슭까지 데려왔다. 그 불쌍한 혼령은 곧바로 의식을 잃고 쓰러졌다. 나도 기진맥진해 숨을 헐떡이며 그 곁에 앉아 쉬었다.

해적이 어디 있는지 둘러봤더니 그도 늪 속으로 꽤 들어가 누군가를 끌어내고 있었다. 끔찍한 상황임에도 우스꽝스러운 느낌도 들었다.

그는 혼체를 끄집어내려고 발악하며 미치광이처럼 몸부림치는데 마치 심약한 자의 정신을 번쩍 들게 하려고 일부러 그러는 것처럼 보였다.

"천천히 나가도 좋으니 살살 좀 당겨 주십시오."

늪에 잠겨 있었던 가엾은 자는 오히려 애원하고 있었다.

나는 그들에게 다가가 구조를 돕고 해적이 구한 자를 먼저 끄집어낸 자 옆에다 뉘었다.

해적은 구출의 성공에 의기양양해져서 다시 누군가를 구하러가려 했다. 나에게도 멀지 않은 곳에서 울부짖는 소리가 들려 또 다른 둘을 구했다.

처음에는 어둠속에서 어렴풋한 윤곽과 소리만을 따라 행동했지만 이윽고 도깨비불 같은 청색의 작은 불덩이가 떠다니며 어둠 속을 비췄다. 이제 곳곳에서 움직이며 도움을 청하는 게 보였다. 늪에 뛰어든다는 것이 썩 내킬 일은 아니었지만 다시 뛰어들었다.

한 남자가 한 여자를 끌어안고 기운을 내라하고 있었다. 나는 힘을 다해 둘을 끌어 올렸다. 해적도 이미 누군가 더 끌어 올려놓고 있었다.

지상의 인간들의 역겨운 생각과 불결한 욕망이 영적으로 반영되어 모여서 거대한 늪을 이룬 것이었다. 늪에 빠져있었던 혼령들은 지상에 있을 때 저급한 욕구에 빠져 살았고 죽은 뒤에도 육신을 가진 사람들을 통해서 그런 것을 계속 탐했던 자들이었다. 과도한 탐닉으로 인해 더욱 타락한 그들은 지상영계에도 닿지 못하는 수준의 혼령이 되어 이 끔찍한 곳까지 떨어지게 되었다. 그들은 자기들의 상황을 벗어나고자 하게 될 때까지 계속 머문다.

내가 구한 영들 가운데 한 명은 찰스 2세의 궁정에서의 고위인사였다. 죽은 뒤에 그는 지상 영계를 오래 떠돌다 점점 추락해 결국 여기까지 오게 되었다. 그의 오만함이 발목을 휘감는 수초 노릇을 하여 내가 풀어주기까지 수렁에서 움직이지도 못했다. 또 한 사람은 조지 왕 초기의 유명 극작가였다. 많은 환생경험을 가진 고수준 영이었으나 자신의 능력에 도취한 나머지 세상 사람을 옳게 가르치기 보다는 금전에 대한 욕심이 앞서서 세상 사람을 타락시키는 작품을 많이 쓴 결과였다.8) 엉겨 붙은 남녀는 루이 15세의 궁정에서 일하다 함께 그이에 떨어졌다. 해적에게 구출된 이들도 모두 비슷한 이력을 갖고 있었다.

몸에 온통 들러붙은 진흙을 어찌 해야 좋을지 모르다 근처에 맑은 물이 솟는 샘이 눈에 띄었다. 모두가 그 물에 진흙을 말끔히 씻어냈다.

"당신들은 우리에게서 도움을 받은 대가로 다른 사람들을 구하시오."

나는 덧붙여 몇 가지 조언을 해주고 다시 길을 떠났다. 해적은 나를 계속 따라오려 해서 그를 데리고 가기로 했다.

그렇게 시간을 보낸 것이 지상의 시간으로 몇 주는 된듯했다. 우리는 바람이 휘몰아치는 어떤 산에 도착했다.

우리는 그간 노력의 결과에 다소 실망했다. 조언을 새겨듣고 도움을 받는 자도 간간이 있었지만 경멸과 조소를 퍼붓는 자가 대부분이었다. 심지어 참견하지 말라며 공격을 가하는 경우도 적지 않았다. 다치지 않은 게 다행일 정도였다.

마지막으로 구원하려 했던 대상은 허름한 오두막 문앞에서 싸움하던 남녀였다. 남자가 여자를 너무 심하게 두들겨 패니 끼어들지 않을 수 없었는데 남녀가 합세해 달려들더니 여자가 내 눈을 손가락으로 찌르려는 것이었다. 다행히 해적이 옆에 있어 위기를 면할 수 있었다.

말리러 들어갔다 공격을 당했을 때 나는 순간적으로 이성을 잃고 그들과 싸워 같은 수준으로 떨어질 뻔했다. 그랬다면 나는 높은 차원의 영들로부터 더 이상 보호를 받지 못했을 것이다.

그들 남녀는 지상에 있을 때 돈을 노리고 어떤 노인을 잔인하게 살해한 죄가 있었다. 여자는 노인의 젊은 아내였고 남자는 여자의 정부였다. 그들은 벌로 교수형을 당했는데 이것이 둘 사이에 강한 인연의 끈을 만들어 엄청나게 미워하면서도 떨어질 수가 없었다. 상대방 때문에 이곳에 떨어졌다고 믿고 있었고 상대방이 자기보다 훨씬 잘못이 많다고 여겼다. 서로를 배신하려 안달이 나 있었는데 그것이 두 사람 모두의 숨통을 조이고 있었다. 마치 서로 싸우기 위해 태어난 자들 같았다. 증오에 빠진 자들 끼리 묶어놓는 것만큼이나 가혹한 형벌이 또 있을까 싶었다.

그들은 우리가 도울 수 있는 자들이 아니었다. 자신들의 처지를 자각하고 벗어나려는 마음보다는 상대방과 뭇 사람을 향한 증오가 앞서는 탓이었다.

그들을 포기하고 떠난 뒤 얼마 지나지 않아 우리 앞에는 거대한 검은 산이 나타났다. 산기슭에 이르니 희미한 인광 같은 것이 있어 우리는 주위를 살피며 산을 오를 수 있었다. 길은 도중에 끊겼다. 그 다음부터는 바위가 가파르게 경사져 있어 더듬거리며 기어올라야 했다.

이곳은 저급영계의 영향을 일부 받기 때문에 나는 여명국 사람의 특권이었던 공중부양력을 상실해 있었다. 중턱까지 가까스로 올라간 뒤에야 다시 앞에 경사가 완만한 길이 펼쳐있어서 정상을 향해 터벅터벅 걸었다.

희미하게 비추는 불빛 아래 길 양쪽으로는 깊고 가파른 바위 절벽이 보였다. 그곳에서 가끔 사람들의 울부짖음과 신음소리 그리고 도움을 청하는 기도 소리마저 들려왔다. 그런 곳에조차 혼령들이 있다는 게 놀라울 따름이었다.

그들을 어떻게 도울까 난감해하고 있는데 해적이 먼저 말했다. 그는 이제까지 엄청난 열정을 보여주곤 했다.

"우리 이곳의 바위틈에 무성히 나 있는 마른 풀들을 뽑아서 밧줄을 만듭시다."

"그걸로 무엇을 하겠나?"

나는 처음에는 어리둥절했다. 마른 짚으로 즉석으로 만든 밧줄이 무슨 힘으로 쓸모가 있을까 하는 지상세계에서의 선입견 때문이었다. 하지만 그는 거침없이 계획을 말했다.

"만든 밧줄로 나를 저 아래로 내려다주면 사람들을 끌어올려 보낼 것입니다."

해적활동에는 줄타기가 필수이다. 그는 해적 출신이니 줄타기엔 더없이 숙달했을 것이다.

"정말 좋겠네."

나는 동의했다. 우리는 주변의 마른풀들을 뜯어 모아 사람의 무게를 버틸 만한 밧줄을 만들었다. 물질계 사람들 눈엔 해적 친구가 형체도 무게도 없는 것처럼 여겨지겠지만 영계에도 물질의 무게가 존재하는데 영계의 등급에 따라 달라진다. 낮은 영계일수록 물질이 단단하고 무거워진다. 높은 영계에 있는 존재는 보기가 어렵지만 낮은 단계의 것은 약간의 영능력만 있으면 존재를 보고 느낄 수 있다. 영적인 잡초로 만든 밧줄에 이 친구가 올라탄 무게가 지상에서의 재료로 만든 밧줄에 인간무게가 주는 긴장 정도이리라 하는 것은 오류이거나 부적합한 추측이 아니다.

해적은 밧줄 끝을 바위에 고정시키고 선원생활로 다져진 솜씨로 신속히 내려갔다. 그리고 바닥에서 신음하는 혼령의 몸에 줄을 단단히 감았다. 나는 그 혼령을 끌어올려 안전하게 눕힌 다음 다시 줄을 던져 내리며 몇 사람을 더 구하게 하고 해적도 끌어 올렸다.

우리가 도울 만큼 도왔을 때 이상한 일이 일어났다. 희미한 빛이 돌연 사라지더니 칠흑 같은 어둠에 빠졌다. 허공 속에서 신비한 음성이 들려왔다.

"이제 가거라. 이곳의 일은 끝났다. 너희가 끌어낸 자들은 자신이 만들어놓은 함정에 빠진 자들이다. 다른 사람을 빠뜨리려고 만든 함정에 자기가 빠진 것이다. 참회와 속죄의 갈망으로 구원자를 불러들이고 자신들이 파놓은 감옥에서 해방될 때까지 그들은 그곳에 갇혀 있게 된다. 이 산에는 아직 많은 혼령들이 있다. 그들이 풀려나면 다른 이들에게 위험이 될 뿐이라 아무한테도 도움을 받을 수 없다. 그들이 불러일으킬 파괴와 악행이 클수록 갇히는 시간도 길어진다. 이 비참한 감옥은 지상의 삶이 만들어낸 결과일 뿐이다. 그리고 이 절벽도 그들이 희생자들에게 강요했던 절망의 영적인 반영물일 뿐이다. 마음이 온순해지고 악 대신 선을 갈구하는 마음이 자랄 때까지 이 감옥은 열리지 않으며 타인에 대한 가혹함으로 인해 스스로 생매장된 이곳으로부터 구원받지 못할 것이다."

음성이 멎었고 우리는 암흑 속을 더듬거리며 산을 내려와 평지에 이르렀다. 영원한 밤이 계속되던 그 어두운 계곡과 이기심과 증오에 인해 솟아난 높은 산이 소름끼치도록 무서웠기에 더 이상 그곳에서 할 일이 없다는 말이 그리도 반가울 수 없었다.

다음에 들르게 된 곳은 악몽에서 보았을 듯싶은 기괴한 나무들의 숲이었다. 앙상한 가지들이 생동하는 팔처럼 뻗어 나와 불운한 방랑자들을 휘감았다. 뿌리도 구렁이처럼 비비꼬여 지나가는 사람의 발을 걸었다. 줄기는 화염에 글린 것처럼 거무스름했고 껍질에서 찐득하고 불결한 진액이 흘러나와 강력한 접착제처럼 손대는 족족 들러붙게 만들었다. 시커먼 기생덩굴이 꼭대기의 가지로부터 땅위까지 거대한 장막처럼 덮어 사람이 지나가지 못하게 했다. 숨이 막혀 기진맥진한 사람들의 희미한 흐느낌이 숲속 여기저기에서 흘러나왔다. 이 특이한 감옥에 붙들린 혼령들은 풀려나려고 몸부림 치고 있었지만 한 발자국도 움직일 수 없었다.

나는 이네들을 어떻게 도와야 할 지 몰랐다. 어떤 이들은 비비꼬인 뿌리에 발이 걸려 있었고 어떤 이는 손이 나무 몸통에 들러붙어 있었다. 어떤 이는 검은 이끼의 덮개 속에 싸여 있었고 또 어떤 이는 머리와 어깨가 나뭇가지에 꽉 붙들려 있었다. 사나운 짐승들이 근처를 어슬렁거리고 거대한 독수리가 머리 위를 날아다녔지만 이곳에 붙들린 사람들은 건드리지 못하는 것 같았다.

"이들은 어떤 사람들입니까?"

내 질문에 대답이 들려왔다.

"그들은 타인의 고통을 즐겼던 자들이다. 사람을 야수 우리에 던져 넣고 갈갈이 찢어지는 모습을 보며 쾌락을 맛봤던 자들이다. 잔인한 욕정을 채우려고 힘없는 사람들을 고문하고 죽였던 자들이다. 이곳에서 타인에 대한 자비와 동정의 교훈을 배우고 고통 속에서 타인을 구하고자 하는 열망을 배워야만 풀려난다. 그때까진 아무도 그들을 돕거나 풀어주지 못한다. 너의 인간의 역사에서 얼마나 많은 사람이 연인(緣人)을 노예삼아 학대하고 고문했는지 떠올린다면 이 거대한 숲이 그러한 혼령으로 가득 찬 것은 이상할 게 없을 것이다. 교훈 삼아 이 무서운 곳을 봐두는 게 좋을 것이다. 이 중에 도움을 줄 만하게 마음을 바꾼 자는 아직 없으니 좋은 일을 할 수 있는 다른 곳으로 떠나라."

공포의 숲을 떠나 얼마동안 걷다가 저 앞에 익숙한 얼굴을 보게 되었다.

누군가 했더니 하세인(賀世人)이었다. 나는 반가운 마음에 얼른 다가가고 싶었지만 아린지만의 경고가 떠올랐다. 그래서 사전에 약속한 암호를 말했다.

"희망!"

"구원!"

상대방의 응답 신호가 들려왔다.

"하세인님 반갑습니다."

"프란츠, 당신을 찾아왔소."

하세인은 내게 아버지와 애나로부터의 전언(傳言)을 주었다. 그가 내게 마음을 보내자 그들의 전언이 들려왔다. 아버지로부터는 용기를 갖고 소명을 수행하라는 격려가 애나로부터는 항상 나를 생각한다는 달콤한 사랑의 말이 담긴 격려가 전해졌다.

"이제 자네는 사악하면서 교활한 혼령들의 세계로 가게 되네. 그들은 살아생전 세상의 지배자들이었고 각자의 분야에서 최고의 능력자였지만 능력을 악용했기에 그들의 재능은 은총이 아닌 저주로 탈바꿈하고 말았지. 이제 그들이 자네에게 미끼를 던져 유혹하고 온갖 기만적인 술책을 부릴 것인데 경계를 늦추면 안 되네. 하지만 그들 중에도 도움을 주어야 할 자들이 있네. 누군지 직감으로 알 수 있을 걸세. 그들 또한 자네의 말을 고맙게 여길 것이고. 나는 다음부터 자네에게 전언을 가져오지 않고 다른 사람이 대신 올 것이네. 가장 주의해야 할 것은 암호를 말하고 상징을 보여주지 않는 한 누가 무슨 애길 해도 믿지 말아야 하네. 자네는 적진 깊숙이 침투한 상태나 같아서 저들이 자네의 실체를 알면 겉으론 안 보여도 내심 분노하게 되네. 그러니 저들의 거짓된 약속을 조심하고 특히 친근하게 보일 때가 가장 위험하다는 점을 명심하게."

"명심하겠습니다." 나는 약속했다.

하세인은 다시 해적을 가리키고 말했다.

"그리고 자네는 잠시 이 친구와는 떨어져야 하네. 이 친구가 자네가 가는 곳까지 동행하면 안전을 보장할 수 없네. 그러나 이 친구가 어두운 누리를 떠나도록 도와는 주겠네."

"예. 저가 이곳에서 임무를 잘 수행하고 잘 지내고 있음을 아버지와 애나에게 전해주십시오."

말하고 나는 그들과 헤어져 하세인이 일러준 방향으로 향했다. 격려의 소식과 사랑의 전언에 나는 크게 고무되고 위안되었다.

22. 지옥대시(地獄大市)에서의 환락과 경고

얼마를 걷고 나니 신우가 길가에 앉아 있었다. 먼저 암호를 확인하고 안부 인사를 했다.
"오, 기다리고 있었는가?"
"자네와 동행하도록 지시를 받았네."
"나는 앞으로 갈 곳도 잘 모르는데."
"나를 따라 오게나.
신우는 나를 높은 탑이 있는 곳으로 데리고 갔다.
"여기서 앞으로 우리가 앞으로 방문할 도시를 둘러보게나."
주변을 늘 감싸고 있던 검은 안개도 이날만큼은 짙지 않아 비교적 멀리까지 볼 수 있었다. 먼저와 같은 희미한 이상한 불빛이 계속 있었고 이곳 거주자들의 욕정으로 생겨난 음산한 불길도 시야를 넓혀 주었다.

검은 돌탑에 오르자 아래로 어둡고 넓은 세상이 펼쳐있었다. 먹구름이 지평선 위까지 덮여 있는 아래 거대한 도시가 있었다. 지금껏 가본 다른 도시들과 마찬가지로 웅장하면서도 황폐해있는 광경이었다.

탑을 내려와 도시로 들어갔다. 나무 없는 거무튀튀한 황무지가 도시 주변을 둘러싸고 어두운 핏빛 안개가 죄악과 비애의 도시를 온통 뒤덮고 있었다. 장중한 성채들과 우뚝 솟은 대저택 등 멋진 건물들은 모두가 쇠락해 있었고 거주자들의 죄악으로 오염되어 있었다. 이 건물들은 거주자들의 지상의 삶에 얽어진 관계가 이곳을 지탱할 때까지만 존속된다. 영들이 회개하여 관계가 끊어지면 붕괴되어 티끌처럼 사라질 것이다. 그 다음은 다시 또 다른 이들의 죄악으로 새로운 도시가 생겨난다.

이 도시의 궁궐 옆에는 누옥(陋屋)이 함께 붙어 있다. 도시에 사는 혼령들의 삶과 야망이 한데 뒤엉켜져 거주지가 뒤죽박죽 무질서하게 형성되었다. 지상에서 인연을 맺고 살았던 사람들이 영계에서도 함께 무리 지어 사는 것이었다. 그 사슬을 끊기는 어려웠다.

　부귀를 누렸던 귀족의 대저택 바로 옆에 그의 종들과 식객들과 아첨꾼들의 초라한 거주지가 붙어 있었다. 지상에 있을 때는 서로 거리가 떨어져 있었지만 그들은 밀접한 인연으로 살았었다. 이제 그 인연의 밀접함이 그대로 나타나 실제거리로도 가깝게 사는 것이다. 귀족들과 그들의 사악한 야망의 도구 노릇을 했던 추종자들 사이에 깊은 인연이 있었던 것이 여기서 그대로 나타나고 있었다. 귀족이 아첨꾼들의 추종을 벗어날 수 없듯 추종자들도 귀족의 횡포로부터 벗어날 수 없다. 어느 한쪽에서 고귀하고 순수한 욕구가 일어나 현재의 영적 수준을 끌어올리지 않는 이상 이런 관계는 지속되어 지상의 삶의 오싹한 모방이 거듭 재연되는 것이다. 과거의 행위가 움직이는 파노라마처럼 되풀이되니 죄악의 욕망이 소멸할 때까지 지옥의 고통을 벗어나지 못한다.

　이 거대한 도시 위로 강철의 회색이 감도는 희미한 빛이 떠 있었다. 이것은 거주자들의 강력한 지성으로부터 방사된 빛이다. 그들은 발달했으나 타락한 영혼이라서 상당히 높은 등급의 지성이 비열한 목적에 전용(轉用)되고 있었다. 참된 영혼의 빛이 결핍하여 기괴한 회색을 띠게 된 것이었다.

　도시의 다른 곳곳은 대기가 불에 섞여 보였다. 불길이 공기 속을 유령처럼 번득이며 이리저리 떠다니는데도 거리를 지나가는 영들은 전혀 의식을 못하는 것 같았다. 그 불길은 저들의 조야(粗野)한 정욕으로 생긴 영적 발산물이었다.

　바라보고 있노라니 기이감(奇異感)에 사로잡혔다. 무너져 내린 벽과 황폐한 건물은 어딘가 친숙한 느낌이 들었던 것이다. 나는 생각나 소리쳐 물었다.

　"이곳은 바로 내가 지상에서 내가 살았던 곳이오! 그렇다면 이건 무엇을 의미합니까? 내가 살았던 도시의 과거요? 미래요? 아니면 지금인가요?"

신우에게 물으니 그가 대답했다.

"셋 다예요. 당신 앞에는 과거의 건물과 혼령들이 있습니다. 앞으로 거주할 자들이 만들고 있는 건물도 있어서 여기 있는 자들이 죄업을 끝내서 건물이 사라지면 대신 자리할 겁니다. 잘 봐두었다가 지상으로 돌아가서 동향 사람들에게 그들 앞에 놓인 운명을 전해 주세요. 당신의 전언이 단 한 사람의 심금만이라도 울려서 이곳에 단 한 건물의 생성만이라도 막으면 당신의 이곳 방문은 충분한 가치를 지니는 것이죠. 그러나 그것이 당신이 이곳에 온 유일한 목적은 아닙니다. 이곳에서도 구해야 할 혼령들이 있어요. 그들도 지상으로 돌아가면 자기가 경험한 인과응보를 나팔 불며 알려서 사람들을 구하려 할 겁니다.

세상은 한때 유아기에 머물러 있었지만 그 뒤로 많은 세대가 흘렀습니다. 사람들의 삶과 생각에도 큰 발전이 있었어요. 죄악의 구렁텅이에 떨어져 있던 사람들이 지상으로 돌아와 경고한 효과로 그런 발전이 가능했다고도 할 수 있지요. 한때 반항하고 죄를 지었지만 이제는 회개한 자녀들을 신은 지상으로 보내 지옥의 형벌을 부정하며 죄악의 수렁에 빠져드는 사람들을 일깨웁니다. 당신과 나는 둘 다 죄인으로 죽었지만 이윽고 신의 자비를 얻었어요. 하물며 아직 지상에 살고 있는 사람들에게 희망이 없을까요. 우리보다 더 낮은 누리로 떨어진 그들이라도 회개하면 얼마나 올라갈지 우리는 모릅니다. 여기 지옥의 공포는 영원히 지속되는 것이 아닙니다. 신의 자비는 인간이 상상할 수 없을 만큼 큽니다."

우리는 탑에서 내려와 도시로 들어갔다. 지상에 있을 때 자주 갔던 그 광장에 이르자 군중이 모여 누군가 포고령을 낭독하는 것을 듣고 있었다. 사방에서 야유와 고함이 터져 나오니 그 포고령이 냉소와 분노를 자극한 것 같았다. 가까이 보니 지상에서 얼마 전 공표됐던 것으로서 사람들에게 더 많은 자유를 주고 사회의 진보를 약속하는 내용이었다.

그러나 그 포고령은 학대와 폭정의 본산인 지옥에서는 오히려 탄압의 욕구만을 불러일으킬 뿐이었다. 이곳의 혼령들은 그 포고령을 온 힘을 다해 무력화시키겠다고 맹세했다.

더 많은 이들이 탄압받을수록 그리고 폭력으로 탄압에 맞설수록 이곳의 존재들은 분란에 개입해 갈등을 부추김으로써 더욱 강화된다. 사람들이 자유로워지고 개화될수록 이 혼체들이 악한 상념(想念)을 조장해 저들의 존재감을 확장할 기회는 줄어든다. 이 어둠의 혼들은 전쟁과 재난 그리고 유혈참극을 미친 듯이 반긴다. 늘 지상으로 돌아가 인간의 사납고 잔인한 열정을 자극하고 싶어 한다. 인간의 격정이 폭발하는 국가적 탄압이나 소요의 시기에 저급한 영계의 거주자들은 자기들과 비슷한 욕망의 힘에 끌려 지상으로 올라가 폭동을 자극하고 재촉한다. 처음엔 고귀하고 순수한 동기로 시작됐던 혁명이 이러한 세력들의 영향 아래 결국 과격한 학살과 참극의 구실로 전락한다.

이러한 과도함이 반작용을 유발해 어둠의 혼령과 그들에게 조종되는 자들은 보다 강한 힘에 의해 일소된다. 파괴와 고통의 잔해만을 남기고. 그리하여 지옥의 밑바닥에는 수많은 불행한 혼령들이 자신을 유혹했던 사악한 혼령들과 함께 새로 들어오게 되는 것이다.

내가 군중을 보고 있을 때 신우가 한 무리의 혼령들을 가리켰다. 멀리서 우리를 보며 수군거리는 게 곧 다가와 말을 걸 것 같았다.

"잠시 떨어져 있어야겠군요." 그가 말했다. "당신 혼자 저들을 상대하는 게 좋을 것 같아요. 나는 전에 이곳에 와본 적이 있어서 알아볼지도 모르거든요. 멀리가진 않을게요. 도움이 필요할 때 다시 만나게 될 겁니다. 지금은 떨어져 있어야 할 것 같은 예감이 드네요."

그가 그 말과 함께 자리를 피하자 어둠의 혼령들이 온갖 친근한 척을 다 하며 내게로 접근했다. 마음속으로 극심한 혐오감이 일었지만 예의를 갖춰 대하자는 생각이 들었다.

한 명이 내 어깨를 건드렸다. 어디선가 본 듯한 얼굴이었다. 그가 징글맞은 웃음을 터뜨리며 말했다.
"어이구, 이 친구를 여기서 보는구먼그래. 내가 누군지 모르겠나. 전에 지상 영계에 있을 때 본 적이 있을 텐데 말씀야. 여기 계신 이 양반들도 마찬가지지만 나도 그때 자네를 도우려고 숱한 어려움을 무릅썼는데 치사하게 안면 깔고 돌아섰던 기억이 안 나시냐고. 사람 데리고 노는 것도 유분수지 원. 다 지나간 일이긴 하지만 말일세. 보다시피 우리가 워낙 순한 양 같은 사람들이라 그러려니 하고 넘어가는 거지만서도. 허허."
또 다른 하나가 다가와 내 얼굴 가까이에 대고 악마 같은 미소를 지으며 말했다. "여어! 결국 이곳까지 오셨군 그래! 뭔가 한 건 터뜨린 게 분명한데 누굴 과연 죽이셨을까나. 여기선 한두 명 갖곤 어림도 없다는 거 알지? 맥베스에 나오는 유령들처럼 일렬종대로 줄을 세울 정도는 돼야지. 수백 명을 죽인 큰형님도 한분 와계시다네. 자네가 혹시 그 형님을 죽인 것 아닌가? 하! 하! 하!"
그는 다시 소름 끼치는 웃음을 터뜨렸다. 나는 그들을 피해 자리를 떴다. 하마터면 살인자가 될 뻔했던 그때의 기억이 섬광처럼 떠올랐기 때문이다. 나를 에워싸고 복수의 방법을 알려주던 자들이 바로 이들이었다. 그들에게서 떠나려 했지만 그들은 나를 보낼 생각이 없는 듯했다. 내가 그들이 바라던 대로 이곳에 떨어졌으니 이제 나를 데리고 놀며 굴욕을 되갚을 심산인 듯 보였다. 나는 그들의 속셈을 간파했지만 그들은 표면상 꽤나 살갑고 우호적인 태도를 취했다. 어찌해야 좋을지 망설여졌다. 일단 따라가는 척하며 의도를 살피다가 기회를 봐 달아나는 게 좋을 것 같았다. 그래서 저들이 내 손을 잡아끌고 가도록 내버려 두었다. 무리는 저들의 본거지인 광장 근처의 넓은 집으로 향했는데 그 안에 있는 친구들에게 나를 소개시킬 참이었다. 신우가 곁을 지나다가 내 얼굴을 힐끔 보며 주의사항을 마음으로 전했다.
"가는 건 좋은데 저들의 향락에 마음을 빼앗기거나 의식을 저들

수준으로 떨어뜨리지 않도록 조심하세요."

우리는 집 안으로 들어가 회색빛의 넓은 돌계단을 올라갔다. 건물은 죄악에 따른 수치(羞恥)로 얼룩져 있었다. 곳곳이 부서지고 큰 구멍이 나 있는데 어떤 것은 빠질 정도로 큼직했다. 구멍을 지나가려는 순간 누군가 나를 떠밀었다. 이런 일이 있을 것을 예상하고 미리 대비하지 않았더라면 떨어지고 말았을 것이다. 내가 살짝 피하자 나를 민 자가 대신 빠질 뻔했다. 그 광경을 본 나머지들이 낄낄거리며 나를 노려보았다.

그때 나를 민 자가 누군지 불현듯 생각났다. 애나가 나를 이 악마들로부터 구해주었을 때 그녀 주변을 감싼 불기둥에 손을 넣었다 화상을 입은 그 녀석이었다. 손을 검은 외투 밑에 조심스레 감추고 있었지만 불에 대어 오그라든 손과 팔이 보였다.

우리는 계단 끝의 큰 방으로 들어갔다. 화려하게 치장되어 있었지만 불빛에 비친 커튼은 넝마를 널어놓은 듯했고 핏자국으로 쩔어 있었다. 이곳에서 죽임을 당한 사람이 한둘이 아닌 것 같았다. 방 안에는 옷장과 책상 등 고풍스러운 가구들이 있었는데 지상의 화려한 가구들과 닮았지만 모두가 피고름을 엷게 바른 듯이 불결한 분위기를 풍겼다.

방에는 수많은 남녀가 모여 있었다. 남자건 여자건 성적 매력을 잃은 쇠락한 모습이었다. 지상의 거지떼도 이보단 낫겠다 싶었다. 그렇지만 행동은 활발했다. 먹고 마시며 고함치는 사람들 어지럽게 춤추는 사람들 도박판을 벌이며 싸우는 사람들이 있었다. 지상의 방탕함을 극한으로 보여주는 광경이었다.

그들이 지상에 있었을 때의 삶이 일일이 나타나보였다. 죄에 얽힌 수치스런 삶은 말할 것도 없고 다들 이런 저런 이유로 살인을 저지른 공통점이 있었다.

한 여자는 십육세기에 공작부인으로 살았는데 질투심과 탐욕으로 여섯명을 독살했다. 그 옆의 동시대를 살았던 남자는 자객을 동원해 밉보인 자들을 암살했고 말다툼을 하다 자기 손으로 직접 죽인 사람도 한 명 있었다.

또 어떤 여자는 자신이 낳은 사생아를 사회적 지위와 경제적인 문제 등의 이유로 죽였다. 그녀는 이곳에 온지 몇 년밖에 안됐지만 다른 누구보다도 수치심과 양심의 가책에 시달리는 것 같았다. 그래서 나는 그녀 곁으로 다가가 말을 걸어보기로 했다.

내가 방에 들어서자 사람들이 폭소를 터뜨리고 야단스럽게 박수를 치며 맞이했다. 대여섯 사람이 나를 붙들어 자기의 탁자로 끌고 가려 했다. 그때 누군가 소리쳤다.

"자, 새로 온 형제의 저주를 빌며 모두 함께 건배합시다. 이 친구에게 시원한 와인 한 잔으로 세례를 베푸는 게 어떻겠소!"

내가 그들의 의도를 알아차리기도 전에 모두가 술잔을 높이 쳐들고 소름 끼치는 웃음을 터뜨리며 고함을 질러댔다. 그러자 그중 하나가 타는 듯한 와인을 내게 끼얹었다. 경계심을 늦추지 않고 있던 내가 재빨리 피했기에 와인은 대부분 바닥에 쏟아졌지만 겉옷에 살짝 튄 몇 방울이 황산처럼 타들어갔다. 쏟아진 와인도 마치 불붙은 위스키처럼 푸르스름한 불꽃으로 변하더니 화약처럼 펑 소리를 내며 사라졌다.

그들은 이번엔 내게 음식이 가득 담긴 쟁반을 내밀었다. 얼핏 보기에 산해진미가 담긴 것 같았지만 자세히 들여다보니 징그러운 구더기들이 우글거리고 있었다. 고개를 돌리자 추악하고 무섭게 보이는 노파가 게슴츠레한 눈빛에 악마 같은 표정으로 서 있어 움찔하며 물러섰다. 노파는 내 목에 팔을 감고 딴에는 요염한 미소랍시고 지은 인상을 쓰며 나를 자신들의 카드놀이 테이블로 끌고 가려 했다. 그녀의 지상에서의 삶이 중첩(重疊)하여 현시(顯示)되었다. 노파는 지상에서는 절세의 미인이었다.

"우리 게임은 이긴 사람이 진 사람을 마음대로 할 수 있다네. 과거에 맛봤던 재미를 되살리려고 우리가 고안한 게임이지. 이곳에는 딸 수 있는 돈도 없고 딴다 해도 쓸 곳이 없거든. 손에만 들어오면 쓰레기로 변하니 말야. 그래서 이 게임엔 돈 대신 다른 걸

걸지. 진 사람이 이긴 사람의 노예가 되기로 모두 합의를 봤어. 어때. 아주 재미있을 것 같지 않아? 일단 해보면 알게 될 거야."
 그녀는 도도함과 증오심이 묘하게 뒤섞인 목소리로 덧붙였다. "이 근방에 있는 다른 인간들은 다 하층민이야. 인간쓰레기들이지. 그 치들로부터 벗어나길 잘 했어. 그러나 나로 말할 것 같으면 공작부인이고 여기 있는 친구들도 다 귀족 출신이야. 자네도 상류층처럼 보이니 우리 패에 넣어 주지."
 노파가 여왕처럼 거드름을 피우며 자기 곁에 앉으라고 눈짓을 했다. 그녀가 조금만 덜 끔찍했어도 나는 유혹에 빠져 게임에 끼어들었을 것이다. 하지만 인상이 너무 역겨워
 "아니오. 나는 카드놀이는 하지 않습니다."
 하고 그곳을 빠져나왔다.
 나는 처음에 말을 걸어보려 했던 그 여자를 다시 찾아보았다. 사람들 사이를 비집고 들어가 그녀에게 접근할 수 있었다.
 "혹시 전에 아이를 죽인 적이 있습니까?"
 나는 나지막이 말을 걸었다. 그녀는 놀라며 대답을 못하고 머뭇거렸다. 나는 다시 말했다.
 "쉬운 일은 아니겠지만 이곳을 떠날 수 있어요. 그러고 싶지 않으세요?"
 그녀는 표정이 밝아졌다. 간절한 듯 더듬거리는 말투로
 "무, 무슨 말씀이시지요?" 했다.
 "내 말을 믿으셔도 돼요. 나를 따라오면 이곳을 떠날 방법을 찾아보겠습니다."
 그녀는 동의한다는 표시로 내 손을 잡았다. 주변의 혼령들이 겉으로는 친근한 척 위장을 하고 있지만 언제 본색을 드러낼지 몰랐기에 조용히 손만 잡은 것이다.
 공작부인과 그 일당은 탐욕스러운 카드놀이에 여념이 없었다. 그들은 서로 속임수를 썼다고 비난하며 다퉜다. 누군가 속임수를 썼으리란 건 의심의 여지가 없기에 따분한 일상에 변화를 줄 큰

싸움이 막 시작될 것 같았다.

　문 쪽을 보니 내가 도망가지 못하게 사람들이 몰려 있었다. 손에 화상을 입은 자가 문 근처에서 노예처럼 비천하게 보이는 자들과 귓속말을 주고받고 있었다. 대여섯 명이 내게 와서 함께 춤을 추자고 했다. 그들의 춤은 옛날 마녀들이 벌인 악마의 파티를 묘사한 책들에서나 나올 법한 광적인 춤이었다.

　옛날이야기에서나 봤던 것들이 결국 사실이었단 말인가. 속으로 흠칫 놀라며 그 광경을 지켜보았다. 지난 시대에 마녀로 몰렸던 불행한 사람들은 지상에 잠시 올라온 이 악령들의 지배를 받아 그러한 행위를 했던 게 아닐까. 이들은 마녀들의 모습과 상당히 비슷했다. 물론 그 시대 정작 마녀로 지목된 사람들은 대부분 비난보다 동정을 받아야할 어리숙한 사람들이었지만….

　이들은 도저히 춤이라 부를 수 없는 발광을 떨며 내 주변을 둘러싸며 다가오고 있었다. 낌새를 파악한 나는 어서 자리를 떠야한다고 결심했다. 나는 여자의 손을 잡고 벽 쪽으로 붙으면서 어떤 일이 있어도 손을 놓아서는 안 된다고 속삭였다.

　그곳에 있던 모든 혼령이 내게로 모여들었다. 광포한 눈빛이 방금까지의 흥겨운 척하던 것과는 대조적이었다. 서로 다투던 자들마저 어느덧 하나가 되어 나를 짓밟고 갈가리 찢어놓을 태세였다. 여기저기 증오와 협박의 말들이 터져 나오는 중에도 춤추는 악령들은 괴상한 몸짓을 멈추지 않고 있었다. 이윽고 거대한 분노의 함성이 그들로부터 터져 나왔다.

"첩자다!"
"배신자야!"
"적이 잠입했다! 저주 받은 놈이 위에서 내려와 희생자를 데려가려 한다!"
"때려눕혀!"
"밟아 죽여! 산산조각 내버려!"
"지하 감옥에 처 넣어라!"

성난 악귀들이 마치 눈사태가 난 것처럼 달려들었다. 이제 끝장이란 생각과 함께 이곳에 들어온 게 후회되었다.

그런데 악귀들이 코앞까지 달려든 순간 등 뒤의 벽이 열리면서 신우와 또 다른 혼령이 우리를 잡아끌었다. 벽이 너무 빨리 닫히는 바람에 악귀들은 우리가 어떻게 사라졌는지도 몰랐을 것이다.

그 건물과 조금 떨어진 밖으로 나와 돌아보니 벽이 투명해지면서 내부의 모습이 훤히 들여다보였다. 악귀들이 우리를 놓친 잘못을 서로 전가하며 짐승처럼 싸우고 있었다.

"보세요. 당신이 잠시라도 저들의 여흥에 끼어들었다면 우리가 구해낼 수 없었을 거예요. 당신이 잠시나마 저들의 물질적인 자기력에 싸이기 때문에 몸이 너무 조밥해져서 벽을 통과할 수 없게 되었을 것이지요. 당신과 저 혼령들의 인연은 완전히 끝난 게 아니라서 언젠간 다시 마주칠 겁니다. 지상 영계에 있을 때 비록 잠깐이긴 했지만 저들의 영향력에 굴복하고 제안을 따르려 했기 때문에 저들과 당신 사이에는 인연의 고리가 생겼어요. 당신이 영적으로 성장해 저들과의 사이에 건널 수 없는 심연을 만들어 놓지 않는 이상 인연을 끊기가 매우 어려울 겁니다. 당신이 아직 욕정을 완전히 극복하지는 못했다고 들었는데요. 억누르고 제어하는 방법을 배우긴 했지만 과거에 당신한테 잘못한 사람들에게 앙갚음하려는 욕망은 아직 사그라지지 않았어요. 그러면 저들과의 인연에서 완전히 벗어날 수 없습니다. 특히 저들의 영향력이 강해지는 영역에 들어올 때는 더욱 그래요. 나 또한 당신과 같은 어려움을 극복한 경험이 있어서 깊은 상처를 준 사람을 용서하는 게 얼마나 힘든지 누구보다 잘 압니다. 하지만 당신도 결국 나처럼 완전히 극복하고 자유로워질 겁니다. 그때가 되면 이 어둠의 혼령들도 당신이 가는 길을 막을 수 없어요.

나는 이제 당신을 어떤 궁전으로 안내할 참인데요. 그 궁전의 주인을 보면 아마 깜짝 놀랄 겁니다. 그는 당신보다 훨씬 앞선 시대에 살았던 사람이지만 워낙 유명해서 당신도 이름을 알고 있어요. 짐작하셨겠지만 당신은 이곳 사람들의 내면을 읽을 수 있답니다. 당신 앞에선 아무도 속마음을 위장하지 못해요. 당신이 이처럼 투명하고 명료하게 볼 수 있는 힘을 가진 건 당신에게 순수한 사랑의 에너지를 꾸준히 보내는 여자 친구 덕택이란 걸 아셔야 합니다. 그분의 사랑이 당신에게 선악을 분별하는 힘을 주는 거예요.

당신과 애나 사이에는 강한 연결 고리가 이어져 있어서 의식은 못해도 당신은 그녀의 고귀한 본성을 어느 정도 공유하고 그녀도 당신의 강인함을 공유하게 됐습니다. 지금 당신의 영적 수준으로는 어둠의 존재들의 속임수에 넘어갈 소지가 다분하지만 그녀로부터 명료한 인식능력을 얻기에 속내를 간파할 수 있는 거예요. 어떠한 기만도 당신의 감각 앞엔 무용지물이 돼버려요. 그녀의 사랑이 당신을 보호하는 강한 힘이 되고 있는 겁니다. 그녀의 사랑이 당신을 모든 시련에서 보호하는 방패가 되어줄 거란 얘기를 들었어요.

이곳을 떠나기 전 당신에게 한 가지 보여줄 게 있는데요. 교훈적이긴 하지만 마음을 착잡하게 만들까봐 염려가 되네요. 당신이 미래에 될 뻔했을 수도 있었던 상황에 이른 사람이에요. 만일 그녀의 사랑이 없었다면 당신 혼자 죄악과 욕정의 짐을 떠안고 싸웠을 테고 순수함과 사랑의 원천을 빼앗겨 결국 그 사람처럼 돼버렸을 겁니다. 이곳에서의 여행이 끝나면 그 사람을 만날 수 있는 곳까지 안내해 드리리다. 그를 보면 당신은 누구보다도 잘 이해하고 감쌀 수 있을 겁니다. 그리고 감사의 마음으로 당신이 받은 모든 걸 다른 이들에게 베풀게 될 거예요."

그의 말이 끝난 뒤 우리는 조용히 그곳을 떠났다. 마음이 너무 복잡해 아무 말도 꺼낼 수 없었다. 우리는 그 가엾은 여자를 높은 영계에서 온 천사에게 맡겼다. 그녀는 성장에 필요한 모든 지원을 받게 된다.

23. 조상의 궁전 - 거짓형제들의 혼란

우리는 도시 외곽에 우뚝 선 장엄한 궁전에 다다랐다. 이 궁전 또한 기이하도록 친숙하면서도 한편으론 생소했다. 이 도시를 두루 다녀본 결과 지상에 있는 이 도시의 원형이 생각났다. 그 아름다운 지상의 도시를 악몽에서 보는 듯 모든 게 기괴하고 소름끼쳤다. 젊었을 적 나는 이 아름다운 궁전을 바라보며 자부심을 느끼곤 했다. 내가 이 궁전과 주변의 넓은 영토를 소유한 가문의 일원이었기 때문이다. 하지만 이곳의 궁전은 희게 빛나야할 대리석 벽면에 거무티티한 곰팡이가 덮이고 기울어진 테라스의 조각상들은 부서지고 건물 앞부분이 모두 검은 거미줄로 뒤덮인 퇴락의 광경이었다. 아름답던 정원은 역병이 휩쓸고 지나간 자리처럼 삭막한 불모지로 되어 있었다. 보고 있자니 걷잡을 수 없는 서글픔과 비애가 밀려왔다. 침통한 마음으로 친구를 따라 궁전 안으로 들어갔다.

넓은 계단을 올라가자 거대한 문이 마치 우리를 영접하듯 저절로 열렸다. 주변을 지나다니던 혼령들도 우리의 방문을 기다리고 있었던 양 인사를 했다. 통로를 지나 내실로 들어가는 문에 이르렀을 때 신우가 나를 떠나며 다른 곳에서 다시 만나자고 했다.

문이 열리자 붉게 타오르는 거대한 불길이 눈에 들어왔다. 마치 용광로의 문이 열린 듯 후끈거리고 숨이 막혔다. 처음엔 방 안에 불이 난 줄 알았는데 불꽃은 점차 사그라지며 희미한 빛으로 변하고 회색빛 안개가 홀의 내부에서부터 몰려나왔다. 얼음처럼 차가워 심장의 피가 얼어붙을 것만 같았다.

열기와 냉기가 이처럼 기이하게 교차하는 현상은 이곳을 지배하는 인물의 특이한 성향 때문이었다. 그는 뛰어난 지성의 소유자로서 불같은 열정과 이기적인 냉혹함을 동시에 지니고 있었다. 이런 성향으로 인해 그의 행실은 뜨거운 정열과 차가운 계산의 기묘한 양면성을 띠어 영계의 거처 역시 극도의 열기와 냉기를 오가는 것이었다. 그는 생전과 마찬가지로 자기영역에 있는 모든 이들을 철저히 지배하고 있었다.

이 거대한 홀의 높은 곳에 권력자의 휘장이 새겨진 권좌가 있는데 그곳에 그가 앉아 있었다. 뒷벽에는 고색창연한 벽걸이 융단이 걸려 있었지만 빛이 바래고 너덜거렸다. 그의 생각과 살아온 이력이 융단에 함께 짜여 들어가 부패하여 끔찍했던 삶의 무늬가 파노라마처럼 펼쳐 새겨 있었다. 한 번도 햇빛이 통한 적 없는 듯한 거대한 창문들엔 지상에서와 비슷하게 멋진 벨벳 커튼이 걸려 있었는데 복수심에 찬 유령들이 사이사이 숨어 있었다. 이 사람의 욕정과 야망에 희생된 이들의 유령이었다.

내가 안으로 들어가자 이 무서운 곳의 주인이 권좌에서 일어나 환영의 인사로 나를 맞이했다. 순간 나는 모골(毛骨)이 송연(悚然)해졌다. 이 사람이 우리 가문의 조상임을 알았기 때문이다. 우리 후손들이 너나없이 자랑거리로 여겼던 바로 그 사람이었다. 나는 초상화에 나와 있는 그와 얼굴이 닮았다는 말을 자주 듣곤 했다. 거만하고 잘생긴 얼굴이 의심의 여지없는 바로 그 사람이었다.

이 얼마나 미묘하면서도 끔찍한 변화인가! 얼굴 곳곳에 수치와 모욕의 낙인이 박혀 있었다. 지옥에서는 모든 사람들이 있는 그대로의 모습으로 나타난다. 티끌만큼의 사악함도 감출 수 없다. 이 남자는 정말 나쁜 사람이었다. 시대도 음란한 시대였지만 이 사람은 그런 중에서도 호색한으로 악명이 높았고 거리낄 것 없는 잔인한 행위에 일말의 동정심이나 양심의 가책을 내비치지 않는 것으로 유명했다. 그 낱낱의 실상이 주변에 펼쳐진 그림으로 드러나고 있었다.

그와 내가 어쩌면 닮은꼴일지도 모른다는 생각에 등골이 오싹해졌다. 제왕과 같은 권력을 휘둘렀다는 이유만으로 그와 인척관계임을 자랑스럽게 떠벌이고 다녔던 자들의 비뚤어진 허영심에 치가 떨렸다.

이 남자는 나와 인척관계라서인지 큰 관심을 갖고 말을 걸어왔다.

"이곳에 온 것을 환영하네. 앞으로 나하고 함께 이곳에서 지내길 바라네."

그가 내민 손에 악수를 안 할 수 없었다.

지상에서 인척관계로 맺어진 인연이라 그는 내 지상의 삶에 남다른 관심을 가졌고 이따금 영향을 미치기도 했다. 내가 이 사람처럼 위대한 인물이 되겠다는 야심을 품었을 때 그가 나를 따라 지상으로 올라와 나의 긍지와 오만을 부채질했던 것이다. 긍지와 오만은 어떤 면에서 그 자신의 특성이기도 했다.

"자네가 친구에게 투자하여 그 친구가 일으킨 문예잡지를 도로 빼앗으면서 남의 집안 잘되게 할 바에는 차라리 망하게 하겠다고 하며 망친 사업이 있었지? 바로 내가 부추겨 일어난 일이었네!"

그는 자랑스레 떠벌였다. 그런데 그 일은 내가 지상에서 한 행동 중에 가장 수치스러운 것이었고 일생을 바쳐 원 상태로 돌려놓으려 애썼던 것이었다. 그는 내가 비록 자신처럼 일국의 지배자는 아니었지만 지성계의 왕과 같은 권력을 누릴 수 있도록 자신이 돌봐왔다고 말했다. 그는 나를 통해 다시 사람들 위에 군림하길 바랐는데 그럼으로써 이처럼 어둡고 부패한 곳으로 추방된 것에 대한 보상을 삼으려 했던 것이다.

"오호라!" 그가 외쳤다. "썩어 문드러진 해골들의 납골당 같은 곳이긴 하다만 네가 왔으니 그나마 다행이구나. 나와 함께 힘을 합치면 지상의 사람들을 복종시킬 수는 없다 해도 두렵게 만들 수는 있을 게야. 나는 너에게 여러 번 실망해왔다. 우리 고귀한 가문의 아들아. 나는 네가 달아날까봐 얼마나 노심초사했는지 아느냐. 나는 너를 이곳으로 끌어들이려 몇 년이나 애써왔다. 그러나 보이지 않는 어떤 힘이 늘 방해를 하더구나. 의심의 여지없이 확실하다고 여겼을 때조차 너는 번번이 뿌리치고 내 통제를 벗어나곤 했다. 그래서 결국 포기하려 했었지. 하지만 나는 어떠한 경우라도 쉽사리 포기하는 법이 없다. 내가 너와 함께 하지 못할 때는 부하들을 보내 너를 보살폈느니라. 보살펴? 흐흐흐. 그럼! 보살피고말고. 드디어 네가 여기 왔구나. 다시는 나를 떠나지 않으리라 믿는다. 내가 너를 위해 준비한 것들이 얼마나 대단한지 보거라."

그가 나의 손을 잡아 자기 옆 자리에 앉혔다. 아까 악수할 때도 잡아봤지만 그의 손은 불보다 뜨겁게 타오르는 것 같았다. 나는 잠시 머뭇거렸지만 일단 앉아 무슨 일이 일어나는지 지켜보기로 했다. 그러면서도 내심 그가 부추기는 유혹으로부터 지켜달라는 기도를 잊지 않았다.

그는 나에게 와인이나 음식을 대접하지 않았다. 내가 그런 것들을 그다지 즐기지 않는다는 사실을 알기 때문이다. 대신에 그는 매우 아름다운 음악을 한 곡 들려줬다.

오랫동안 이 천상의 예술을 접하지 못했던 나에게 그 곡은 정말 강렬한 느낌으로 다가올 수밖에 없었다. 그리스 신화의 사이렌이 선원들을 유혹할 때 불렀을 법한 고혹적이면서 관능적인 선율이 한껏 고조되다 잦아들고 다시 고조되었다. 지상의 어떠한 음악도 그렇게 아름다우면서 동시에 무서운 느낌을 주지는 못할 것이다. 그 음악은 머리와 가슴까지 나를 흠뻑 취하게 하고 내 영혼을 거센 공포와 혐오감으로 채웠다.

이번엔 우리 앞에 거대한 검은 화면이 올라왔다. 화면이 켜지면서 안에는 지상과 그곳에서의 삶이 비쳐보였다. 훗날 내가 만드는 많은 음악들이 마력(魔力)으로 사람들의 정신(精神)과 사상(思想)을 흔들어 그들의 저변(底邊)에 응축(凝縮)된 정열(情熱)을 부추겨 급기야 자신을 잃고 영혼을 잃게 만드는 광경이었다.

그리고 이번엔 자기의 영향력으로 지배되는 군대와 국가들을 보여주었다. 그는 지상의 권력기관을 통해 사실상의 통치를 하고 있었다. 권력기관의 구성원들이 조직적으로 자기 뜻에 부합하는 행동을 하도록 여럿을 동시에 조율하며 행동을 조종하고 있었다. 여기에서도 그는 나에게 내가 그의 권력을 나눠가질 것이라고 말했다.

또 나는 지성과 문학계에서 내가 거머쥘 권력을 보았다. 내가 지상의 사람들에게 상상력과 표현력을 불어넣어 지성과 관능에 호소하는 책을 써내도록 하는데 그 도착된 매력이 사람들에게 방종을 야기하고 도발적 사상과 가증스러운 가르침들을 수용케 했다.

그는 계속 그림들을 보여주면서 어떻게 지상의 인간들이 혼령에게 조종당하는지를 설명했다. 충분한 의지력과 지성을 갖춘 영은 사람들을 도구 삼아 권력과 온갖 관능적 쾌락을 충족시킨다. 대부분 전부터 알고 있던 사실이긴 했지만 생각보다 훨씬 광범위하게 조종이 일어난다는 사실에 혀를 내두르지 않을 수 없었다. 강력한 힘을 가진 고차원 존재들의 견제가 없다면 과거의 나 같은 인간들은 꼼짝 못하고 당할 수밖에 없었다.

그는 고차원 존재들을 사사건건 훼방을 놓는 보이지 않는 힘으로만 인식하고 있다. 그를 깨우쳐줄 영매(靈媒)가 나타나지 않는 한 계속 그렇게 있을 것이다. 이런 식으로 악령들로 인한 인간사(人間事)의 질곡(桎梏)의 역사가 이어왔던 것이다. 다행히도 인류와 영계가 천사들의 가르침으로 정화되어 그러한 현상이 줄고 지상계는 악령의 영향권에서 점점 멀어지고 있다.

마지막으로 화면 속에 어떤 여자의 모습이 나타났다. 이루 말할 수 없이 아름답고 매혹적인 자태여서 나는 정말로 사람이 맞는지 가까이서 보려고 일어났다. 그때 내가 사랑하는 그녀의 얼굴을 한 천사가 안개처럼 뿌옇게 나타나 내 앞을 가로막았다. 그러자 일시적인 감각의 환영이 사라지면서 거울 속 여자의 얼굴이 천박하고 메스꺼운 모습으로 바뀌는 것이었다. 나는 그 여자의 정체를 알게 됐다. 남자들이 넋을 잃게 한 뒤 배신하고 파멸시켜 지옥으로 보내는 진정한 의미의 사이렌이었다.

내 안의 일렁거리는 불쾌감이 자기력의 파동을 일으킨 모양인지 음악과 영상들이 심하게 요동치다 사라졌다. 이제 그 남자와 단 둘이만 남게 되었다. 그는 내가 자신의 휘하로 들어오면 이 모든 즐거움을 선사하겠다고 했다. 그러나 그의 말이 귀에 들어올 리

없었고 그의 약속들도 유혹이 되지 못했다. 내 마음 속에선 그 모든 것들이 그저 두렵게만 느껴질 뿐이었다.

나는 그곳을 벗어나고 싶었다. 그러나 냉큼 뿌리치고 나가려 해도 한 발자국도 움직일 수 없었다. 보이지 않는 쇠사슬이 온몸을 꽉 붙들어 맨 듯 했다. 그가 분노와 우월감이 서린 웃음을 터뜨리며 비아냥대는 말투로 외쳤다.

"내 호의와 약속이 필요 없다는 건가. 갈 테면 가라! 무슨 일이 생기는지 곧 알게 될 터이니."

여전히 나는 한 발자국도 움직일 수 없었다. 불길한 예감이 스멀스멀 올라오면서 팔다리와 머리가 서서히 마비되어 갔다. 흐릿한 안개가 주변에 모여들어 차갑게 나를 감쌌다. 으스스한 모습의 거대한 유령들이 점차 다가왔다. 끔찍하게도 그것들은 내가 과거에 저지른 악행들이었다. 이 남자의 부추김으로 인해 내 안에 자리 잡았던 사악한 생각과 욕망들이 그와 나 사이에 고리를 만들어 냈던 것이다.

그는 당혹스러울 정도로 사납고 잔인한 웃음을 터뜨렸다.

"네가 정말 그렇게 나보다 선한 인간이라고 생각하느냐!"

그는 괴상한 유령들을 가리키며 똑똑히 보라고 말했다. 홀이 점점 어두워지며 섬뜩한 유령들이 주변 가득 넘실거렸다. 그것들이 점점 검고 무서워지더니 나를 사방으로 에워쌌다.

발밑에 거대한 구덩이가 열리며 지하감옥이 모습을 드러냈다. 안에는 아우성치는 사람들로 우글거렸다. 그는 분노로 거칠게 경기를 일으키며 악마 같은 웃음을 터뜨렸다. 그리고는 유령들에게 나를 검은 구덩이 안으로 집어던지라고 명령했다. 그때 홀연히 머리 위에서 별빛이 반짝이며 밧줄 같은 광선이 내려왔다. 두 손으로 빛줄기를 움켜쥐자 빛살이 내 주위로 뿜어져 나왔다. 나는 그 무서운 궁전을 빠져나와 먼 곳으로 이송됐다.

간신히 정신을 차려보니 빈터에 신우가 있는 게 보였다. 그리고 다름 아닌 아린지만이 나에게 에너지를 넣어주고 있었다. 내가 너무 충격을 받아 탈진해 버렸기 때문이다. 아린지만은 자상하고 따뜻한 목소리로 이러한 시련을 겪도록 내버려둔 이유를 설명해주었다. 내가 방금 만난 남자의 본색을 알아두면 미래에 나를 노예로 만들려는 그의 술책으로부터 나 자신을 방어할 수 있기 때문이었다.

"네가 그자를 자랑스럽게 생각하고 너의 조상으로 받드는 한 그의 힘이 계속 너에게 영향을 미치게 된다. 그러나 이제는 너의 공포감과 거부감이 그의 영향력을 밀어내는 힘으로 작용할 것이다. 너의 의지는 그자만큼 강하고 다른 보호는 필요치 않다. 네가 그와 함께 있을 때는 그가 무의식 속에서 너의 감각을 현혹시키고 의지력을 마비시켰다. 만일 내가 너를 구하지 않았다면 잠시만이라도 너를 복종시켜 큰 타격을 입혔을 것이다.

아직 그의 영역에 머물러 있으니 스스로를 통제하는 능력을 잃지 않도록 주의를 기울여야 한다. 네가 동요하지 않는 이상 어느 누구도 너의 통제력을 빼앗지 못한다. 이제 나는 다시 너를 떠난다. 너의 여행도 머지않아 끝날 것이다. 그리고 네가 사랑하는 여자로부터의 진심어린 사랑의 마음이 보상으로 너를 기다리고 있을 것이다."

올 때도 그랬듯이 그는 신비롭게 사라졌다. 신우와 나는 어떤 일이 기다리고 있을지 궁금해 하며 다시 길을 떠났다.

생각에 빠지며 걷고 있을 때 두 혼체가 심각한 표정으로 우리에게 달려왔다.

"희망의 형제단원이 맞소? 당신의 지상의 애인으로부터 소식을 전해줄 게 있소."

처음에 나는 그들이 그녀가 보낸 사람이라 여겨 몹시 기뻐했다. 이곳의 여느 혼령들과는 다른 모습이었기 때문이다. 그들의 옷은 독특한 청회색이었는데 마치 안개가 몸을 감싸고 있는 것 같았다. 그리고 얼굴을 분간할 수 없었다.

그때 뭔가 수상한 낌새가 느껴졌다. 청회색 안개가 점점 엷어지면서 추악한 몰골이 드러났기 때문이다. 신우가 경고의 표시로 내 손을 잡았다. 나는 조심스레 그들에게 가져온 소식이 뭐냐고 물었다.

"예언자의 이름으로 말씀드립니다. 당신이 사랑하는 여자 분이 지금 몹쓸 병에 걸려 당신에게 즉각 와달라고 기도하고 있어요. 도착하기 전에 죽어 당신이 쫓아올 수 없는 영계로 떠나는 일이 없도록 빨리 와달랍니다. 그녀에게 신속히 갈 수 있는 지름길로 당신을 안내해 드리겠습니다."

처음엔 그들의 답에 더럭 겁이 났다.

"그녀를 언제 봤나요?"

"이틀이 채 안 됐어요. 우리가 즉시 데려다 드리겠어요. 당신의 동양인 선생이 그녀 옆에 있으면서 특별히 우리를 보냈어요."

나는 그들이 거짓말을 한다는 것을 알아챘다. 나의 동양인 선생은 방금 내 옆을 떠났고 그녀가 아프다는 말을 한 적이 없었기 때문이다. 나는 모른 척하며 말했다.

"형제단의 비밀 암호를 보여주시오. 그렇지 않으면 여러분과 동행할 수 없소."

안개가 걷히면서 이제 그들의 어두운 정체가 또렷이 보였다. 그러나 겉으로는 아무 것도 못 본 척했다. 그들은 즉각 대답을 하지 못하고 서로에게 귓속말을 했다. 나는 계속 다그쳤다.

"만일 여러분이 내 수호령이 보낸 분들이라면 암호를 분명 알고 있을 것이오."

"그럼요. 알다마다요. 희망은 영원하다."

그러고는 멋쩍은 듯 웃었다.

"계속하시오. 그게 끝이 아니잖소."

"끝이 아니다… 뭐가 더 남았나요?"

하나가 당황스런 표정을 짓자 다른 하나가 팔꿈치로 슬쩍 찌르며 속삭였다. 그리고는 대답했다.

"희망은 영원하다. 그리고 진실은… 음 그러니까… 진실은… 뭐

였더라?" 한 쪽이 말하자

"필연이다." 다른 쪽이 말했다.

나는 둘에게 최대한 온화한 미소를 지으며 "아주 똑똑한 친구들이군. 그럼 이제 상징을 보여주겠소?" 하고 요구했다.

"상징? 제기랄! 상징 같은 건 없소."

"상징이 없다고? 그럼 내가 보여줘야겠군."

그러자 그들이 나를 강제로 붙잡으려고 팔을 들었다. 그중 한 명의 손이 오그라들어 있었다. 나는 그가 복수를 하려고 일을 꾸민 자라는 걸 알 수 있었다.

그들이 달려들자 나는 물러서서 진리의 성스러운 상징을 보였다. 그들은 꼼짝 못하고 움츠러들며 마치 세게 얻어맞고 기절이라도 한 것처럼 쓰러졌다. 우리는 그들을 내버려 두고 떠났다.

나는 신우에게 그들이 이제 어떻게 될 것이냐고 물었다.

"머지않아 깨어날 것이오. 당신이 충격을 줘 잠시 기절한 것뿐이오. 그러나 다시 우리를 쫓아와 음모를 꾸밀 것이오. 만일 당신이 그들과 함께 갔다면 그들은 당신을 곤경에 빠뜨려 심각한 해를 입혔을 거요. 그들은 저네 영역에서 큰 힘을 갖고 있다는 걸 늘 명심해야 돼요. 그들의 안내를 받는 순간 그 힘의 영향권에 놓이는 거요."

24. 화가(畵家) 찬유(讚裕) - 음모는 다시 좌절되다

신우가 도시를 한 군데 더 들러보자고 제안했다. 애나의 한결같은 사랑이 없었다면 내가 고스란히 전철을 밟았을 그 기구한 운명의 남자를 보기 위해서이다.

그와 나의 과거사는 서로 달랐지만 어떤 면에선 비슷한 점도 있다고 한다. 성향이 비슷하니 이 사람을 알아두는 게 나로선 큰 도움이 될 거란 애기였다. 장래에 내가 그를 도울 일이 있을지도 몰랐다.

"이 사람이 이곳에 온지 십년이 넘었지만 성장의 욕구를 품게 된 건 최근이에요. 이곳을 처음 방문했을 때 그를 발견해 도움을 주고 형제단에 가입시킬 수 있었어요. 듣기로는 이제 이곳을 떠나 더 높은 차원으로 간다는군요."

우리는 공중을 날아올라 넓은 물 한복판에 떠 있는 거대한 도시 상공에 이르렀다. 탑들과 거대한 건물들이 물 위로 솟아 있었다. 다른 도시들에서 봐왔던 잿빛의 어두운 구름과 불처럼 붉은 증기가 하늘 위로 뒤덮여 있었다. 이 도시는 영계의 베니스 같은 느낌이 들었다. 신우에게 그 말을 했더니 그가 대답했다.

"맞소. 여기서 유명한 사람들을 많이 보게 될 거요. 역사에 굵직한 이름을 남긴 사람들이오."

우리는 시내의 운하와 광장을 가로질러 갔다. 역시 그곳은 화가들과 조각가들로 유명한 도시의 타락한 반영체였다. 거대한 도살장에서 흘러나오는 검붉은 피 같은 운하가 웅장한 건물들의 대리석 계단에 물결치며 더러운 찌꺼기를 남기고 있었다. 건물의 벽돌과 포장도로에도 핏물 같은 액체가 배어나와 뚝뚝 떨어졌다. 불그스름한 그림자가 드리워진 공기는 몹시 탁했다. 운하의 붉은 물 깊숙이에는 헤아릴 수 없이 많은 해골들이 보였다. 암살이나 혹은 그보다 합법적인 살인(결투, 마녀사냥)으로 죽임을 당하고 운하에 매장된 사람들이었다.

시내 곳곳에는 벌집 같은 쇠창살로 덮인 지하 감옥이 있었다. 수많은 혼령들이 갇혀 있었는데 사나운 호랑이 같은 눈빛으로 복수심에 불타 으르렁거리고 있었다. 그들은 동물보다 더 사나워 가둬둘 필요가 있었다.

거리에는 도시의 관리와 수행원들 그리고 거만한 귀족의 행렬의 뒤를 따라 사제(司祭) 군인 선원 노예 상인 어부 그 밖의 하층민 등 모든 계층의 남녀들이 지나다니고 있었다. 다양한 계층인 듯 했지만 모두가 차림새는 불결하고 인상도 비천하고 혐오스러웠다. 그들이 지나다닐 때 감옥의 혼체들의 손이 보도블록 사이로 삐져나와 끌어내리려고 했다. 모두들 무언가에 쫓기거나 사로잡힌 것 같았고 얼굴에는 수심이 가득했다.

바다에는 유령선들이 떠 있었는데 쇠사슬을 맨 채 노를 젓는 노예들로 가득 차 있었다. 그 노예들은 정치적인 음모나 사적인 복수의 희생자들이 아니었다. 생전에 노예를 부렸던 가혹한 공사감독이나 수완 좋은 노예수집책들로서 많은 사람들을 불행과 죽음으로 몰아넣은 바 있었다. 바다 저쪽엔 거대한 배들이 떠 있었고 인근의 파괴된 항구엔 아드리아 해적선의 영적 반영물이 보였다. 그 안엔 살아생전 약탈과 노략질을 일삼던 해적의 혼령으로 가득 차 있었다. 그들은 이제 자기들끼리 전투를 벌이며 서로를 약탈하고 있었다.

바다에서 도시로 이어지는 강물 위에는 유령선 같은 반월주(半月舟)들이 떠 있었는데 생전에 즐겼던 일이나 쾌락에 여전히 마음이 쏠려 있는 혼령들을 가득 태우고 있었다. 이 하계(下界) 베니스에는 내가 본 다른 하계 도시들과 마찬가지로 정직하고 이타적인 시민을 제외한 나머지 인간 군상이 존재하고 있었다. 오직 악한 자들만 남아 서로를 해치거나 복수를 가했다.

강물 위의 작은 다리의 난간에 앉아 있는데 희망형제단의 옷을 입은 사람이 보였다. 내가 초기에 입었던 짙은 회색 옷이다. 그는 팔짱을 끼고 있었는데 얼굴이 후드에 가려 보이지 않았다. 나는 이 남자가 바로 그 사람이란 걸 대번에 알아보았다.
 이 사람은 베니스의 유명 화가였는데 젊은 시절 나와 안면이 있었다. 이후 다시 만나지 못했기에 나는 그가 죽었는지조차 모르고 있었다. 기실 나는 그와 마주치고 엄청난 충격을 받았다. 화려한 꿈에 부푼 미술학도였던 그의 젊은 시절이 떠올랐다. 어쩌다 이 지경이 됐는지 궁금해졌다. 신우가 이 남자의 과거에 대한 이야기를 먼저 알려준 뒤 그에게 다가가 말을 걸어보자고 했다.
 이 남자의 본명은 그냥 덮는 것이 좋을 것 같아 찬유(讚裕)라고만 해두겠다. 그는 나와 연락이 끊긴 뒤 갑작스레 유명해져 그림이 꽤 높은 값에 팔려 나갔다고 한다. 그러나 이탈리아는 이제 부유한 나라가 아니라서 그의 후원자들은 주로 베니스를 찾는 영국인이나 미국인들이었다. 그들의 거처에서 그는 자신의 삶에 어두운 그림자를 드리우게 될 한 여자를 만났다.
 찬유는 젊고 잘 생긴데다 재능 있고 교육수준도 높은 인물이었다. 게다가 가난하지만 뼈대 있는 가문 출신이라 베니스 상류층의 환영을 받았다. 찬유가 마음을 빼앗긴 여자 타티아나 역시 최상류층의 여자였다. 찬유는 자신이 사랑하는 여자가 재능과 평판 말고는 아무 것도 가진 게 없는 젊은 예술가의 아내로 만족할 거란 착각에 빠져 있었다.
 그들이 처음 만났을 때 그녀는 갓 스물이었는데 얼굴과 몸매 모두 완벽할 정도로 아름다웠고 남자의 마음을 사로잡는 매력을 갖고 있었다. 게다가 찬유를 물심양면으로 뒷받침했기에 이 가엾은 청년은 그녀의 사랑이 자신처럼 진실된 것이라 믿었다.
 그러나 타티아나는 뭇남자들의 감탄과 헌신에 목말라하는 냉담하고 타산적이고 야심 많은 여자였다. 그녀는 찬유처럼 열정적이고 극단적인 사람이 추구하는 부류의 사랑을 이해할 수 없었다. 그녀는 단지 그의 관심에 우쭐하고 그의 뜨거운 헌신에 황홀했을 뿐이다. 그토록 잘생기고 재능 있는 청년을 사로잡았다는 사실에 자부심을 느꼈을 뿐 그를 위해 뭔가를 희생하겠다는 생각은 티끌만큼도 갖고 있지 않았다. 더군다나 그를 한창 유혹하고 있을 때 조차 중년 귀족의 부인이 되기 위해 온갖 연출을 동원하고 있었다. 그녀는 그 귀족을 경멸하고 있었지만 그의 재산과 사회적 지위를 필요로 했다.

찬유의 꿈은 머지않아 산산조각 났다. 하루는 그가 타티아나의 발 앞에 무릎을 꿇고 자신의 모든 사랑을 그녀에게 바치겠노라 고백을 한 것이다.

하지만 그녀는 쌀쌀맞은 태도로 바보같이 굴지 말라고 쏘아붙였다. 가난하고 보잘 것 없는 위치의 사람과는 결혼할 수 없다며 걷어찬 것이다. 미치도록 고통스러워하는 그의 입장은 아랑곳 하지도 않았다. 상심한 찬유는 베니스를 떠나 파리로 가서 불행한 열정의 추억을 묻어버리려고 온갖 방탕한 생활에 빠졌다.

몇 년이 흐른 뒤 상처에서 치유된 찬유는 운명처럼 다시 베니스로 돌아왔다. 그는 자신의 어리석은 과거에 침이라도 뱉고 싶은 심정이었고 또 그럴 준비가 되어 있었다. 이제 어느덧 유명 화가가 되어 그림 값을 부르는 대로 받을 수 있었다. 그동안 그녀는 후작부인이자 사교계의 여왕이 되어 아첨꾼들에 둘러싸여 있었다. 베니스에서 그녀를 모르는 사람은 없었다.

찬유는 그녀를 만나면 차갑고 무관심하게 대하기로 마음먹었다. 하지만 그녀의 의중은 달랐다. 한번 자신에게 빠진 자는 사랑의 노예가 되어 결코 벗어날 수 없다는 망상에 잡혀 있었다.

그녀는 다시 찬유의 마음을 빼앗으려고 수단방법을 가리지 않았다. 자신의 선택에 후회하고 있노라는 그녀의 감언이설에 찬유의 마음은 맥없이 무너졌다. 결국 그녀와 내연 관계를 맺게 됐다. 그리고 한동안 행복감에 취해 살았다.

그러나 그것도 잠시뿐 그녀는 누구건 싫증을 금방 느끼는 유형(類型)이었다. 그녀에게 충성할 새로운 정부(情夫)를 물색하기 시작했다. 그녀는 찬유의 독점욕과 헌신적 사랑을 지겨워했다.

결국 머지않아 또 다른 남자가 나타났다. 젊고 부자에 잘생기기까지 한 그에게 흠뻑 빠진 후작부인은 찬유에게 그 사실을 알리며 결별을 통보했다. 그의 책망과 거친 항의 격렬한 분노 그 모든 것에 짜증난 그녀는 전보다 더 차갑고 무례하게 굴었다. 그럴수록 찬유는 더 애간장이 타서 협박도 하고 애원도 해보고 변심하면 자살할 거란 말까지 했다. 한바탕 심하게 다툰 뒤 결국 그들은 헤어졌다. 다음날 그가 다시 그녀를 찾았을 때 그녀는 하인을 통해 만남을 거절하며 아주 무례한 말을 전했다. 냉혹한 후작부인의 노리갯감이 되어 두 번이나 헌신짝처럼 버림받았다는 극도의 수치감을 받았다. 불같은 성격의 그는 견딜 수 없는 지경이 됐다. 그는 작업실로 돌아가 권총으로 머리를 쐈다.

그가 의식을 되찾고 깨어났을 때는 무덤의 관 속에 있었다. 육체는 파괴됐지만 혼을 육체에서 해방시킬 수는 없었다. 육체가 모두 부패할 때까지 혼이 육체를 벗어날 수 없기 때문이다. 부패하는 육체의 입자가 계속 혼을 에워싸고 있어 육체와 영 사이의 연결이 끊어지지 않은 것이다.

지긋지긋한 삶의 고통과 불만에서 벗어나려고 앞뒤 안 가리고 저지른 행동이 얼마나 무서운 결과를 초래하는지… 지상에 남은 사람들이 자살자에게 정말 자비를 베풀고 싶다면 매장을 하지 말고 화장해야 한다. 육체의 입자가 빠르게 해체되면서 혼이 육체의 속박에서 바로 풀려날 수 있으니까. 자살자의 혼은 육체를 떠날 준비가 되어 있지 않다. 마치 덜 익은 과일 같아서 자신을 키워준 나무에서 분리되지 않는 것이다. 엄청난 충격을 받고 몸 밖으로 빠져나왔지만 연결 고리가 사라질 때까지 계속 묶여 있는 것이다.

가끔 찬유는 의식을 잃었고 그동안만은 자신의 끔찍한 상태를 지각하지 못했다. 고마운 망각의 상태에서 깨어나면 지상의 육체가 썩어 없어지면서 조금씩 혼이 육체로부터 자유로워지고 있다는 것을 알아차렸다. 그러나 육신이 소멸되는 과정에서 엄청난 고통을 겪어야 했다. 혼이 빠져나갈 준비가 되어 있지 않았던 육신의 갑작스러운 파괴는 난폭하고 고통스러운 충격을 안겨주었지만 설

설상가상으로 이처럼 장기간의 부패로 인한 고문까지 더해주었다.

드디어 육체의 속박으로부터 벗어난 그의 영은 무덤을 빠져나왔지만 아직 생명줄이 끊어지지 않아 무덤 위에 떠 있었다. 그러다 마지막 끈이 끊어지면서 지상계를 자유로이 돌아다닐 수 있게 됐다. 처음엔 감각이 희미한 상태였지만 조금씩 주변을 인식하게 되었다. 그러면서 지상의 삶에서 가졌던 정열과 욕망이 되살아났고 그러한 욕망을 충족시키는 방법도 알게 되었다.

그는 감각의 쾌락을 통해 비탄과 쓰라림을 잊으려 했지만 헛수고였다. 과거의 기억이 계속 그를 괴롭혔다. 그에게는 복수의 열망이 불탔다. 그 여자에게 자신이 당한 고통을 가할 수 있는 힘을 얻고 싶었다. 결국 강렬한 집중을 통해 그녀가 있는 곳으로 갈 수 있었다. 타티아나는 이제 나이가 들었지만 여전히 아첨꾼들에 둘러싸여 있었다.

이제 나이를 먹을 만큼 먹었는데도 여전히 무정했고 억울하게 죽은 찬유의 운명에 털끝만큼의 가책도 못 느끼고 있었다. 이런 여자를 사랑하느라 그 모진 고통을 받았다고 생각하니 분통이 터져 미칠 지경이었다. 결국 모든 생각이 하나로 모아졌다. 어떻게 하면 이 여자를 지금의 위치에서 끌어내릴 수 있을까. 이 여자가 인간의 생명보다 귀하게 여겼던 그 모든 것들을 어떻게 하면 송두리째 빼앗을 수 있을까.

그는 결국 성공을 했다. 혼령들은 인간이 상상하는 이상의 힘을 갖고 있다. 그녀가 그토록 자랑스러워하던 위치에서 한 계단씩 추락하는 것을 지켜봤다. 처음에는 재산 다음은 명예 그녀가 덮어썼던 모든 가식이 떨어져 나가면서 실제의 모습이 드러났다. 타락한 요부, 남자들의 영혼을 장난감처럼 갖고 논 여자, 수많은 남자의 가슴을 멍들게 하고 인생을 파멸시키면서도 눈썹 하나 까딱 안 하는 여자, 남편의 명예는 안중에도 없이 마음껏 바람을 피우는 여자, 음모를 꾸미고 매번 새로운 희생양을 찾아 부와 권력을 키워 나갔던 여자란 사실이 백일하에 드러난 것이다. 찬유는 비참한 어둠 속에 있으면서도 그녀를 끌어내리고 위선의 가면을 찢은 게 바로 자신이라는 사실에 통렬함을 느꼈다.

한편 그녀는 어떻게 그 많은 사건들이 동시다발로 일어나 자신을 파멸의 길로 몰아넣은 건지 의아스러웠다. 그토록 조심스레 준비했던 계획들이 어떻게 좌절된 걸까. 그토록 마음 졸이며 지켜왔던 비밀들이 어떻게 일거에 탄로날 수 있었던 걸까. 마침내 그녀는 하루하루 불안에 떨며 전전긍긍하기 시작했다. 보이지 않는 어떤 힘이 자신을 파멸의 길로 몰아넣는 느낌을 받은 것이다. 찬유가 죽기 전에 했던 협박이 떠올랐다.

"나를 계속 이렇게 절망에 빠뜨린다면 지옥으로 떨어져 너를 꼭 데리러 오마!"

그때 타티아나는 찬유가 자신을 죽일지도 모른다고 생각했다. 하지만 그가 자살하자 안도의 한숨을 쉬었고 가끔 무슨 일이 있을 때 잠깐씩 떠올린 적을 제외하고는 대부분 그를 잊고 살았다.

그러나 지금은 머릿속이 늘 그에 대한 생각뿐이었다. 그녀는 강박적으로 떠오르는 불안감에서 빠져나올 수 없었다. 그가 무덤에서 나와 자신을 괴롭히는 건 아닐까 하는 생각에 진저리를 쳤다.

실제로 찬유의 혼은 그녀 곁에 붙어 다니며 그녀의 귀에 대고 복수하러 왔다고 말하곤 했다. 한때 달콤했지만 이제는 타오르는 지옥의 불길이 된 옛사랑에 대해서도 속삭였다. 일부러 존재를 인식시키려 애쓴 것이니 그녀도 직접 듣고 볼 수는 없었지만 그의 존재를 의식하고 있었다. 사람이 많은 곳으로 도망쳐 보기도 했으나 허사였다. 어디를 가든 따라다녔다. 날이 갈수록 찬유의 존재는 점점 뚜렷하고 사실적이 되었다.

황혼 빛이 깔린 어느 날 저녁 마침내 그녀는 그를 보게 되었다. 무시무시한 증오심에 불탄 험악하고 살벌한 모습이었다. 가뜩이나 신경쇠약에 빠져 있던 그녀는 심한 충격을 받고 쓰러져 즉사했다. 찬유는 결국 원한을 갚은 것이다. 그리고 그 뒤로 자신의 이마에 카인의 낙인이 찍혔다는 것을 알게 됐다.

그러자 두려움이 엄습했다. 자기가 한 행동들에 혐오감이 밀려왔다. 한때는 그녀를 죽이고 육신을 떠난 혼까지도 붙잡아 영원토록 고통을 가하려 했었다. 죽고 나서도 살아 있을 때와 마찬가지로 안식을 빼앗으려 했었다. 그러나 이젠 복수 뒤에 밀려오는 공포로부터 도망쳐야겠다는 생각 밖에 없었다. 그의 내면에 선한 마음이 아직 남아 있었기 때문이다. 후작부인을 죽인 충격이 복수심의 진정한 본질을 그에게 일깨워 준 것이다.

그는 지상으로부터 달아나 지옥의 이 도시에 떨어졌다. 그리고 신우를 만나게 된 것이다.

신우가 계속 말을 이어갔다.

"나는 후회하는 그에게 도움을 주고 그가 저지른 잘못을 되돌릴 최선의 방법을 가르쳐 줬어요. 그는 지금 자신이 그토록 사랑하고 증오했던 여자를 기다리는 중이오. 그녀에게 용서를 구하고 그녀를 용서하기 위해서이지요. 그녀 또한 인생 자체가 죄악이었기에 이곳에 내려와 있소. 이 다리가 지상에서 그들이 자주 만났던 곳이오."

"그럼 그녀가 곧 옵니까?"

"금방 올 것이오. 만남을 끝내면 찬유는 더 이상 이곳에 머물지 않게 되지요. 좀 더 높은 누리로 올라갈 것이오. 그곳에서 잠시 안식을 취한 뒤 길고 고통스러운 성장의 길을 밟겠지요."

"그녀도 그와 함께 이곳을 떠나나요."

"아니오. 그녀 또한 성장하도록 도움을 받겠지만 이들의 성향은 서로 많이 떨어져 있어요. 이들 사이엔 유사점이 없어요. 오직 열정과 교만 그리고 상처받은 자기애가 있을 뿐이오. 여기서 헤어지면 더 이상 못 만날 것이오."

우리는 찬유에게 다가갔다. 내가 그의 어깨에 손을 대자 그가 돌아보았다. 처음엔 누군지 못 알아보았다. 그래서 내 소개를 하면서 언젠가 둘 다 높은 영계로 올라가 지상의 우정을 이어갈 수 있다면 얼마나 좋겠냐고 말했다. 나 또한 그처럼 죄를 지었었고 한

동안 고통 받았지만 지금은 성장을 위해 노력중이라는 말도 했다.
 그는 나를 다시 만난 게 반가웠는지 헤어지면서 진심이 담긴 마음으로 내 손을 꼭 잡았다. 한때 사랑했지만 지금은 쓰라린 추억으로 남은 그녀를 만나려고 기다리는 그를 뒤로 한 채 우리는 발길을 돌렸다.
 우리가 베니스를 빠져나와 롬바르디아 평원의 반영물인 듯인 곳으로 가고 있을 때였다. 갑자기 어디선가 애타게 도움을 청하는 소리가 들렸다. 오른 편으로 조금 돌아가 보니 두 혼령이 땅바닥에 쓰러져 있고 그 중 하나가 와달라는 몸짓을 하다.
 나는 도움이 필요한 사람이란 생각이 들어 신우에게 먼저 가라고 말한 뒤 무슨 일인지 보려고 그쪽으로 갔다. 혼령은 나에게 손을 내밀며 자신을 일으켜달라고 기어가는 소리로 말했다. 내가 고개를 숙이자 놀랍게도 그가 손으로 내 다리를 움켜잡으며 팔을 물어뜯으려 했다. 그러는 동안 또 다른 혼령이 갑자기 뛰어올라 늑대처럼 내 목을 물으려 했다.
 예기치 않은 사태에 분노가 치밀어 올랐다. 나는 가까스로 그들을 떨쳐내고 뒤로 물러섰는데 비틀거리다 돌아보니 뒤에 큰 구덩이가 있었다. 한 발짝만 더 갔다면 그 속으로 떨어졌을 것이다.
 그때 낮은 차원의 감정을 일으켜 저들과 같은 수준이 되면 안 된다는 경고가 기억났다. 나는 분노를 터뜨린 것이 후회돼 침착하게 냉정을 되찾기로 했다. 다친 척했던 혼령이 내 쪽으로 기어오고 있었고 또 다른 혼령은 사나운 짐승처럼 달려들 태세였다. 이제 보니 한 녀석의 손이 오그라들어 있는 게 얼마 전 거짓 소식으로 나를 속이려 했던 그 자들이 분명했다.
 나는 그들을 노려보며 접근하지 못하도록 의지의 힘을 최대한 발휘했다. 그러자 그들은 움찔하며 멈춰서더니 땅위에 나뒹굴며 한 쌍의 늑대처럼 이빨을 드러내고 으르렁거렸다. 그러나 나에게는 한 발짝도 다가오지 못했다. 그들을 그대로 두고 떠나 신우를 쫓아가 방금 전 일어났던 일을 전하니 그는 웃으며 답했다.

"사실 그들이 누군지 말해줄 수 있었지만 당신 스스로 알게 해도 문제없을 거란 느낌이 들었소. 당신의 의지와 결단력으로 스스로를 방어하는 게 얼마나 중요한지 배울 기회라 생각했소. 당신은 강한 의지를 타고난 사람이오. 다른 이들의 권리를 억압하는 데 쓰지만 않는다면 매우 유용하고 소중한 자질이 될 것이오. 영계에서 일할 때 의지력을 잘 이용하면 주변 사람들뿐 아니라 무생물에게도 영향을 미칠 수 있어요. 그 두 녀석은 앞으로도 가끔씩 마주칠 텐데 어느 쪽이 주도권을 쥐고 있는지 분명히 해두시는 게 좋을 거요. 이제 다시는 직접 훼방을 놓지 못하겠지만 당신이 지상에서 일하게 되면 당신의 계획을 망치려고 기회를 엿볼 것이오."

25. 지옥의 격전

길을 계속 가다보니 우리 앞으로 광활한 평야가 펼쳐 있고 어두운 혼령의 거대한 무리가 구름처럼 모여 있었다. 신우의 제안으로 그들의 움직임을 보기 위해 작은 언덕으로 올라갔다.

"이제 우리는 이곳에서 일어나는 두 적대 세력간 거대한 전투를 보게 될 것이오. 저들은 전쟁과 약탈 유혈(流血)을 낙으로 삼는 자들이오. 지상에 있을 때의 잔인함과 야심 때문에 이곳에 떨어졌는데 여전히 전쟁을 일삼으며 지옥의 패권을 놓고 싸우고 있소.

그들이 어떻게 힘을 모아 상대를 공격하는지 전략 수행의 기술 같은 것들을 눈여겨보시오. 지상에서 군대를 지휘했던 강력한 혼들이 이곳에서도 자신들의 마력에 저항하지 못하는 불행한 혼들을 규합해 지상에서처럼 자신들의 깃발 아래 전투에 동원하오.

이 강력대장(强力隊長)들은 죽음보다 끔찍한 싸움을 곧 벌일 텐데 죽은들 몸이 끝없이 갱신(更新)될 것이니 끝이 없는 싸움일 것이오. 어느 한 쪽의 지도자가 반복에 질려 좀 더 고결한 형태의 투쟁을 갈망할 때까지 전투는 계속되오. 승자가 패자를 고문하고 학대할 권리를 가질 뿐인 저급한 전투보다 더 고귀한 형태의 전투를 원할 때까지 말이오.

지금은 사적인 야망과 잔인한 욕망에만 악용되고 있지만 이들의 천부적 자질과 본능이 정화되기만 한다면 우리의 목적에 아주 강력한 협조자가 될 것이오. 지금은 한낱 파괴자에 지나지 않지만 악용되는 의지력이 언젠간 그들의 지체된 성장을 돕는 데 쓰일 날이 올 것이오. 이러한 성장이 언제 일어날지는 영혼 속에 잠재된 고결함 즉 선과 정의와 진리에 대한 잠재된 사랑이 언제 깨어나느냐에 달려 있소. 지금은 땅 속에 묻힌 씨앗처럼 악한 성질의 과도함으로 인해 선이 오랫동안 묻혀 있는 형국이지만 잠든 영혼이 깨어나 선의 싹을 틔워 회개하면 풍성한 수확을 거둘 것이오."

광활한 평야에 대치중인 두 강력한 군대가 전열(戰列)을 가다듬고 있었다. 곳곳에서 강력한 혼령이 휘하(麾下)의 부대를 이끌고 있었다. 양진영의 선봉에는 루시퍼의 모델이었을 법한 장엄한 혼령들이 있었다. 그들이 발산하는 강렬한 카리스마와 고도의 지략은 매우 인상적이었고 그 위풍당당함은 타락한 지옥에서조차 사람을 사로잡는 매력이 있었다. 그러나 어둡고 험상궂은 표정과 잔인하고 광포한 눈빛이 그 아름다움을 퇴색시키고 있었다.

두 혼령은 각자 전차를 타고 있었는데 말이 아닌 타락한 혼령들이 끌고 있었다. 그 혼령들은 짐승처럼 채찍을 맞으며 적진으로 돌진했다. 저주받은 혼령의 비명 같은 거친 음악과 천둥소리가 터져 나오더니 양측의 군사들이 달려나가 전투를 시작했다. 거친 야수떼처럼 밀어붙이고 엉겨붙고 짓밟으며 튀어나오는 날카로운 비명소리는 안 그래도 극악무도(極惡無道)한 지옥을 더욱 살벌한 곳으로 만들어 놓았다.

이 혼령의 군대는 지상의 전투처럼 돌격과 후퇴와 재돌격을 반복했다. 그들은 인간이 아니라 악마처럼 싸웠다. 이빨과 발톱 말고는 무기가 없었기 때문이다. 무기를 들고 싸우는 인간들의 전투도 무시무시하지만 이 전투는 그보다 곱절은 무섭다. 그들은 늑대나 호랑이처럼 싸웠다. 무리를 이끄는 두 강력한 지도자들은 군사들을 독려하면서 형세의 변화에 따라 전투를 지휘했다.

두 왕은 이들 중에 단연 뛰어난 자들인데 병사들에게 싸움을 시키는 것으로는 만족 못 해 직접 상대방을 공격하기로 했다. 그들은 양쪽 진영에서 높이 치솟아 증오의 눈길로 서로를 노려보았다. 그러더니 긴 검은 옷을 날개처럼 늘어뜨리며 공중을 날아올라 서로를 부둥켜안고 엎치락 뒷치락하며 패권을 건 사투를 벌이기 시작했다. 마치 더러운 까마귀 떼들이 발밑의 벌레들을 놓고 싸우는 동안 두 마리 독수리가 창공에서 싸움을 벌이는 것 같았다. 나는 까마귀들보다 독수리들의 싸움에 눈길이 갔다. 그들이 어떻게 무기 없이 손과 의지력만으로 싸움을 벌이는지 관심을 갖고 지켜보

앉다.
 그들은 소리나 비명조차 지르지 않고 서로를 죽기 살기로 움켜쥔 채 잠시도 쉬지 않고 싸웠다. 이글이글 타오르는 눈빛으로 서로를 노려보며 상대편의 얼굴에 그을릴 듯한 뜨거운 입김을 내뿜고 목덜미를 움켜잡고 이빨로 물어뜯는 것이었다. 몸을 뒤틀고 안간힘을 쓰며 필사적으로 싸우다가 마침내 하나가 늘어졌다. 그러자 다른 쪽이 번쩍 들어 벌판 언저리 바위틈의 깊은 낭떠러지로 끌고 갔다. 까마득한 구덩이에 적장을 던져 넣어 영영 가둬둘 참이었다. 그러나 싸움은 쉽사리 결판이 나지 않았다. 쓰러진 쪽이 끝까지 물고 늘어지며 같이 떨어지려 했기 때문이다. 그러나 그의 힘은 급격히 떨어지고 있었다. 절벽에 이르러 승자가 포효를 하며 패자를 무시무시한 절벽 밑으로 던져버렸다.
 나는 그 광경에 전율을 느꼈다. 이번엔 고개를 돌려 벌판 위에서 여전히 계속되고 있는 전투를 봤다. 승리한 장수의 군대가 패장의 군대를 마침내 무찔러 부상병들만 남고 사방팔방으로 흩어져 달아났다. 승리한 군사가 포로들을 끌고 갔는데 그들에게 어떤 운명이 기다리고 있을지는 가히 짐작하고도 남음이 있었다.
 그들의 야만스러움에 혀를 내두르고 있을 때 신우가 어깨를 두드리며 말했다.
 "이제 우리가 나설 차례요. 저쪽으로 내려가 도울 만한 사람이 있는지 찾아봅시다. 패잔병들 중에 전쟁에 염증과 공포를 느끼는 자들이 있을지 몰라요. 그들은 우리의 도움을 기꺼이 받으려 할 것이오."
 우리는 평야로 내려갔다. 격전지였던 곳엔 부상당하고 기절한 자들이 나뒹굴고 있었다. 나머지는 먹이를 찾아 떠난 새떼처럼 어디론가 가버리고 없었다. 몸부림치고 신음하는 군상을 보며 어디서부터 구호를 해야 할지 난감해하고 있었다. 인간 세계의 여느 격전지보다도 참혹했다.
 지상에 있을 때 고향 마을의 거리를 낙엽처럼 메운 시체들을 본

적이 있었다. 가슴이 미어지고 울분이 치밀었지만 그곳엔 최소한 고통을 멈춰줄 죽음이 있었고 그로 인한 평화가 있었다. 그리고 아직 살아 있는 사람을 도울 수 있다는 희망이 있었다. 그러나 이 끔찍한 지옥에는 희망도 고통받는 사람을 구원해줄 죽음도 비참한 암흑을 걷어낼 여명(黎明)도 존재하지 않았다. 이들은 다시 살아나 암울한 어둠과 야수처럼 사나운 자들에 둘러싸인 끔찍한 삶을 견디어야 한다.

나는 몸을 굽혀 발밑에서 신음하는 부상자의 머리를 들어 올리려 했다. 그는 형체를 알아보기 힘들 정도로 짓뭉개져 있었다. 그때 신비스런 음성이 들렸다.

"지옥에도 희망은 있다. 그렇지 않다면 그대가 여기 뭐하러 왔겠는가. 동이 트기 직전이 가장 어두울 때다. 이 패배자들에겐 변화의 시기가 찾아왔다. 이들을 짓밟은 바로 그것이 이들을 구해낼 것이다. 보다 고결하고 선한 것에 대한 동경 그리고 악을 꺼리는 마음이 지옥과 그 거주자들의 힘인 사악함을 약화시킨다. 그리고 무자비한 힘으로 남들을 공격해 해를 입히는 짓을 주저하게 만든다. 그래서 결국 싸움에 패하는 것이다. 이곳에서는 힘의 상실이 보다 높은 상태로 나아가는 문을 열어줘 높은 희망의 희미한 빛을 보게 만드는 것이다. 그러니 참상에 빠진 그들을 애도하지 말고 고통을 덜어주도록 하라. 그들은 이곳에서 죽음 같은 잠에 빠졌다가 눈을 떠보면 보다 높은 영계의 새로운 삶 속에 있게 될 것이다."

"어두운 절벽 밑으로 떨어진 그 강한 혼령은 어떻게 됩니까?"

"그 또한 때가 되면 도움을 받는다. 그러나 아직은 준비가 돼 있지 못하다. 그때까지는 도움을 줘봐야 소용없을 것이다."

음성이 사라지면서 옆에 있던 신우가 부상병들을 잠에 빠지게 하는 방법을 가르쳐 주었다. 그리고는 평야에 모여든 수많은 별빛들을 가리켰다. 우리처럼 사랑과 자비의 사명을 띠고 이곳에 온 형제단원들의 불빛이었다.

이윽고 괴로움으로 몸부림치며 신음하던 이들이 무의식 속으로 빠져들어 갔다. 그리고 잠시 뒤에 정말 이상하고 신비로운 광경을 보게 됐다. 죽은 듯이 누워있는 자들 위로 예전에 구해줬던 영혼에게서 봤던 희미한 안개 같은 기운이 떠오르더니 점점 단단하게 굳어지면서 해방된 혼령의 모습이 되는 것이었다. 그들은 우리 머리 위로 모여든 밝은 혼령들의 품에 안겨 하나둘씩 어디론가 사라졌다. 마지막 한 명이 떠났을 때 우리의 임무도 끝났다.

26. 흑암국(黑暗國)을 떠나다

 상처 입은 가엾은 혼들을 돕는 희망형제단원들은 모두 나하고 같은 원정대에 속해 있었다. 각자가 지닌 작은 별빛들이 한 곳에 모이자 어둠 속에 피어난 희망의 상징처럼 보였다. 신우와 나는 성공적으로 작전을 수행하고 귀환하는 부대원들처럼 그들과 축하인사를 나눴다.
 이제 지옥의 불길을 통과해 귀환하기 전에 원정대장이 우리를 까마득히 높은 바위산의 정상으로 데려갔다. 그곳에선 우리가 그동안 여행한 도시와 평야와 산들이 내려다 보였다. 우리는 발아래 펼쳐진 지옥의 전경을 조감할 수 있었다.
 대장은 우리에게 연설을 했는데 그 내용은 다음과 같았다.

 우리가 바라보는 이 광경은 사람들이 흔히들 지옥이라 부르는 넓은 영역의 극히 일부분에 지나지 않는다. 이 위쪽에도 어둠의 층위들이 존재하는데 이곳에 와보지 않은 사람들에겐 거기가 지옥처럼 보일 것이나 이곳에 이르러서 인간이 얼마나 끔찍한 죄와 고통에 타락할 수 있는지를 실감하게 된다. 지구에 속한 층위 중 가장 낮은 이곳은 거대한 암흑소대(暗黑素帶)로서 주변으로 수백만 마일에 달하고 물질계의 삶을 마친 죄 많은 영혼들을 빨아들이고 있다.
 이곳의 존재는 아득한 옛날 지구가 처음 인간을 거두어들이기 시작했을 때로 거슬러 올라간다. 인간은 지상의 모든 오점과 낮은 본성의 더러움에서 정화될 때까지 죄를 짓고 고통 받다 구원을 성취하도록 운명지어 있다. 그러한 존재들의 수는 하늘의 별이나 바닷가의 모래알만큼이나 많으며 앞으로도 그럴 것이다. 그들은 각자 자신이 살 곳을 높은 영역이나 낮은 영역에 만들게 되니 영계에는 광대한 거주지가 형성되고 수많은 도시들이 존재한다.
 상상 못할 만큼 무수한 거주지들은 거기 사는 혼령의 특질과 연관돼 있다. 그 혼령의 지상에서의 삶이 그 장소를 창조했기 때문이다. 지상에 살았던 수많은 사람들 중에 얼굴이나 마음이 똑같은 사람이 없는 것처럼 영계도 마찬가지이다. 각각의 장소 심지어 각각의 영역마저 특정한 계층의 마음이 창조한 것이다. 성향이 비슷한 사람들끼리 서로를 끌어당기기 때문에 모든 장소엔 거주자들의 독특한 특징이 배어 있다.

  방문자는 본 것만을 말하거나 끌렸던 장소만을 묘사할 수 있을 것이다. 장소의 다른 부분을 보았던 또 다른 혼령은 매우 다르게 묘사할 것이다. 인식의 제약 속에 있는 지상의 인간들이 그런 상반된 묘사들을 들으면 자신들만의 기준으로 평가하여 서로 모순된 내용들이므로 둘 다 틀린 이야기라고 판단할 것이다.

  그들은 로마가 제노바나 밀라노나 베니스가 아니지만 그 도시들이 모두 이탈리아에 있다는 사실을 모른다. 리옹은 파리가 아니지만 둘 다 프랑스에 있다. 두 곳 모두 나름대로 독특한 특징을 갖고 있으나 동시에 비슷한 국가적 특징을 공유하기도 한다. 비유를 확대해보면 뉴욕과 콘스탄티노플은 둘 다 지구상의 도시이지만 각각의 도시와 각각의 거주자들 간에는 큰 차이가 있다. 차이가 워낙 크다보니 두 도시 사이엔 인간이 거주한다는 정도의 공통점 밖에 없는 것이다.

  지금까지 이곳을 돌아다니며 봐왔던 불행한 존재들 또한 그 안에 소멸되지 않고 파괴되지 않는 영혼의 배아가 담겨 있다. 영혼의 힘을 잘못 사용해 성장이 오랜 시간 지체되긴 했지만 각자는 희망을 품을 권리가 있으며 모두가 언젠간 각성의 시기에 이른다. 가장 밑바닥으로 떨어졌던 사람도 시계추가 오가듯 다시 깨어나 높은 곳으로 돌아갈 것이다.

  죄악에 빠진 영혼이 치러야 할 방종의 대가는 처절하고 무섭다. 그러나 한번 치러진 대가가 다시 요구되는 일은 없다. 기도하는 사람의 호소에 귀를 막고 회개하는 죄인에게 '썩 물러가라! 너는 이제 끝났다. 구원받을 시기를 놓쳤다'고 말하는 냉혹무정한 심판자는 존재하지 않는다.

비소(卑小)한 인간이 전능하신 신의 권능을 어찌 감히 헤아릴까. 인간이 감히 신의 자비에 제한을 가하고 큰 잘못을 지어 한탄하는 죄인에게 '너는 죄가 깊어 자비를 받을 수 없다'고 말할 수 있을까. 신만이 판결과 용서가 가능하다.

우리는 삼라만상에 담긴 신의 음성을 들을 수 있다. 풀잎 하나하나와 빛살 하나하나에 신의 음성이 있다. 하나님의 선함과 자비는 얼마나 위대한가. 얼마나 인내하고 자제하는 분인가. 그분의 음성은 천사와 수호령들을 통해 회개하고 자비를 구하는 모든 이들을 부른다.

자비는 언제나 주어진다. 조건 없는 완전한 용서가 진심으로 그것을 구하려 애쓰는 모든 이에게 주어진다. 무덤 저편에서조차 지옥문 안에서조차도 자비와 용서가 존재하고 희망과 사랑이 전해진다. 인간에게 주어져 살아 있는 개체를 형성하는 영혼은 깨알만큼도 상실되거나 파괴되지 않으며 영원한 비참함 속에 놓이지도 않는다.

그러므로 이와 반대되는 가르침인 영원한 지옥을 운운하는 자들은 오류에 빠져 큰 죄를 짓는 것이다. 그런 잘못된 가르침으로 인해 죄지은 자들이 자포자기하고 절망에 빠져 아무런 노력도 기울이지 않기 때문이다. 지상 영계로 돌아가면 이곳에서 배운 실상을 모두에게 알리라. 모두가 희망을 잃지 않고 주어진 시간동안 최선을 다할 필요가 있음을 주지시키도록 해야 한다. 지상에 있을 때 잘못을 속죄하는 것이 훨씬 쉽다. 자신으로 인해 피해를 본 사람과 자신 사이에 죽음으로 인한 건널 수 없는 장벽이 생기면 속죄가 그만큼 어려워진다.

지옥에서 여러분이 본 모든 것은 인간 자신의 삶이 만들어낸 결과물이다. 지상에서건 영계에서건 모든 건 자신이 지어낸 업(業)이다. 신은 죄지은 이들에게 티끌만큼의 짐도 지우지 않는다. 아무리 끔찍하고 충격적인 환경일지라도 결국은 자신이 만들어낸 것일 뿐이다.
 마찬가지로 자신의 죄업을 되돌려놓는 것도 각자의 몫이다. 자신이 무너뜨린 걸 자신의 손으로 쌓아올리고 자신이 더럽힌 것을 자신의 손으로 정화시켜야 한다. 그럼으로써 이렇게 더럽혀진 주거지와 타락한 형체들 … 이 모든 끔찍한 환경들이 더 밝고 행복한 분위기 정화된 육체와 안락한 공간으로 바뀌는 것이다.
 그리고 마침내 충분한 시간이 흐르면 지상과 모든 영계의 선은 악을 이겨낸다. 사악한 장소와 지역들은 해변가의 물거품이 파도에 밀리듯 사라지고 정결한 생명수로 넘쳐날 것이다. 단단한 검은 산들과 탁하고 무거운 대기와 더러운 대지가 회개의 정화된 불 속에 녹아버릴 것이다. 단단한 화강암 덩어리마저 모두 녹아 대기 속을 떠돌아다니다 다른 곳에서 또 다른 암석을 형성한다. 아무것도 사라지는 것은 없다. 파괴되는 것도 없다. 모든 것은 불멸이다.
 지금 혼들의 육체를 형성하는 원자들은 장래에 다시 흩어져 시간이 흐른 뒤 다른 육체를 이룬다. 인간에게서 나오는 발산물이 영계의 환경을 이루는데 낮은 영계를 구성하는 조방한 입자를 끌어당길만한 자기력이 더 이상 충분히 존재하지 않을 때 그 원자들은 지구의 영계에서 떨어져 나와 우주의 빈 공간을 떠돌다 파동이 비슷한 낮은 차원을 가진 또 다른 행성에 끌어당겨진다.
 그러므로 지금 이 바위들이나 대지는 먼 옛날 다른 행성의 낮은 차원을 구성했던 것이라 볼 수 있다. 그 행성은 영적으로 진보한 나머지 이러한 원자들을 끌어당길만한 자기력이 부족해졌고 따라서 원자들이 해체되어 일부분이 지구로 왔던 것이다. 지구가 진보하면 이 원자들을 더 이상 한데 모아놓을 수 없고 흩어진 원자들은 또 다른 행성의 영계를 구성하게 되었다.
 높은 차원의 영계도 영묘하긴 하지만 역시 소자(素子)로 구성되어 있다. 그 소자들은 우리보다 앞선 행성의 영계로부터 발산된 것들이다. 똑같은 과정을 통해 이 원자들은 우리를 떠나 다음 차례의 행성으로 재흡수된다. 아무 것도 사라지거나 소모되지 않으며 완전히 새로운 것도 존재하지 않는다. 새롭다 불리는 것들은 이미 존재했던 것들의 새로운 조합일 뿐이며 본질적으로 물질은 영원무궁하다.

우리가 궁극적으로 어떠한 단계까지 발전할지는 아무도 알 수 없다. 지식과 진보에는 한계가 있을 수 없기 때문이다. 그러나 우리보다 발달된 주변 행성들을 보면서 우리 행성의 궁극적인 미래를 내다볼 수 있으리라 믿는다. 우리는 발전이 가장 더딘 삶… 지금 이곳처럼 낮은 차원의 탐사를 영적인 발전의 디딤돌로 삼을 수 있어야 한다.

희망은 영원하며 가장 비천하고 타락한 영혼에게도 진보는 가능하다. 이는 위대한 불변의 진리이다. 지상 영계로 돌아가 임무를 수행할 때 이 진리를 지상의 인간과 영계의 혼령들에게 전해야 한다. 여러분은 그간 형제단의 도움을 받고 힘과 가르침을 얻었으니 어려운 이들을 돕는 우주적인 형제애에 감사와 연대 의식을 가져야 한다. 이제 이 어둠의 땅에 작별을 고할 때가 왔다. 그들의 슬픔과 죄악을 애통해 하는 대신 그들의 미래에 희망을 갖고 진심어린 기도를 올리도록 한다.

우리는 어둠의 나라를 마지막으로 둘러본 뒤 산을 내려와 불벽을 다시 한 번 통과했다. 전처럼 의지의 힘으로 양 옆을 물리치면서 무사히 빠져나갈 수 있었다. 이로써 지옥의 왕국에서의 여정은 막을 내렸다.

제4부 金門을 지나서

27. 귀환에의 환영 – 마법거울 – 지상 도시의 과업 – 회한의 나라 – 유령안개의 계곡 – 휴식의 집

여명국에선 형제단의 뜨거운 환영과 축제가 우리를 기다리고 있었다. 각자의 방에는 새 옷도 준비되어 있었다. 매우 밝아서 거의 흰색에 가까운 회색이었다. 가장자리 장식과 허리띠 왼쪽 소매에 있는 형제단의 문장은 짙은 황금색이었다.

나는 새 옷이 정말 마음에 들었는데 영계에서는 옷이 영의 발전 단계를 나타내기 때문이다. 옷은 각자가 성취한 것을 서로에게 보여주는 의미를 갖고 있다.

그러나 새 옷보다 훨씬 마음에 들었던 것은 애나의 그림을 액자(額子)처럼 두르고 있는 순결한 백장미의 화환이었다. 이 화환은 시들지 않고 빛이 바래지도 않는다.

나는 눈처럼 하얀 소파에 누워 새벽빛에 비친 평화로운 언덕을 내다보며 은은한 꽃향기를 맡고 있었다. 그때 친구가 들어와 나를 축하연으로 데리고 갔다.

거대한 홀에 들어서자 원정 기간 중에 알게 된 친구들과 아버지가 기다리는 게 보였다. 우리는 반갑게 인사를 나누고 이곳에 처음 왔을 때와 비슷한 만찬을 즐긴 뒤 홀의 낮은 쪽 가장자리로 모였다.

사방의 벽들이 온통 회색과 황금색의 커튼으로 덮여 있었다. 무슨 일이 있을까 기대감에 차서 기다리는 동안 산들바람처럼 부드러운 음악이 들려왔다. 음악은 점점 강하고 웅장한 선율이 되어 군대의 행진곡 같은 장엄한 느낌이 들었다. 승리와 환희의 행진곡이 아니라 전사한 전우들에게 바치는 비장하고 장중한 곡이었다.

이윽고 커튼이 스르르 열리더니 검고 윤기 나는 대리석으로 만들어진 큰 화면이 드러났다. 음악 또한 다른 선율로 바뀌었다. 여전히 엄숙하고 웅장했지만, 어딘가 음조가 안 맞는 것 같았다. 부조화가 심하고 선율도 고르지 않은 것이 마치 스텝이 엉켜 비틀거리는 것 같았다.

어느덧 주변이 어두워져 옆 사람 얼굴을 분간할 수 없었다. 빛이 서서히 사라지면서 보이는 거라곤 거대한 거울의 검고 반질반질한 표면뿐이었다. 그리고 그 안에 원정대원 두 사람의 모습이 보였다. 그들은 움직이면서 말을 했는데 그들 주변의 경관이 점차 뚜렷해지면서 우리가 떠나온 지옥의 광경들이 보였다. 괴상한 음악이 깔리면서 깊은 내면으로부터 동요가 일었다. 눈앞에 펼쳐지는 광경을 보고 있으려니 내가 어디 있는지조차 잊어버리고 화면에만 몰두하게 되었다. 모든 것이 망각 속으로 사라지면서 지옥의 어둡고 깊은 곳을 다시 떠돌아다니는 듯한 느낌이었다.

화면이 계속 바뀌는 가운데 신입 단원에서부터 대장에 이르기까지 각 대원들의 다양한 경험이 보였다. 마지막 장면은 산 위에 대원들이 모여 대장의 고별사를 듣는 광경이었다. 그리스 비극의 합창처럼 요란한 음악이 그 모든 상황을 대변하듯 배경에 깔렸다. 음악은 화면 속 사건이 바뀔 때마다 때론 구슬프게 때론 잔잔하거나 당당하게 변했다. 그리고는 흐느끼고 절규하는 듯한 선율이 되었다가 구출된 영혼이 안식에 들 때는 나긋나긋한 자장가처럼 변했다.

그러더니 다시 시끄럽고 요란한 선율, 사나운 전투의 울부짖음 같고 귀에 거슬리는 저주 같은 선율로 한껏 고조되었다가 부조화 속에서 점점 잦아들더니 마지막 장면에서는 애잔한 분위기의 절묘하게 아름다운 선율로 바뀌면서 서서히 사라져 갔다. 음악이 멎자 어둠도 사라지고 검은 거울 위로 커튼이 다시 쳐졌다. 우리는 모두 그 끔찍한 곳을 무사히 벗어난 데 대한 감사와 안도의 한숨을 쉬며 서로 임무의 완수를 축하했다.

나는 아버지에게 내가 본 움직이는 그림이 어떻게 만들어진 건지 여쭤봤다.

"네가 본 것은 과학 지식을 적용한 것일 뿐이다. 그 거울은 일련의 얇은 금속 판 그러니까 지상에 있는 금속의 영적 대응물이라 할 수 있는 금속의 박막들인데 영상을 받아 반사시키도록 고안되어 있단다. 그 금속판들은 빛을 민감하게 흡수하는 성질을 갖고 있어서 지상의 축음기가 소리의 파동을 받아 보존하는 것과 같은 방식으로 이러한 영상들을 받아들이고 보존할 수 있지.

네가 어두운 영역을 돌아다닐 때, 너를 비롯한 모든 대원들의 모습이 이 기구를 통해 전자기적으로 전달되었다. 그리고 각 대원들의 정서가 음악과 문예의 영계에 공명을 일으켜 각 장면의 정서에 어울리는 소리의 파장을 유도했단다. 너는 예술과 음악, 문학의 영계에 속해 있으니 그러한 영역으로부터 보내지는 진동을 보고 들으며 느끼고 이해할 수 있다. 영계에서는 모든 감정과 말, 사건들이 스스로 객관적인 형태로 복제되어 그와 조화를 이루는 영상이나 선율, 이야기가 된다. 영계는 영혼의 생각과 행위에 의해 창조되기 때문에 모든 행동이나 생각이 영적인 대응물을 형성하지. 너는 앞으로 이곳에서 지상에 아직 알려져 있지 않은 많은 것들을 보게 될 것이다. 수많은 신기한 발명품들이 언젠가 지상으로 보내져 물질의 외피를 입게 될 것이다. 저길 보거라. 너는 이제 종려나무 가지를 받게 된단다. 너희 대원들 각자에게 승리의 보상으로 주어지는 거야."

순간 홀의 큰 문이 열리더니 형제단의 단장이 전처럼 준수한 청년들의 행렬과 함께 들어왔다. 이번엔 청년들의 손에 월계관 대신 종려나무 가지가 들려 있었다. 단장이 의자에 앉고 우리는 한 사람씩 불려나가 가지를 받았다. 수여가 모두 끝난 뒤 다함께 음악에 맞춰 종려나무 가지를 흔들며 기쁨에 찬 승리의 찬가를 불렀다. 우리의 음성은 승리의 화음과 함께 홀 안을 가득 메웠다.

축제가 끝나고 나는 이제 길고 조용한 휴식을 취하게 됐다. 반은 깨어 있고 반은 잠들어 있는 상태로서 마음의 활동이 정지되어 있으면서도 주변 환경을 완벽하게 의식하고 있는 휴식이었다. 이 상태가 몇 주간 지속되면서 나는 어두운 영계의 후유증에서 완전히 회복되었다.

깨어나자마자 떠오른 첫 번째 생각은 애나를 보러가야겠다는 것이었다. 그녀가 나를 볼 수 있는지 그리고 나의 성장한 모습을 인식할 수 있는지 알고 싶었기 때문이다.

그동안 그녀의 영능력이 향상돼 이제 생각만으로도 서로 대화가 가능하다는 것을 알게 됐다. 더 이상 제삼자의 개입이나 도움이 필요치 않다. 그리하여 부담이 한결 가벼워졌고 그녀의 애정이 늘 곁에 있는 듯 큰 힘을 얻게 됐다.

이 무렵 나의 임무는 지옥에서 봤던 도시들에 대응되는 지상영계의 지역을 방문해서 몰려드는 영들에게 지옥에서 본 대로 일깨워주는 것이었는데 쉬운 일이 아니었다. 현재의 잘못된 행동이 미래에 응보를 받는다는 약간의 경각심을 주었을 뿐이었다. 그러나 그 정도로도 그들이 이기적인 만족감에 굴복하는 것을 상당히 막을 수 있었다. 게다가 그 도시들에 묶인 혼령 중에는 내가 그간의 여행에서 얻은 지식과 힘으로 도움을 줄 만한 자들이 꽤 되었다.

지상 영계에서는 늘 할 일이 많았다. 시시각각 육체적인 죽음을 맞은 사람들이 올라오기 때문이다. 그런 이들에게 도움을 주면서 그렇게 또 몇 달이 흘렀다.

다시 나는 영적으로 성장할 필요성을 느끼기 시작했다. 지금까지 도달한 수준을 훨씬 뛰어넘어 그녀가 죽은 뒤 가게 될 영역의 근처에라도 미리 가 있어야 영계에서 다시 만날 희망을 가질 것이기 때문이다. 이 무렵 나는 그녀가 생각보다 일찍 죽어 다시 생이별을 하면 어쩌나 하는 두려움에 시달리고 있었다. 그 두려움이 지금까지 나를 성장하도록 몰아붙인 셈이지만 이제는 그동안 이룬 진보에 만족하지 못하도록 자극했다. 나는 성장하기 위해 안간힘을 써왔고 놀랍도록 빠르게 발전해 왔지만 그럼에도 불구하고 타고난 성향과 지상에서 몸에 밴 의심 때문에 여전히 고통 받고 있었다.

심지어 그녀의 본심을 의심한 적도 있었다. 그녀가 내게 준 사랑의 숱한 증거에도 불구하고 내가 멀리 있는 동안 누가 그녀를 가로채지 않을까 하는 두려움에 빠지곤 했다. 그녀를 항상 지켜보고 싶어 하는 부질없는 욕망으로 인해 지상에 묶일 염려도 있었다.

사람이 죽으면 그가 가진 모든 생각과 욕망 또한 함께 사라진다는 생각은 정말 잘못된 것이다. 죽음 저편의 세계에 무지하기 때문에 그런 생각을 갖게 되는 것이다. 우리가 지상에 살면서 키워온 생각의 습성들은 정말 서서히 변해간다. 얼마나 오랫동안 영혼에 들러붙어 있는지 모른다.

나는 지상에 있었을 때의 성격을 상당 부분 유지하고 있었다. 그런 생각이 근본적으로 잘못된 것이고 편견으로 가득 찬 것임을 차츰 깨우치긴 했지만 그저 약간만 개선됐을 뿐이다. 나는 의심과 두려움에 빠져 있는 동안에도 그런 마음을 품고 있는 나 자신이 부끄러웠다. 그게 얼마나 잘못된 태도인지도 알고 있었다. 그러나 나는 그러한 것들로부터 자유로워질 수 없었다. 지상에 있을 때의 경험들이 나에게 의심과 불신을 품게 했고 그러한 망상들이 좀처럼 떨어져 나가지 않았다.

자학에 빠져 괴로워하고 있을 무렵 아린지만이 나에게 과거의 그림자로부터 자유로워지는 방법을 알려주었다.

"이곳에서 멀지 않은 곳에 회한국(悔恨國)이라 불리는 곳이 있다. 그곳에 가면 많은 것을 얻을 것이다. 그곳의 언덕과 계곡을 넘나들며 많은 난관을 넘기고 나면 네 지상 생활의 참다운 본성과 과오를 명확히 깨닫게 된다. 네 영혼의 진보에 가장 좋은 수단을 시험하게 되는 것이다. 그 여행은 쓰라림과 비통함으로 가득 찰 것이다. 과거의 행위들… 네가 부분적으로 속죄했지만 아직 높은 영적 지성의 눈으로는 보지 못했던 많은 행위들이 적나라하게 드러나는 것이다.

지상에서 온 사람들 중에 자신의 행위를 자극했던 진정한 동기를 제대로 아는 사람은 드물다. 많은 이들이 그것을 깨닫는 데 몇 년씩 걸리고 심지어 몇 백 년이 걸리기도 한다. 자신들의 과오를 변명하고 정당화하는 성향을 가진 사람이라면 방금 내가 말한 곳을 가볼 필요가 있다. 그런 사람을 일깨우는 데 적격이라 할 만한 곳이다. 물론 그 여행은 자발적으로 이뤄져야 하며 성공리에 마치면 진보의 과정을 몇 년 단축시킬 것이다.

그 곳에서는 인간의 생애가 영상처럼 저장되어 기묘한 영기(靈氣)로 형성된다. 수많은 실패의 이유라든가 각자의 삶을 형성해온 미묘한 심리적 원인들을 볼 수 있다. 통과하기 험난한 자성(自省)의 과정이 될 것이고 자기 본성을 직시하는 고역스러운 경험이 될 것이나 고구(苦口)한 양약(良藥)이니 지상의 삶으로 생긴 독기 같은 영혼의 병을 치유해줄 것이다."

"그곳이 어디인지 가르쳐 주십시오. 기꺼이 가겠습니다."

아린지만은 나를 창문 너머로 보이는 멀고 희미한 언덕 중의 하나로 데려갔다. 그 언덕 너머에 다시 넓은 평원이 있고 그 너머로 다시 언덕이 보였는데 나를 그곳까지 안내했다.

"저기 멀리 보이는 언덕 너머에 내가 말한 그 신비로운 나라가 있다. 엄청난 비애와 회한의 삶을 살아온 영들이 가는 땅이다. 자잘한 과오를 범한 자들이나 인간이면 누구나 저지를 법한 일상적인 나약함이 문제되는 자들은 그곳에 갈 필요가 없다. 그런 자들에겐 걸맞은 교화의 과정이 따로 있다. 저곳은 너처럼 의지가 강하고 자신의 과오를 기꺼이 인정하고 받아들이며 환경을 개선하고자 하는 자들에게 특히 효과적이다. 저곳은 강력한 강장제(强壯劑)와 같아서 나약한 자들에게는 적합지 않다. 그런 자들은 자기의 죄가 너무 빠르고 생생하게 재현되면 기가 꺾여 위축되고 좌절감만 맛보게 된다. 그러한 혼령들은 단계를 밟아가며 서서히 조금씩 배워나가야 한다. 너는 정신력이 워낙 강하고 용기가 충만해서 네 영혼에 채워진 족쇄의 본질을 인식하는 순간 빠르게 성장할 것이다."

"과정을 다 마치려면 긴 시간이 필요할까요."

"아니다. 지상의 시간으로 이 삼 주면 된다. 네 앞날을 내다보니 네가 들어가는 모습과 돌아오는 모습이 잇달아 빠르게 보이는구나. 두 사건이 넓은 간격으로 분리돼 있지 않다는 뜻이다. 영계에서는 시간이 날짜나 주나 시각 등으로 측정되지 않기에 한 사건이 완결되기까지 얼마나 오래 걸리는지 즉 다음 사건이 가깝게 나타나는지 멀게 나타나는지를 보고 다음 사건이 언제 일어날지를 판단한다. 또 다가올 사건의 그림자가 지상에 이미 드리워졌는지 아니면 아직 멀었는지 등을 관찰해 판단할 수도 있다. 그러고 나서 우리는 그 시간이 지상의 기준으로 어느 정도가 될지 어림잡는다.

우리 중에 가장 현명한 사람조차도 이런 일을 늘 완벽하게 해내지는 못한다. 지상의 사람들과 소통하는 영들이 미리 내다본 사건의 정확한 날짜를 가르쳐주지 않으려 하는 것도 많은 변수가 작용해 일을 지연시키고 날짜를 틀리게 만들기 때문이다. 한 사건이 가까이 와 있는 게 보이지만 보이는 것과 같은 속도로 일이 전개되지 않고 늦춰지거나 정지되는 경우가 있고 심지어 아예 일어나지 않기도 한다. 그 일을 추진하는 사람보다 더 강력한 힘을 가진 존재에 의해 방해를 받기 때문이다."

나는 아린지만의 조언에 감사를 드린 뒤 헤어졌다. 성장의 욕구가 워낙 강한 탓에 대화가 끝나자마자 곧바로 여행을 떠난 것이다. 그러나 이번은 종전의 여행들처럼 빠르게 이동할 수 없었다. 과거에 저지른 죄가 무거운 짐처럼 온몸을 짓눌러 움직임이 둔하고 힘겨워졌기 때문이다.

나는 순례자처럼 회색의 거친 옷을 입었다. 발은 맨발이었고, 머리에는 아무 것도 쓰지 않았다. 영계에서는 마음의 상태가 의복과 환경을 만들어 낸다. 그 당시 나는 질긴 삼베옷을 걸치고 머리에 재와 먼지를 뒤집어 쓴 참회자의 심정이었다.

마침내 그 까마득한 언덕들을 넘어가자 광활한 사막이 펼쳐졌다. 모래들이 어딘가 모르게 내 메말랐던 지상의 삶을 의미하는 것 같았다. 나무도 관목도 풀도 없는 그곳은 그 어디에도 눈 둘 곳 없고 시원하게 목을 축일 물도 보이지 않았다. 피곤한 몸을 눕힐 그늘조차 없었다. 이 사막을 건너는 사람들은 진실과 순수함이 없고 이타적인 사랑과 자기 부정이 결여된 삶을 살았기에 그들이 가는 길엔 아름다운 꽃이나 청량한 샘물이 보이지 않는 것이다.

건조한 사막을 내려가 멀리 언덕을 향하는 길로 들어섰다. 이제 내가 짊어진 짐은 거의 견딜 수 없을 만큼 무거워졌다. 내려놓고 싶었지만 잠시라도 몸에서 떨어뜨려 놓을 수 없었다. 뜨거운 모래로 인해 발에 물집이 잡혀 한걸음 한걸음이 이루 말할 수 없이 힘겹고 고통스러웠다. 그렇게 미적미적 나아가고 있을 때 눈앞에서 내 과거가 담긴 그림이 나타났다. 그 그림들은 내 바로 앞에 있는 것처럼 보였는데, 사막 여행을 하는 이들이 가끔 보는 신기루처럼 공중에 떠 있었다.

장면 장면이 연달아 나타났다 사라지면서 다음 광경이 보이곤 했다. 내가 아는 사람들이 죄다 모습을 드러냈는데 내가 그들에게 했던 불친절한 생각과 말들, 오랫동안 까맣게 잊고 있던 일들이 마치 나를 비난하듯 줄줄이 등장했다. 내가 남들에게 흘리게 만든 눈물, 어떠한 폭력보다 혹독하고 날카로웠던 폭언 등, 주변 사람들에게 상처를 줬던 것들이었다. 수천 가지 가혹하고 비열한 생각들, 이기적인 행동들, 오랫동안 잊어왔거나 합리화했던 그 모든 것들이 재현되는 것이었다.

나는 참담함에 압도된 나머지 체면 따위는 아랑곳없이 땅바닥에 주저앉아 부끄러움과 회한의 눈물을 흘렸다. 뜨거운 모래 위의 눈물이 떨어진 자리에 하얀 별 같은 작은 꽃들이 피어났다. 작고 가냘픈 꽃송이 안엔 이슬방울이 맺혀 있었다. 슬픔을 주체 못해 쓰러졌던 그 공간이 어느덧 메마른 사막의 작고 아름다운 오아시스가 된 것이다. 이 경험을 다시는 잊지 말자는 생각에 꽃을 몇 송이 꺾어 가슴 속에 꽂아두었다. 그리고 다시 일어나 걷기 시작했다. 놀랍게도 그림들은 더 이상 보이지 않았다.

그때 내 앞에 어떤 여자가 아이를 안고 가는 게 보였다. 아이는 그녀가 안기엔 너무 무거워 보였는데 지치고 두려운 듯 울며 보채고 있었다. 나는 그리로 걸음을 재촉했다.

"여보시오. 힘드실 테니 아이를 대신 안고 가겠소."

아이의 겁에 질린 얼굴과 축 늘어진 고개를 보니 마음이 아팠다. 여자는 나를 잠시 흘겨보더니 아이를 넘겼다. 내가 옷자락으로 아이의 머리를 가려주자 아이는 곧 잠들었다.

여자는 그 아이의 엄마였는데 지상에 있을 동안 그다지 모성애를 가져보지 못했다고 했다.

"사실 저는 아이를 갖고 싶지 않았어요. 애들을 별로 좋아하지 않았거든요. 아이가 생기고는 귀찮아서 제대로 돌보질 않았어요. 아이가 자라면서 말도 안 듣고 말썽을 피우기에 매질도 하고 어두운 방에 가두기도 했어요. 늘 야단치고 쌀쌀맞게 대했어요. 아이가 결국 다섯 살 때 죽었는데 저도 얼마 있다 같은 열병으로 죽었어요. 그런데 영계에 온 뒤로도 늘 이렇게 따라다녀요. 결국 저의 안내자는 아이와 함께 이곳으로 여행을 떠나라고 했어요."

"이 가엾은 아이한테 아직도 사랑을 못 느끼나요."

"네. 솔직히 말하면 그래요. 다른 엄마들처럼 아이를 사랑할 수 없을 것 같아요. 정말 저는 모성이 적어서 엄마가 되어서는 안 되는 여자인가 봐요. 저는 아이를 사랑하지 않았지만 지상에서 아이에게 더 잘해주지 못한 게 후회되긴 해요. 아이를 제대로 키우고 잘못을 고치려 한 행동이 사실은 아이를 돌보면서 생긴 울화와 짜증을 푸는 것에 불과했음을 알게 됐어요. 제가 뭘 잘못했는지 왜 그런 잘못을 저질렀는지 이젠 알 것 같아요. 하지만 아직도 이 아이에게 사랑을 갖고 있다고 말할 수는 없어요."

"계속 아이를 데리고 다닐 건가요?"

나는 가여운 마음에 허리를 굽히고 아이에게 입을 맞추며 물었다. 나도 모르게 눈물이 핑 돌았다. 지상에 있는 그녀 생각이 났다. 그녀라면 이런 아이를 보물처럼 소중히 여기고 사랑했을 거란 생각이 들었다. 내가 입을 맞추자 아이는 반쯤 잠든 상태에서 작은 손으로 내 목을 감싸 안으며 미소를 지었다. 그 모습에 그녀는 한결 누그러진 표정으로 상냥하게 말했다.
"조금만 더 아이를 데리고 가면 될 것 같아요. 아이를 좋아하는 혼령들이 있는 누리에서는 이 아이처럼 부모가 돌보지 않는 아이들을 대신 돌봐준다고들 해요."
"다행이네요."
우리는 좀 더 걸어가다 암군소지(巖群小池)에 이르렀다. 함께 그곳에 앉아 휴식을 취했다. 잠시 후 얼핏 잠이 들었는데 깨어보니 여자와 아이는 어디론가 가버리고 없었다.
일어나 다시 길을 걸었다. 얼마 뒤 어떤 산 어귀에 도착했다. 그 산은 인간의 교만과 야심이 쌓아 올린 산이었다. 험한 바위틈으로 가파른 오솔길이 나 있었는데 발 디딜 곳이 잘 보이지 않았다. 이기적인 오만함이 쌓여 생긴 바위들이라 정말 오르기 힘들었다. 내 생전의 오만함이 지금의 이 고생길을 만들어 놓은 것이다.
사람들 중에 자신의 마음을 아는 이는 거의 없다. 흔히들 약한 이들을 제치고 입신출세하려는 집착을 고결한 목적으로 포장하곤 한다.
앞에 놓인 거대한 바위가 내 생전 업보의 영적상징임을 깨닫고는 부끄러운 마음으로 과거를 돌아보았다. 그 업보는 나보다 못한 사람들의 미숙한 노력을 보면서 그들을 진정한 예술을 위해 사라져야 할 것들이라 업신여기는 중에 쌓인 것이다. 인생을 다시 살고 싶은 갈망을 느꼈다. 열등한 자들에게 비난 대신 어깨를 두드려 주고 희망을 꺾는 대신 도움을 주는 삶을 왜 살지 못했을까 후회가 막급했다.
나는 자신에게 엄격했고 늘 최고의 경지에 오르려 했기에 노력의 결과에 만족하는 법이 없었다. 주변 사람들의 찬사를 받을 때에도 경연에 나가 우승할 때에도 늘 그런 식이었다. 나는 화가 지망생들에게 높은 기준을 요구할 자격이 있다고 자부했다. 거장에 비하면 어린 아이에 불과한 변변찮은 실력을 가진 자들을 볼 때 나는 아무리 노력해봐야 헛일일 뿐이라고 비웃곤 했다. 재능 높은 천재들에겐 머리를 조아리고 진심어린 찬사를 보냈지만 제 멋에 겨워 예술을 하는 범재(凡才)들에겐 호의를 드러낸 적이 없었고 도우려고 해본 적도 없었다. 그런 사람들은 작은 씨앗 같아서 당장의 현생에서는 뛰어난 예술가로 발전하기 어렵지만 원대(遠大)한 차후(此後)에 재능을 개화(開花)할 것이었다.

이른 나이에 성공한 나는 인생의 파국을 맞기까지 안하무인이었다. 말년에 슬픔과 좌절을 겪으며 다른 이들의 어려움에 약간의 동정심을 가지긴 했지만 평범한 재능을 가진 사람들과 그들의 노력에 동정심을 느껴본 적은 없다. 그리하여 이제 나의 오만함의 표상(表象)인 이 바위들과 마주하게 된 것이다.

이러한 깨달음과 더불어 슬픔과 자책감에 잠긴 나는 때늦은 감이 있지만 근처에 도움을 줄만한 약한 사람이 있는지 둘러보았다. 위를 올려다보자 바위를 오르려고 기를 쓰다 탈진한 젊은이가 보이다. 그 젊은이 앞을 가로막은 바위들은 귀족과 부자들 틈에 껴보려 했던 그의 야심과 오만함이 쌓아 놓은 것이었다. 야심을 이루기 위해 그는 자신에게 가장 소중한 사람들을 희생시켰던 것이다.

그는 바위의 돌출부에 매달려 있었는데 너무 지쳐 밑으로 떨어질 것 같았다.

"꼭 잡고 있으시오!"

나는 소리치고는 그쪽을 향해 올라갔다. 그리고 힘겹게 그를 바위 위로 끌어올렸다. 내 힘은 그의 곱절은 됐으므로 거뜬히 도와줄 수 있었고 약자를 짓밟은 과거의 죄책감에서 약간이나마 위로받을 수 있었다.

정상에 올라 쉬려고 앉아보니 그를 끌어올리다가 날카로운 바위

모서리에 긁힌 상처가 온몸에 나 있었다. 그러나 그렇게 애쓰는 동안 나의 이기적인 자만심의 짐이 많이 떨어져나갔음을 알았다.

나는 올라온 길을 돌아보면서 옷깃을 여미고 다시 지상으로 돌아가면 초심자들이 예술을 이해할 수 있도록 도와야하겠다고 결심했다. 내가 할 수 있는 한 최선을 다해 도움이 될 만한 지식을 주어야 할 것이다. 전에는 꿈에 부푼 초심자들을 깔아뭉개느라 바빴다면 이제는 격려해줄 것이다. 전에는 가시 돋친 말과 따끔한 지적으로 사람들에게 상처를 입혔지만 이제는 그 상처를 치유하는 말을 해 주기로 했다. 이제 나는 초심자들이 아무리 보잘 것 없고 하찮아 보여도 절대로 경멸하거나 희망을 꺾어서는 안 된다는 것을 알게 됐다.

이러한 생각들을 떠올리며 산 위에 오랫동안 앉아 있었다. 내가 도와준 그 젊은이는 먼저 내려가고 없었다. 나도 슬슬 일어나 길을 내려갔다.

아래가 보이지 않을 정도의 깊은 골짜기를 붉게 녹슨 거대한 철교가 가로질러 있는데 앞에 거대한 문이 가로막고 있었다.

많은 사람들이 그 주변에 모여 문을 열고 들어가려 안간힘을 쓰고 있었다. 힘으로 밀어붙이려는 자 기어오르려는 자 감춰진 틈을 찾는 자들이 있고 거듭되는 실패에 낙담한 자들을 위로하는 자들도 있었다. 내가 다가서자 주변을 서성대던 예닐곱 혼령이 뒤로 물러나 호기심 어린 눈으로 쳐다보다.

거대한 철판의 문이었다. 문은 높고 미끄러워 아무도 올라갈 수 없었다. 게다가 너무 단단해 뚫고 들어가는 건 상상 못할 일이었다. 굳게 잠겨 있어 열 수도 없었다.

이제 어떻게 해야 하나 좌절하며 그 앞에 서 있는데 옆의 한 여자가 몹시 서럽게 흐느꼈다. 오랫동안 노력했었지만 끝내 문을 열지 못했다는 것이다. 나는 그녀에게 가서 위로하고 희망을 주려고 최선을 다했다.

갑자기 그 문이 사라지고 그녀와 나는 그곳을 통과했다. 없어졌던 문은 우리 뒤로 다시 생겼다. 그리고 여자는 사라지고 철교 옆에 허리가 굽은 허약한 노인이 지팡이에 의지해있었다. 나는 여전히 문을 보며 놀라워하고 있을 때 음성이 들렸다.

"그 문은 박애의 문이다. 문 저 편에 있는 사람들은 그들의 영성이 충분히 자라 문을 열 수 있을 정도가 될 때까지 기다려야만 한다. 그들도 네가 다른 사람들을 도우려고 애쓴 것처럼 행동해야 비로소 문이 열릴 것이다."

나는 노인이 있는 철교 쪽으로 갔다. 노인은 길을 찾지 못해 한탄하고 있었다. 노인이 우왕좌왕하다 철교바닥의 부서진 틈으로 떨어지지 않을까 염려되어 도와드리겠다며 달려갔다. 그러나 노인은 고개를 저으며 말했다.

"아니, 아닐세! 젊은이, 철교가 너무 낡아 자네와 내 무게를 당해내지 못할 걸세. 나는 신경 쓰지 말고 자네 일이나 보게."

"아닙니다. 저의 할아버지 같은 분이 이렇게 힘들어하시는데 그냥 가시게 두면 안 됩니다. 저는 활력(活力)이 강(强)하니 같이 건넙시다. 여기는 이기심이 통하는 지상의 세계가 아닙니다. 안 그러면 둘 다 어려워질 겁니다."

대답을 기다리지 않고 나는 노인을 들쳐 업었다.

"어깨를 꼭 잡으십시오."

말하고 다리를 건너기 시작했다. 이럴 수가! 노인은 너무도 무거웠다. 신밧드 이야기에 나오는 바다의 노인은 우스운 정도였다. 철교도 무게를 견디지 못해 삐꺽거리며 휘어졌다. 아무래도 다리 밑으로 둘 다 빠질 것만 같았다. 하지만 막상 업고 나니 노인은 자기를 놓지 말라며 애원하는 것이었다.

나는 두 팔에 온 힘을 다해 노인을 붙잡고 기어가다시피 하며 파손이 가장 심한 부분에 이르렀다. 여기엔 발을 디딜 철판이 모조리 녹슬어 떨어져 나갔고 철골 둘만 나란히 걸쳐 있는데 중간은 부러져 있었다. 나 혼자라면 어떻게든 건너보겠지만 노인이 워낙 무거운 데다 질식할 듯 목을 조르며 매달려 있어 쉽지 않을 것 같앉다.

순간 노인을 포기하고 혼자 건너는 게 낫겠다는 생각이 뇌리를 스쳤다. 그러나 그건 노인에게 너무 잔인한 일이어서 위험을 무릅쓰기로 마음을 고쳐먹었다. 불쌍한 노인은 어떤 상황인지 눈치 챈 듯 한숨 쉬며

"자네 그냥 나를 두고 가는 게 좋겠네. 나를 업고는 도저히 건널 수 없어. 그냥 혼자 가게. 나 혼자서 어떻게든 해보겠네."

하는 말투엔 낙담한 기색이 역력했다. 나는 결코 노인을 버려둘 수 없었다. 그래서 사력을 다해보기로 하고 노인에게 꼭 붙잡으라고 말했다. 나는 철골에 올라서서 건너편 철골까지 뛰어 건넜다. 예전에 공중 부양을 했던 의지력으로 건너편에 탈 없이 내려앉을 수 있었다.

건너온 곳을 보려고 고개를 돌린 순간 나는 놀라 비명을 질렀다. 앙상한 붉은 철골은 온데간데없고 빛나는 바닥으로 덮인 견고한 교량이 놓여 있었던 것이다. 그리고 내 옆엔 허약한 노인 대신 아린지만이 있었다. 그는 내 어깨에 손을 올리며 말했다.

"프란츠, 이건 네가 위험한 상황에서도 무거운 노인을 포기하지 않을 만큼 이타적이 됐는지 떠보기 위한 작은 시험이었다. 이제 너에겐 마지막 시험이 남아 있다. 네가 품어온 의심의 본성을 판단할 좋은 기회가 될 것이다. 성공을 빈다."

그는 몸을 돌려 사라졌다. 나는 또 다른 깊은 계곡으로 향했다. 계곡은 깎아지른 듯의 두 언덕 사이에 있었다. 회색 안개의 거대한 소용돌이가 언덕 주변을 스멀거리며 떠다니다 신비스러운 유령 같은 형체를 만들며 맴돌았다.

내가 골짜기로 진입할수록 이 유령 같은 형체들이 점점 짙고 뚜렷해지더니 마치 살아 있는 생물처럼 변했다. 내가 지상 생활을 할 때의 상념이 만들어낸 창조물이었다. 이렇게 살아 있는 생생한 형태로 마치 유령처럼 따라다니며 나를 일제(一齊)히 비난하는 것 같았다.

내가 키웠던 불신과 의심 내가 품었던 고약하고 비속한 생각들이 모두 주위로 모여들어 앞날을 위협하며 과거를 조롱하는 말을 귀에 해대고 어둠의 파도처럼 머리 위를 넘실거렸다. 인생이 그런 부정적인 생각들로 가득 차면서 내가 가는 길도 계속 막혔던 것이다. 그 오싹하고 가증스런 모습들은 내 마음의 상태를 반영한 것이었다.

이 섬뜩하고 음침한 망령들은 내 마음의 실상을 고스란히 보여주었다. 나는 선에 대한 믿음이 거의 없었다. 다른 사람을 신뢰하는 일도 없었다. 과거에 비정하게 배신당한 경험이 있었기에 인간은 전부 거짓말쟁이란 섣부른 말을 습관처럼 내뱉곤 했다. 주변 사람들의 나약함과 어리석음에 코웃음 치며 다 그놈이 그놈이라 생각하곤 했다.

이러한 생각의 산물(産物)들이 자라나 영계형체로서 나에게 달려들었던 것이다. 유령들은 안개 같은 거대한 형체가 되어 나를 에워싸면서 꼼짝 못하게 하고 질식시키려 했다. 쫓아내려 했지만 소용없었다. 그것들은 살아생전의 의심과 불신이 늘 그랬듯이 나를 칭칭 에워쌌다. 공포 속에서 나는 파멸적인 기세로 덮쳐오는 그것들에 맞서 싸웠다.

그때 내 앞에 깊은 구렁텅이가 보였다. 유령들이 나를 그곳으로 몰아넣으려 하고 있었다. 내가 이 끔찍한 망령들로부터 벗어나지 못한다면 꼼짝 없이 구덩이로 떨어질 판이었다.

나는 망령들과 미친 듯이 사투를 벌였지만 그것들은 나를 에워싸며 어두운 구멍으로 계속 밀어 넣었다. 나는 도와달라고 소리치며 두 팔을 뻗어 맨 앞에 있는 망령을 움켜잡고서 온 힘을 다해 내던졌다. 그러자 마치 바람에 흩날리듯 의심의 망령들이 사방으로 흩어졌다.

나는 탈진한 채 쓰러져 의식을 잃었다. 그리고는 꿈을 꿨다. 짤막하면서도 아름다운 꿈이었다. 애나가 나에게 다가와 못된 사념체들을 쫓아버리더니 내 옆에 무릎 꿇고 앉아 마치 엄마가 아이에게 하듯 내 얼굴을 품에 안았다. 나는 그녀가 나를 두 팔로 감싸고 안전하게 지켜주는 것을 느낄 수 있었다. 꿈은 거기서 끝났고 나는 아주 깊은 잠에 빠졌다.

정신을 차려보니 아직도 그 골짜기에 누워 있었다. 그러나 유령들은 사라졌고 의심과 불신의 시간도 끝난 것 같았다. 나는 골짜기 끝의 부드럽고 푸른 비탈에 누워 있었다. 맑고 투명한 강물과 강가의 풀밭이 보였다. 일어서서 굽이치는 강줄기를 따라가다가 아름다운 나무들이 늘어선 작은 숲에 이르렀다. 나무들 사이로 수련이 떠 있는 맑은 호수가 드러났다. 호수 가운데 투명한 물줄기가 솟아 반짝거리다 안개처럼 떨어지는 샘이 있었다. 위에는 수지망(樹枝網)이 감싸 안듯 드리워 있고 가지사이엔 푸른 하늘이 보였다.

휴식을 취하기 위해 샘물 근처로 갔다. 그때 초록색의 얇은 비단 같은 옷을 입고 수련으로 만든 관을 쓴 요정이 다가왔다. 그녀는 샘물의 수호령이었는데 나처럼 지친 방랑자들이 기운을 차리도록 돕는 일을 하고 있었다.

"나는 지상에 있을 때 숲 속에서 살았어요. 이곳 영계에서도 숲 속에 집이 있답니다."

그녀는 나에게 먹을 것과 마실 것을 주었다. 내가 기운을 차리자 나무 사이에 나 있는 넓은 길을 알려 주었다. 그 길은 휴식의 집이란 곳으로 나 있었는데 나는 그곳에 들어가 쉬기로 했다.

이 빛나는 요정에게 감사의 인사를 하고 길을 따라 담쟁이덩굴로 덮인 큰 건물에 도착했다. 창문이 많은데다 문들도 활짝 열려있어 누구든 환영할 듯의 분위기였다. 거대한 철제 대문엔 실물과 똑같은 새와 꽃들이 그려져 있었는데 마치 쉬기 위해 모여든 진짜 새들처럼 보였다.

문 앞에 서자 마법처럼 문이 열려 대문 안으로 들어갈 수 있었다. 흰 옷을 입은 몇몇 혼령이 나를 맞았다. 나는 창밖으로 잔디밭과 아름다운 나무들이 보이는 방으로 안내를 받았다. 그들은 나에게 휴식을 취하라고 말한 뒤 방을 나갔고 나는 곧바로 침대에 쓰러져 잠이 들었다.

잠에서 깨어나자 내가 입었던 순례복 대신 밝은 회색 옷이 놓여 있는 게 보였다. 이 옷은 순백색으로 된 세 겹의 테두리를 갖고 있었다. 나는 옷이 정말 마음에 들어 얼른 입어 봤다. 흰색은 내가 영적으로 성장했다는 징표였기 때문이다. 영계에서 흰색은 순결과 행복을 상징하고 검은 색은 그 반대를 상징한다.

이윽고 나는 같은 옷을 입은 사람들이 있는 넓고 쾌적한 방으로 안내되었다. 그중에 회한국(悔恨國) 벌판에서 도움을 줬던 여자가 보여 반갑게 인사를 나눴다. 그녀는 전보다 훨씬 상냥한 미소로 아이를 대했다. 내게도 인사를 하며 도와준 것에 감사를 표했다. 그 사이에 아이는 여느 아이들처럼 내 무릎 위로 기어 올라와 앉았다.

어느덧 과일과 케익 그리고 영계의 순수한 와인이 마련된 푸짐한 식사가 나왔다. 덕분에 우리 모두 기력을 되찾고 신께서 자비를 내려주신 것을 감사하게 됐다. 그곳의 주인이 우리에게 신의 은총을 빌었다. 우리는 모두 기분 좋게 작별 인사를 나누고 각자의 집을 향해 길을 떠났다.

28. 조선국(朝鮮國)에서의 나의 집과 일과(日課)

나는 여명국에 더 이상 머물지 않고 조선국(朝鮮國) 즉 아침의 나라로 거처를 옮겼다. 친구들이 그곳까지 바래다주었다. 이곳은 여명국에서 보이던 아름다운 호수와 언덕의 너머에 있었다. 여명국에서는 빛이 어느 정도 이상은 밝아지지 않았는데 그 빛은 바로 이 조선국에서 오는 것이었다. 조선국은 회한국과 반대에 위치해 있다.

이곳 조선국에서 나는 작은 집을 갖게 됐다. 조촐하지만 나에겐 몹시 소중했다. 더할 나위 없이 평화로운 곳이었고 정면을 제외한 나머지 방향이 언덕으로 둘러 싸여 있었다. 정면에는 경사진 푸른 초원이 펼쳐 있었다. 주변엔 나무가 없었고 눈을 즐겁게 해줄 꽃도 피어 있지 않았다. 나의 노력이 아직은 꽃으로 결실을 맺지 못했기 때문이다.

그러나 작은 현관 주변에 담쟁이덩굴이 탐스럽게 얽혀 향기가 방안까지 들어왔다. 그것은 그녀가 내게 보내준 선물이었다. 그녀의 달콤한 사랑이 성장해 내 거처를 감싸며 변함없는 사랑과 진실을 속삭여주었다.

실내에는 작은 방이 둘 있는데 하나는 손님을 맞거나 공부를 하는 곳이었고 또 하나는 지상 영계에서 일을 하고 돌아와 피로를 푸는 곳이었다. 이 방에는 장미액자를 비롯해 내가 아끼는 것들이 전부 있었다.

창밖의 푸른 하늘엔 맑은 햇살이 내리쬐었다. 나는 몇 번이고 그 빛을 보고 또 봤다. 오랫동안 어두운 곳을 헤매던 내게 포근한 푸른 잔디와 향긋한 담쟁이덩굴은 너무도 기분 좋고 흡족한 것들이어서 하루하루를 감사의 마음으로 살게 됐다.

어느 날 잠결에 따뜻한 목소리와 다정한 손길이 느껴져 눈을 떴더니 아버지가 계셨다. 얼마나 기쁘고 행복했는지.

"함께 지상에 내려가 이 집을 애나에게 영상으로 보여주자." 아버지는 말씀하시는 거였다.

　영계에서 처음으로 집이 생겼던 때를 돌이켜보면 지금도 마음이 행복해진다. 나는 집이 생겼다는 사실이 너무도 자랑스러웠다. 지금의 집은 그때보다 훨씬 장려(壯麗)하고 환경도 한결 좋아졌지만 처음 집이 생겼을 때만큼의 감격을 주는 건 아니다.

　지상에서처럼 영계에서도 시간은 흐르고 늘 새로운 성장이 일어난다. 남들을 도우면서 내 가 참으로 깨닫기 어려웠던 교훈을 하나씩 배워나갔다. 원수를 용서하는 가르침은 단순히 그들에게 해를 입히려 하지 않음에서 더 나아가 도움을 주고 악을 선으로 갚는 것이었다. 복수의 열망으로 상처를 준 사람에게 징벌이 내려지길 바라는 마음을 극복하는 건 어려운 일이었지만 그들에게 복을 빌어주는 것은 더욱 어려웠다.

　시간이 흘러 지상 영계에서 일하며 나는 종종 원수를 찾아가곤 했다. 그에겐 내가 보이지도 느껴지지도 않았지만 불현듯 내 생각이 나게 할 수는 있었다. 매번 그의 심경이 나만큼이나 괴롭다는 걸 느낄 수 있었다. 우리 사이엔 아무런 사랑도 없었다. 그의 옆에 서면 그와 나를 엮었던 사건들이 하나하나 영상이 되어 보였다. 나의 타오르는 증오심의 어두운 그림자가 영상에 흐릿하게 끼어들어 마치 여름날 폭풍우에 먹구름이 끼듯 침침해지곤 했다. 영적 지식이 진보하면서 원수의 잘못 못잖게 내 잘못 또한 컸음을 알게 됐다. 그러나 방문을 마치고 쓰라린 후회와 번민 속에 집으로 돌아오면 또다시 내게 슬픔과 해악만 끼친 그의 삶에 분노가 느껴지곤 했다.

　어느 날 마침내 나는 그에게 연민에 가까운 새로운 감정이 솟아나는 것을 느낄 수 있었다. 이 사람 또한 심한 압박감에 시달리고 있었기 때문이다. 그의 마음에도 나와의 과거를 후회하는 마음이 있음을 알았다. 나와의 일이 다른 식으로 흘러갔으면 얼마나 좋았을까 때늦은 후회를 하고 있었다.

　그리하여 우리 사이에 처음으로 동정의 마음이 싹트게 되었다.

미약하고 희미한 감정이었지만 분노를 극복하려는 나의 노력이 거둔 첫 번째 결실이었다. 증오심의 단단한 벽이 그제야 녹아내리기 시작한 것이다. 그리고 전에 그를 해칠 수 있는 기회가 왔던 것처럼 그를 도와 이익을 얻게 해줄 기회가 찾아왔다. 나는 부정적인 감정을 이겨내고 이 기회를 잘 살릴 수 있었다. 그를 저주하고 파괴하려 했던 나의 손이 이번엔 그를 돕는 손이 된 것이다.

그는 내가 개입해 도움을 준 것을 전혀 인식하지 못했다. 그러나 희미한 방식으로 나와의 사이에 있었던 증오심이 사라졌다는 것을 느낄 수 있었다. 그리고 내가 죽었으니 이제 나와 반목했던 기억은 잊는 게 좋겠다는 생각을 하게 됐다. 마침내 우리는 서로 용서를 하게 되었고 우리의 삶을 오래도록 묶어놨던 악연의 사슬이 끊어졌다.

그가 지상에 살아 있을 동안 다시 만날 일은 없을 것이다. 그러나 친구 찬유의 경우처럼 지상의 삶을 벗어나면 그와 나의 혼령은 서로 용서를 구하려 다시 만나게 된다. 그때까지는 다시 만날 일이 없고 이후에 각자의 영역으로 돌아가서도 마찬가지일 것이다.

사랑과 미움이 영혼에 미치는 영향은 매우 크고 오래 간다. 지상의 삶이 끝난 뒤에도 오랫동안 우리를 따라다닌다. 내가 봤던 영들 중에 많은 이들이 서로 단단히 묶여 있었다. 사랑이 아닌 미움으로….

29. 혹성(惑星)들의 형성(形成)

　자기정복의 과목을 마침내 이수(履修)하자 나는 큰 압박감에서 벗어난듯했다. 이제는 저승누리의 이모저모에 관해 새로이 눈을 돌리게 되었다. 종종 만나는 친구 하세인은 내가 세상에 있을 때부터 궁금했던 많은 것을 깨우쳐 주었다.
　나의 아담한 집에서의 대화 중 그에게 우주의 천체계(天體界)들과 지구와의 관계를 더 알려달라고 청했다.
　"우주의 천체계 구면(球面) 마루는 "그는 답했다. "자네가 보아왔듯이 지구와 다른 혹성들을 에워싸는 거대한 영질대(靈質帶)이고 더 나아가 우주전체를 감싸는 광막(廣漠)하게 확장된 심파(心波)이네. 그러니 천계계 구면마루의 분류법은 두 가지인데 하나는 정량(定量) 물질로서의 그것이고 다른 하나는 각 행성이나 태양계를 감싸며 각 행성 혼령주민의 주거지를 형성하는 것으로서 사다리의 발판들처럼 혼령의 도덕적인 진화수준에 따라 여러 층계(層界)의 누리로 나뉜다네.
　후자의 이 천체계 구면마루는 성분(成分)이 물질이 아닌 성질(性質)이니 어느 행성이나 태양계에 속하지 않는 무한의 우주인데 절대자의 직할역(直轄域)이며 전(全)우주의 회전중심축인 근원으로부터 발생하는 방사심(放射心)이 퍼져가는 흐름 속에서 돌고 있네. 내 얘기를 더 명확히 하자면 영혼에 속하는 거대한 우주마루가 혹성을 담당하는데 이것을 다시 철학 미술 음악 문학 등의 누리로 나누는 것이네.
　우주의 층계누리는 통상의 구면으로 부르는 것보다는 회랑(回廊)이라 부르는 게 더 정확한 것 같네. 이네 혹성의 누리들은 거륜(巨輪)들로서 각각의 태양계나 모(母)행성을 둘러싸는 소륜(小輪)들 즉 나선형의 고리들을 덮어 싸고 있는데 윤내륜(輪內輪)은 층층이 하나의 거대한 중심의 주변을 끊임없이 돌아가고 있네.
　영계에서는 마음이 교감하는 사람들끼리만 모여 지내는데 관계의 결속 혹은 기억의 유대(紐帶)로 인해 때때로 동일 영륜(靈倫)이 아닌 자끼리 끌어당겨질 때도 있지만 잠시 떠돌 뿐이고 각각의 우주마루와 우주회랑이 생성하는 강력한 자기력에 이끌려 모두 원래의 우주마루와 우주회랑으로 돌아가지. 예술과 학문의 우주마루에 속하는 혼령들은 저희와 도덕적 위상이 동일한 자들과 합류하며 저의 예술과 학문의 향상이 저네 도덕적 수준에 합당한 곳 이상의 층계로 오르게 하지는 않네. 우주마루 각 마음누리의 중심태양은 순결과 진리의 영광(靈光)을 거대한 보석처럼 찬란히 방사(放射)하네. 보석이 어찌 그리 거대할 수 있느냐 하겠지만 지상의 보석이라는 것이 바로 그 위대한 광명체의 소박하고 작은 모조품이지.9) 방사광의 줄기를 따라 빛을 찾는 영들이 집결하네. 순수하고 손상됨이 없이 지구에 도달한 광선에는 역사상 인간의 정신을 밝히며 뇌섬광(雷閃光)이 화강암(花崗巖)을 부수듯 신양(神陽)의 청명(淸明)을 깊숙이 비춰 오류와 무지를 산산이 조각내어왔던 진리의 정수(精髓)가 있네. 중심력(中心力) 즉 중심성(中心星)의 눈부신 빛에 근접할수록 진보한 영(靈)이지. 이들 거대한 혹성과 도덕의 장(場)을 우주마루라 부르는데 각 행성의 주변을 감싸는 마루를 행성마루라 하고 태양 중심을 에워싸는 마루는 태양마루이지. 전자는 사념(思念)과 음파(音波)의 원형(原形)으로 되어있다면 후자는 다층(多層)의 성질(性質)로 이루어져 있네."

"그렇다면 행성과 그 우주마루의 생성을 설명해주게."

"모태양(母太陽)에서 화기체(火氣體)로 투출(投出)되면서 행성의 탄생은 시작하지. 이 상태의 행성은 아주 강력한 자석이어서 우주기질체간(宇宙氣質體間)을 부유(浮游)하는 미립자(微粒子)들을 응집(凝集)시키네. 이 기질체는 행성의 대기권과 같은 물질원소가 없는 것으로 추정됐었으나 그렇지 않고 마치 모래알을 태양에서 지구의 크기처럼 분해하면 안보이듯이 다만 더 작은 입자(粒子)로 세분(細分)되었을 뿐이네. 행성의 자력(磁力)으로 원자로 뭉쳐 지구 대기권에 떠있는 크기가 아닌 이들 우주의 분산원자(分散原子)

들은 볼 수 없을 뿐 아니라 여느 화학적 방법으로도 검출이 불가능하네. 그들은 참으로 경미화(輕微化)된 것으로서 영질(靈質)이 그들의 조소(粗素)와 연합(聯合)하여 기초성질(基礎性質)이 되네.

태엽지괴(胎炎地塊)에 끌리며 원자들은 두텁게 결집하여 더욱 경미(輕微)한 분소(分素)들은 압출(壓出)되어 우주로 돌아가고 남은 고조성분(固粗成分)은 새로운 원자의 계속되는 인력(引力)에 따른 압력증가로 암석 등을 형성하네. 원자는 영원하며 우주의 여타소(餘他素)와 마찬가지로 불괴(不壞)하고 혹성(惑星)이 생성과 소멸의 여러 단계를 반복하는 대로 흡인(吸引)되다 방산(放散)하는 것일세.

원자들은 크게 삼종(三種)이고 도달한 승화(昇華)의 여러 단계를 나타내고자 각각은 밀도에 따라 무한종(無限種)으로 분류되네. 삼종의 대분류의 첫째로는 지구상에서 보는 모든 물질이 있는데 혹은 행성의 성분(成分)인 지질(地質)이라고 할 수도 있지. 그 다음의 것은 영혼피질(靈魂皮質)이라고 하겠는데 형체는 있지만 물안(物眼)으로는 볼 수 없지. 그리고 영본(靈本)은 말할 수 없이 승화된 극치(極致)의 존재이네. 물질 중 가장 저급하고 조방(粗放)한 것이 바위나 흙 같은 광물인데 이들은 대기에 먼지로 투출(投出)되다 흡수되어 식물(植物) 등이 되는 것을 반복하지. 암석과 식물의 중간 단계가 액체인데 내부에는 갱고입자(更固粒子)들이 해당 원소의 기화질(氣化質) 중에 존재하지. 차상위(次上位)의 물질은 식물인데 기초물질과 액체의 혼합으로 배양(培養)되지. 지질(地質)의 여러 등급을 올라가면 근골(筋骨)이 인간의 영혼을 함유하든 하위의 동물의 것을 함유하든 최상급의 물질로서 존재하는데 여기엔 더 낮은 단계를 이루는 원소들 모두가 포함되어 있네.

두 번째의 것인 영혼피질은 먼저 말했듯 첫 번째 지상물질의 영질화(靈質化)이네. 영본(靈本)이 두 질료(質料)에 생명을 주니 이 신아(新芽)가 없으면 두 형질은 존재하지 못하네. 상위존재인 영본(靈本)을 포장하지 않으면 응집력을 잃어 원소로 돌아가는 것이

이 두 질료에 통하는 법칙이네. 성질(性質)은 유일하게 영원한 정체성을 갖는 진정한 자아로서 어떠한 힘으로도 해체되거나 정체성을 잃지 않고 아무리 저급한 형질체(形質體)의 생명화라해도 그 참 생명이고 모습이 변해도 그 정체(正體)이네. 영본은 광물 식물에서 최고형식의 동물인 인간까지 모든 형식의 존재와 생명에 있고 각각은 각 행성과 태양계의 영계마루에 거주하는 최고의 천상 존재형태로의 발달이 가능하네.

　만물은 수준을 막론하고 영혼이 존재하니 영계에도 나무와 꽃들이 있고 암석과 사막이 있고 짐승과 새들이 존재함은 당연하지. 그곳에 해당되는 정도만큼 영묘(靈妙)한 상태로 있네. 영질(靈質)의 가장 높은 형태인 인간에서부터 가장 낮은 영질에 이르기까지 동일법칙을 따르네. 식물이 죽거나 단단한 바위가 먼지로 흩어져 기화될 때 그 영본은 자신에게 속한 영질과 함께 영계에서 자기의 발달단계에 맞는 우주마루로 들어가는데 존재의 가장 물질적인 부분은 지구로 흡수되고 정련(精鍊)한 입자들은 지구의 인력에 끌리지 않기에 밖으로 떠나간다네. 생성초기의 행성은 영본의 존재가 미미(微微)하고 대부분 조방(粗放)한 물질이라 그 우주마루는 일단 태양에서 반대쪽으로 위치하며 매우 물질적이며 영적거주자들의 수준도 매우 낮지.

　이런 초기행성에는 생물의 존재양식이 조악(粗惡)하여 진화한 행성에서 보이는 정련미(精練美)가 없지만 완성을 향해 진화하면서 식물 동물 인간의 영사물(靈射物)도 상응하여 고상(高尙)해지네. 행성의 초기 단계엔 우주마음누리마루가 거의 존재하지 않는데 초기 영계의 형태는 원뿔형으로서 꼭지점은 행성 자신이 되어 물질계인 행성이 가장 발달된 최고의 영역이 되고 넓은 부분은 행성 거주자의 타락한 취향과 낮은 지적 수준으로 인한 결과로 저급한 우주마음누리마루가 되지 그러다 행성이 진화하면서 마음누리마루의 크기와 수가 증가하고 높은 마음누리마루들이 형성되면서 우주마루의 꼭지도 행성으로부터 태양을 향해 천이(遷移)하는 거라네."

　하세인의 설명을 듣고 나는 오래 전 발달이 안 된 지구에서는 중생(衆生)이 삶 이후 더 타락한 영계 즉 지옥으로만 가는 삶을 살았는데 이후 지상보다 더 고상한 영계가 생성되어갔다는 것을 알았다. 예수그리스도 또한 지상보다 상위의 영계 즉 하늘나라를 더욱 건설하고자 지상에 왔음을 이해(理解)할 수 있었다.10)

　"이렇게 혹성에서 분출되는 원소의 유입으로 혹성의 상하에는 우주마루가 형성되네. 아직 지각적(知覺的)이고 이기적인 성향이 도덕적이고 박애적인 면보다 발달되어 낮은 우주마루들이 높은 우주마루들을 압도하는 시기는 인류사회가 압제와 잔혹함과 탐욕으로 덮인 암흑기라네.

　시간이 흘러 만물의 진화법칙에 따라 높은 우주마루와 낮은 우주마루가 크기와 수효에서 대등하여 선악이 평등한 혹성의 중간기를 거쳐 인류의 발전에 따라 하층마음누리는 수축하여 소멸하고 상층마음누리는 최상부를 향해 팽창하여 원뿔의 형태는 역전되어 다시 혹성은 첨단(尖端)이 되네. 결국 최상의 우주마음누리만 남고 혹성도 물질입자가 투출되며 수축하여 소멸하고 원자들은 불가지(不可知)하게 떠다니다가 형성기(形成期)의 다른 혹성에 재흡수되네.

　그렇게 된 혹성의 우주마루들과 그 거주자들은 이미 졸물(卒物)한 혹성의 영혼공동체들이 거주하는 거대한 태양마음누리마루로 흡수되네. 이네들 각각의 혹성공동체는 지구에서도 나라마다 고유의 정체성을 갖고 있는 것처럼 출신성(出身星)의 특징과 개성을 간직하면서 점차 태양계의 거대한 공동체성(共同體性)으로 흡수되어가는데 이 진행은 너무도 점진적이고 잠재적이어서 완성까지의 세월도 너무 걸리니 한시(限時)의 존재인 인간의 마음이 이러한 거대한 변화를 어림잡지 못함은 당연하지. 혹성의 수명은 제각기 다른데 태양계 내에서의 크기와 위치에 따르고 기타 이유로도 진화과정은 수정되고 변하지. 그러나 대강의 양상은 모든 경우에 동일한 것이 어느 혹성의 재료이든 다른 혹성에 없는 화학물질은 없기 때문이네. 그러므로 우리는 주변 혹성의 상태로부터 지구의 과거역사를 알 수 있고 결국에 다다를 운명을 알고 있네."

"자네 말처럼 우리의 마음누리들이 중심태양의 누리들로 흡수된다면 우리의 영으로서의 개성도 태양의 존재에게로 흡수되지 않겠나."

"분명히 아니네. 영본의 개성은 불멸이네. 개성은 무수한 영혼들의 삶터인 광대한 우주에서 아주 작은 단위이지만 분명한 하나의 성(性)이며 이것이 곧 영아(靈我)이네. 성이란 개별(個別) 그 자체이며 불멸을 이루는 영혼으로서 분산 혹은 파괴가 불허됨이며 영혼으로서 다른 존재와 분별됨이며 자기 존재를 설명하고 분석하기 까다로움이지. 자네는 희망의 형제단원이 되었지만 개성을 간직하고 있고 그 개성은 존재양식의 어떠한 조건을 거치든 간에 자네의 영혼과 함께 영원히 유지되네. 모체(某體)가 가장 영묘한 기체마저 그 옆에선 무겁게 느껴질 정도로 가벼우면서도 응집력이 강해 입자가 불가분하다면 기체(其體)가 모든 물질이나 성질에 갖는 저항력은 철봉이 수증기를 대하는 것이나 같지. 혼령이 물질계의 단단한 문이나 벽을 통과하고 우리보다 고차원의 혼령이 우리 주변 영계물질의 벽을 쉽게 통과하는 것이 이와 같지. 혼령이 지구나 특정 우주마음누리에 갇힘은 영본이 아니라 짙은 외피(外皮)로 인(因)함인데 혼령은 조질(粗質)에서 완전히 벗어날수록 질료에 얽매이지 않고 강력하네. 현재의 자네에게 지상의 건물 벽이 출입에 아무 장애가 되지 않는 것은 지상의 인간이 안개를 통과하는 것처럼 벽을 뚫고 갈 수 있음이네. 짙은 안개는 인간에게 불쾌감을 줄 수는 있지만 통과를 막지 못하고 통과한 자리가 뚫린 채 있지도 않는 것은 안개를 구성하는 성분이 속히 서로를 끌어당겨 벌어진 공간을 메우기 때문인데 우리 혼령들이 물질계의 문이나 벽을 통과할 때도 같은 일이 일어나 문이나 벽을 구성하는 물질 원자들은 안개보다 훨씬 빨리 서로를 끌어당겨 빈틈을 메우네."

"영본이 고유개성을 갖고 있다면 동물의 영혼이 인간으로 환생하거나 거꾸로 인간의 영혼이 동물로 환생하는 것을 신봉하는 자들에 동의 못하시겠군요?" 나는 궁금한 점을 확인하고자 물었다.

"물론이네. 각 영혼은 그 고유의 형태 안에서 최고 단계의 발전을 이룰 수 있고 가장 고상한 형태인 인간의 영혼은 그 가장 높은 발달 단계로 천사(天使)라 불리는 진화된 혼령이 될 수 있네. 천사는 혹성에 거주하는 인간의 가장 낮은 단계에서 시작하여 모든 우주마음누리들을 거쳐 태양계에 있는 천상의 누리 즉 천국 중의 천국이라 할 곳에 도달한 영혼이네. 그곳은 우리의 혹성보다 우리 혹성의 천국이 앞선 만큼 우리 혹성의 천국보다 앞서있네. 영혼은 점점 확장되는 나선형의 고리 모양으로 상승을 거듭해 우주의 중심이라 불리는 곳까지 이른다고 우리는 믿고 있지만 우리가 목표로 하는 정상(頂上)에 이르렀을 때 그곳이 또 다른 거대한 중심의 주변으로 회전하는 지점(支點)에 불과하지 않는다고 나는 장담 못하네. 내 느낌으로는 중심 너머의 또 다른 중심에 이르게 될 것 같고 아마 우리의 희망이 계속 더 높은 곳을 향하게 되기까지 영겁(永劫)이 걸릴 것이네. 희망은 주제를 생각하면 할수록 더 광대하고 무한해지지. 시작도 끝도 없는 공간에서 어찌 종착점을 기대할까. 우주의 전지전능한 지배자인 하나님의 존재와 속성(屬性)을 우리가 어찌 감히 헤아리겠나. 우리는 전능자(全能者)가 창조하신 광활한 우주의 크기도 아직 가늠하지 못하는데."

30. 영(靈)의 물질화(物質化)

나는 하세인에게 근래 지상에서 유행하는 강신술(降神術) 집회에 관한 설명을 부탁했다. 특히 물질화과정을 알고 싶었다.

"근래 지상인간에 의해 밝혀진 원자이론은 물질이 물질을 어찌 통과하느냐를 쉽게 설명하지. 원자론의 의미가 충분히 이해되도록 몇 가지 설명을 하겠네. 물질의 분자란 너무도 작은 나머지 직사(直射)하는 일광(日光)아래 보이는 먼지라도 큰 물체간 적용되는 인력(引力)과 척력(斥力)의 법칙을 그대로 따른 무한수(無限數)의 작은 입자(粒子)의 합이네. 이러한 물리법칙을 따라 물질화를 진행하여 혼령은 강신술집회에서 자기의 형체를 나타낸다네. 물질화하려는 혼령은 목적에 적합한 원자들을 공기중에서 혹은 영회(靈會) 참여자들의 방사물(放射物)에서 모으는데 원자들은 혼령의 뜻대로 지상육체의 형상을 이루고는 보통의 생물체에도 있는 결합소(結合素)에 의해서 모양이 유지된다네. 지상의 화학자들의 지식이 충분히 진보했다면 이 신비의 생명 영약(靈藥)을 추출해 저장해두었다가 유용할 때 사용할 것이지만 그 추출과 저장의 비결은 너무도 영묘하여 아직도 지상의 과학자들은 다룰 줄 모르고 다만 자성배광(磁性背光) 정도로 인식되고 있을 뿐이지. 생명의 원천인 일광(日光)은 이 백소(魄素)를 함유하는데 자연을 이루는 어떠한 소재(素材)보다도 가장 오묘(奧妙)하고 섬세한 이것을 일광에서 분리해 병에 담을 과학자가 있을 것인가 하지만 상위령(上位靈)들은 그러한 지식을 갖고 있으니 마치 지금의 인류에게 전기가 발견되고 관련지식이 주어져 그전에는 기적처럼 보였던 것이 가능해졌듯이 언젠가 지상의 과학이 충분히 발전하면 인간도 그러한 지식을 얻게 될 것이네."

언젠가는 일광에서 백소를 추출하여 지상의 생명체를 인간의 뜻대로 살리는 과학기술이 개발될 것이며 이는 그러한 지식을 가진 상위령이 지상에 사명(使命)을 가지고 태어남으로써 성사(成事)되

는 것이리라.11)

"강령회(降靈會)의 참석자들의 배광성분(背光成分)들도 영매(靈媒)의 것만큼이나 물질화 과정에 영향을 주네. 특정인의 배광성분이 다른 참석자들의 것과 부조화하면 물질화가 일어나지 않고 극단적인 경우엔 적대적인 성분들이 원자의 차원에서 너무도 강력히 반발하여 마치 다이너마이트가 단단한 벽을 부수듯이 영적인 폭발이 일어나기도 하네.

이러한 반발력은 도덕이나 정신의 상태와는 무관해서 그 사람은 모든 면에서 존경받는 정직한 사람일 수도 있지만 여하튼 배광이 타인과 충돌하는 사람은 아무리 조화를 노력해도 완패(完敗)할 것이니 영적인 모임에서의 접촉은 절대금물이지. 혼자서 영적추구를 한다면 혹 만족할 결과를 얻을 수 있다 해도 함께로는 절대불가능하지.

단순히 물리적 영매로 알려진 사람들 즉 탁자를 움직이는 묘기 같은 물리현상을 일으키는 영매들에게도 이처럼 특별한 정기(精氣)가 존재하지만 물질화 작업에 쓰기엔 너무 조방한 형태라 어느 정도 정제(精製)와 순화(純化)를 시켜야 하지. 그들의 것은 조생(粗生)한 주정(酒精)과 같은 것이지만 제대로 물질화를 시도하는 영매의 것은 증류하고 정제하고 순화한 것이나 같으니 이처럼 정기가 정화(淨化)될수록 물질화는 완벽해지네. 많은 영매들이 물리현상과 물질화현상의 양쪽을 다 할 수 있지만 조방한 물리현상능력이 개발돼 있을수록 물질화능력의 정교함은 떨어지네. 물질화현상을 영매가 복제되었다가 잠시 망인(亡人)같은 형태로 변할 뿐이라든가 참석자들로부터의 방사물(放射物)이 출현령(出現靈)의 형태에 영향 있다고 여기는 것은 오류이고 그것은 어떠한 이유로 물질의 정기가 불충분하거나 영이 사용능력이 없는 경우이지. 영이 밀랍을 녹이듯이 자신의 모습을 방사된 원자들에 새기지 못하면 방사원자는 원래 속했던 사람의 인상이 유지된다네. 정기가 충분하면 영은 자신이 모은 원자들을 충분히 오래 붙잡아두며 자신의 모습을 새길 수 있지만 정기가 결여되면 처리가 완료되기 전에 응집력을 잃으니 영은 급히 불완전한 모습을 보이거나 혹은 전혀 보이지 못하네.

"친숙한 비유로 설명해 보겠다. 물질체를 가진 자는 육체를 재생성하는데 필요한 성분을 준비상태로 함유한 고기 야채 음료 등을 먹어서 소화과정을 거쳐 영혼의 지상외피(地上外皮)의 일부분으로 삼는 것이나 마찬가지로 영은 영매와 참석자들로부터 방사된 기존의 원자들을 광속(光速)으로 자신을 위한 물적외피로 소화하고 재배열하여 능력껏 자신의 형상을 인상(印象)지우네."

사람들의 방사원자가 재료라 하면 영은 그것을 가지고 입체성형 즉 삼차원인쇄를 행한다고 보아 옳았다.12)

"중생(衆生)의 몸을 구성하는 모든 원자들은 주위로부터 직간접으로 끌어당겨져 이런저런 형체에 흡수되어 존재하다가 영의 외피 역할이 끝나면 다시 방출되어 다른 생명체에 의해 다른 형체 속으로 흡수되네. 인간 육체의 물질이 계속 변화한다는 건 주지(周知)의 사실인데도 영이 강령회 참석자들의 방사원자를 자신에게 적용할 때 참석자들의 성질(性質)까지 물질원자와 함께 취했을 것이라고 예단(豫斷)하고 물질원자로 덮여 나타나는 영이 자신들의 몸과 뇌의 사념사출물(思念射出物)일 뿐이라고 믿으려는 이들이 많은데 이는 영이 자신을 물질계에서 드러낼 때 필요로 하는 건 조방한 물질이지 성질체(性質體)가 아님을 모르기 때문이네. 예단이 오류인 확실한 증거는 참석자 아무도 예상치 않았던 영이 강령회에 꾸준히 나타나고 심지어 참석자 누구도 죽었다고 알지 못했던 사람이 나타나는 것이네."

"유동정기(流動精氣)는 생애동안 신체물질을 결합시키지. 죽음 즉 영혼이 몸에서 철수해서 육체와 물질원자와의 연결이 끊어질 때 몸은 그 입자의 분해를 허하여 주변환경으로 돌아가는데 냉기는 이 유동정기의 해체를 지연시키고 열기는 가속시키니 생물의 사체는 추운 날씨에서보다 더운 날씨에 빨리 부패하지. 그리하여 이처럼 버려진 외피에 남은 저급생명자기력(低級生命磁氣力)으로 길러지는 미생물의 양분이 되네. 이 유동정기는 과학자들에게 알려져 있는 전기유체(電氣流體)와 비슷하지만 그것은 광물과 식물의 산물이라 이 인간 전기보다 저급하고 조악(粗惡)해서 인체에 흡수되려면 다른 성분과 결합되어야 하지."

보통의 전기유체가 인체에 흡수되려면 먹은 뒤 소화과정을 거쳐야 하는 것이었다.13)

"이 고등정기(高等精氣)는 고등생명소(高等生命素)로서 영생명소(靈生命素) 유생명소(幽生命素)처럼 해당 계층(界層)에서 긴요(緊要)하네. 전이상태(轉移狀態) 중에는 그것이 인위적인 유도이든 영민자(靈敏者)나 영매의 영적 전개의 결과이든 생명정기의 많은 부분이 빠져나가서 형상을 입으려는 혼에게 사용되는데 그런 중에도 방출자(放出者)는 생명유지가 필요하니 생명정기가 돌아오도록 주의해야 하네. 어떤 영매는 이 생명정기가 자유로이 방사되니 회복하도록 주의하지 않으면 육체의 죽음이 초래되지. 다른 경우 추출이 매우 어렵거나 너무 소량이어서 추출행위가 무용하기도 하지.

고순질정기(高純質精氣)가 풍부한 영매의 배광(背光)은 애화(愛和)로운 순은(純銀)빛을 내는데 이는 신시자(神視者)에게 보이며 물질화되지 않은 혼들을 보이게도 하지. 영매로부터 은광(銀光)이 별처럼 강하게 방사하면 물질화된 혼을 보기위해 다른 빛이 불요하네. 혼은 자신의 복장을 둘러싸 비추는 은색미광(銀色美光) 가운데 성인(聖人)이나 천사(天使)의 모습으로 나타나는데 옛 목격자들은 틀림없이 합당한 배광의 영매를 통해 보았을 것이네.

물질화작업하는 영매와 현재 물질체상태인 참석자들의 도움으로 혼이 착용할 몸을 구축(構築)하는 절차가 간소화되기는 하지만 가장 높은 우주마음누리의 영들은 영매나 물질체인간의 도움 없이도 스스로 물질체를 준비할 수 있지. 그네들은 화학법칙을 충분히 알고 의지력이 물질화과정상의 필요에 부합(符合)하지. 동물식물광물 그리고 지구의 대기가 인체구성물질을 함유하니까 이네들로 몸을 생성하고 이들로부터 생명정기를 추출하지. 인간의 몸이란 지표면과 대기에 있는 물질과 기체의 조합(調合體)인데 영이 모든 면에서 지상인(地上人)과 유사(類似)한 육체를 만들어 자기를 포장하고 뜻에 따라 일시간 유지하려면 이네 여러 물질의 조합과 접착(接着)의 법칙을 알면 되는 것이지.

이런 과제에 관련한 수많은 자연법칙에 세부까지 정통(精通)하려면 고수준의 영성이 필요하니 이런 지식은 높은 마음누리에만 허용되네. 고대인이 인간을 만들 수 있다는 주장은 일단 옳았고 피조물에 유계(幽界)나 그 이하의 생명소(生命素)를 주입(注入)하여 어느 정도 생명화할 수 있었지만 그 생명을 보지(保持)시키지는 못했는데 이유는 그런 낮은 생명소의 수집(蒐集)마저 극히 어려웠고 그렇게 생명화한 인공신체는 영혼고유의 지능과 이성(理性)이 없으니 결국 인간이나 혼령 아무도 인공신체에다가 지성(知性)과 불사(不死)의 독자체(獨自體)인 영혼을 사급(賜給)하지 못했네. 반면에 그네 인공신체는 혼령의 포장으로는 작용하여 혼령의 물질외피에 대한 완상보존력(完狀保存力)이 허용하는 시간만큼 대인대화(對人對話)가 가능했지. 이런 지식을 가졌던 고대인들이 자기네의 물적 외피를 갱신 가능했던 것은 의심의 여지가 없어. 그들은 지상에서 실질적 영생을 누렸는데 신체물질원자들을 해체하고 육신의 속박을 벗어나 저에 맞는 육체를 재창조했지. 그 선인(仙人)들은 놀라운 비전능력(秘傳能力)의 소유자들이었지.

그런데 우리가 그들과 다른 점은 영적지식의 적용범위와 이를 다루는 정책이니 이를 육체속의 인간에게 자유로이 개방함은 현명치 못하니 위험한 지식으로부터 인간을 보호하려는 의무감일세. 우리는 이러한 지식을 이해하고 응용할 만큼 심적으로 발달했다면 인간이든 혼령이든 공유해도 무방하다고 보는데 이 과제의 큰 스승이며 지도자인 아린지만의 견해이지. 선생은 동양출신인데 신비학(神秘學)을 지상에 있을 때를 더해 떠난 뒤 이천여년을 연구해 왔네. 서양인들에겐 아직 생소한 이들 이론의 근원과 실체에 두루

통달하시지.

  원자들만으로 육체를 창조할 능력이 있다 해도 고급령들은 좀처럼 사용하지를 않는데 보통의 물질화에는 그런 연습이 필요 없기 때문이지. 물질화회(物質化會)의 회원들로부터 나오는 방사물(放射物)과 영매의 배광에 신체형성을 위한 정기가 충만하면 시간과 노고를 줄여 절차가 간단해지는데 마치 기성직물을 구입하면 재단사가 직접 양모를 길러 방사(紡絲)하여 옷감을 짜는 과정이 생략되어 의복제조공정이 단순해지는 것이나 같지.

  간혹 물질방출량이 많은 영매는 체중이 현저히 줄어든다네. 심하면 물질포장의 거의 전부가 사용돼서 영매의 물상(物像)이 사라지지만 신시자(神視者)에게는 아직 유체(幽體) 혹은 영체(靈體)가 의자에 있는 게 보이는데 단지 조대(粗大)한 물질원자만이 취용(取用)되고 심적원자들은 그대로인 것이지. 물질화회에 참석하는 혼령들은 자신을 물질화하든 혹은 주관(主管) 혼령을 보좌하든 간에 결과를 얻어낸 방도를 통상 모르는데 마치 화학의 발견물과 화학자의 제작물을 활용하는 사람들이 이들 물질이 어찌 얻어졌는지 모르는 격이지. 모든 물질화현장)에는 선진영계(先進靈界)에서 내려온 보이지 않는 감독자가 있는데 수석화학자(首席化學者)로서 유계(幽界)의 제어력이 강한 혼령과 그 휘하에게 지침을 전한다네. 그 혼령은 영매와 접촉해 참석회원의 친인의 물질화를 지도하고 이따금은 자신이 일동 앞에 물질화되어 나타나기도 하지.

  지금 영계에서는 혼령에게나 인간에게나 지식을 길러줄 목적의 강력한 운동이 진행되고 있네. 동서양의 종교근본주의자들이 지식의 확산을 막고 사찰경내(寺刹境內)에 한정하려 하겠지만 워낙 강력한 움직임에는 역부족일 것이네. 전방위(全方位)에서 모여든 사람이 지식가(知識街) 곳곳의 입문(入門)을 두드려 조만간 열릴 것이네.

  지식은 모든 영혼의 양도불가(讓渡不可)한 태생권리(胎生權利)로서 누구도 억압못하고 어느 계층의 전유물(專有物)도 안 되지. 마음이란 생각하며 지식을 추구하여 습득(拾得)되는 편린(片鱗)을 먹으며 자라나는 것인데 신중히 판단하여 밝혀낸 지식을 분배하여 동화(同和)시키는 것이야말로 억눌림 속에 갈구하는 인간영혼이 오류의 쓰레기더미에서 제멋대로 지식을 찾아 모으도록 방치하는 것보다 낫지 않겠는가.

  인류는 영원히 진보하네. 더 이상 유아(乳兒)에의 보호감독은 성장기의 청소년들에게는 맞지 않지. 인류는 자유를 원하기에 보호감독의 긴장이 풀리지 않으면 팽팽한 연결선을 끊을 것이라 지식탐구의 경로에서 능력의 한계로 방황의 고통을 당하리라. 그렇다면 민족의 지도자격이 되는 사람들은 광명과 지식을 향한 이러한 갈망에 대하여 열릴 수 있는 모든 소로(小路)와 대로(大路)를 통해 가장 이해하기 쉬운 형태로 시대의 지혜(智慧)를 제공함이 옳지 않은가. 지구의 위상(位相)은 있는 그대로는 우주지식에서 소반점(小斑點)에 불과하지만 시시각각 인간지성은 신선한 광선이 조사(照射)되어 신조(信條)와 기지(機智)와 함께 확장되어야 하네. 다만 시야를 가린다고 과거를 억누르지는 않고 말이네."

31. 영계는 왜 불가시(不可視)한가 그리고 심령사진

"하세인, 묻고 싶은 것이 있소. 지상인(地上人)들에게서 종종 들었는데 마음누리가 지구주변에도 태양과의 사이에도 존재하는데 왜 사람들은 못 볼뿐더러 방에 함께 있는 혼령마저 보지 못하나요. 단지 영시력(靈視力)이 없어 혼령을 못 본다는 걸로는 모두를 만족시키지 못하죠. 더 명확한 설명이 필요해요. 나도 혼령이면서 내 존재와 거처를 의식하고 있는데 나는 그런 질문에 답하지 못하오. 당신은 가능할까요."

하세인은 웃었다. "하려면 상세한 설명을 수십 번이라도 하겠지만 그래봤자 당신이나 혼령을 못 보는 저네 인간들이나 어느 쪽도 깨달음이 없을 것이네. 그러니 되도록 상식적인 대답을 해야겠네. 먼저 어떤 인간영매가 찍은 물질화되지 않은 혼령사진을 보았는지. 인간의 시야에 그들은 반투명으로 나타나지. 물질의 문(門) 창(窓) 가구(家具) 들이 혼령 너머 보이지.

이는 어느 만큼의 물질이 유체 즉 첫 단계의 영질(靈質)에 의해 점유되는가를 보이는데 물질입자는 매우 박(薄)하게 퍼져있어서 더욱 영묘한 원자로 결합된 섬세한 그물과도 같은데 그 원자는 매우 승화(昇華)되었기에 현재 사진사가 사용하는 가장 민감한 감광판(感光板)으로도 인화되지 않지. 지구를 떠난 혼령은 현재의 감광판으로는 촬영불가한데 그들은 몸을 구성하는데 충분히 굵은 원자를 갖지 않으니 지상의 것과 같은 몸을 만들든가 그렇지 않으면 영시자(靈視者)만 가시(可視)하고 물시자(物視者)는 불가시한 경우 심령사진에 보통 사용되는 방법을 사용하지. 먼저 준물질적(準物質的) 인간원자의 뭉치로부터의 형성을 말했듯 이네 혼령들은 유체(幽體)의 외피나 신체를 이용하네. 영혼은 다른 어떠한 영혼을 덮는데도 사용되지 않았던 소성(塑性)의 유각(幽殼)을 조소가(彫塑家)가 진흙을 다루듯이 선호하는 모양으로 형성하네. 혼령이 가진 의지력과 지식수준에 따른 다소의 유사성을 가진 복제물이 촬영될 수 있었지. 엄밀히 말해 혼령자체의 사진이 아니지만 영능력을 발휘하는 혼령의 존재증거로서 부족함이 없어. 보통 혼령은 소성의 유체재료에 자기모습을 성형(成形)하지만 더욱 진화한 과학적인 혼령은 인상(印象)을 찍을 유체를 준비하지.

　심령사진을 찍을 때 혼령은 더 물질화된 원자로 실체를 만들어 외장(外裝)하지. 통시자(統視者)들은 사진에 찍히려고 유체를 입은 혼과 그냥 혼령들을 분별 못하는데 그런 분별력이 아직 영매들에게는 발달 안 되었을 뿐더러 그냥 보이는 혼령이 사진에는 반투명체로 나오는 이유도 저들은 알지 못하네. 투시자는 비교적 굵은 유체원자들뿐 아니라 보다 영화(靈化)된 물질이라도 그냥 사지(四肢) 온전한 몸으로 볼 수 있지. 혼령이 투명한 그림자처럼 나타나면 내려온 혼령은 단지 그림자 즉 빈껍데기가 아닌가 하겠지만 투명하게 찍히는 이유는 현재 사용되는 사진 기구(器具)가 혼령의 모든 형질(形質)이 아닌 굵은 입자들만 포착(捕捉)하기 때문이네. 완전히 물질화된 혼령을 사진 찍으면 투명하게 나오지 않는데 형체가 완벽하고 생생히 살아 있어 보이니 이건 영혼 사진이 아니고 영매가 변장한 것이라느니 하는 소리가 나오지. 영계의 너무도 넓은 탐색소재(探索素材)는 묘(妙)한 불가사의(不可思議)로 가득 차 있는데도 맹목자(盲目者)들은 물질계에서나 통할 지식을 갖다 붙이고는 마치 중대한 과학적 의문에 최종결론을 내렸다는 등 하는 것이네.

　사진이 어떻게 혼령을 전통적인 유령모습으로 보여주는가를 설명했으니 자네의 질문으로 돌아가서 인간도 저들을 그렇게 보게 되는 이유도 말해주지. 내 뜻을 예시(例示)하기 전에 자네가 영시력(靈視力)이 없던 지상의 몸에 있다 상상하게. 물적시각과 영적시각)을 두 눈에 각각 할당(割當)해 보겠네. 좌안은 물적 우안은 영적 시각을 담당한다면 빛을 등지고 서서 우안 앞에 손가락을 세워 우안으로만 보이는 곳에 위치하면 좌안에는 오직 벽만 보이지. 우안을 감으면 손가락은 안보이지만 여전히 거기 있고 좌안 즉 물적

시선에 존재하지 않을 뿐이다. 양안(兩眼)을 동시에 뜨면 손가락은 분명 보이지만 양안의 시야가 겹쳐 투명하여 손가락 너머로 벽이 보이니 손가락 유령(幽靈)이라 할 만하겠지. 마찬가지로 확고한 실체인 혼령이 투명한 유령의 모습으로 보이는 것이네. 그러므로 물적시각만 있는 사람은 영적시각으로 식별할 존재를 볼 수 없고 양쪽의 시각이 동시에 열려 있는 사람은 혼령을 볼 수는 있지만 먼저의 손가락처럼 투명하게 보이니까 유령이 대중에게 그렇게 인식된 것이지. 영적시각으로 영체(靈體)를 보는 통시가(統視家)는 영매능력을 관장(管掌)하는 지혜력(智慧力)으로 물질시각을 닫고 보니까 그들에게는 영체가 물적시각)에서의 물체들처럼 확고한 실체로 보이지. 물적시각이 지구대기를 채우는 물질원자에 달려 있음을 아는 사람은 별로 없지. 그런 원자들이 없다면 그것을 볼 빛도 없을 것이네.

인간은 밤에 멀리의 별을 볼 수 있는데 스스로 태양이 아닌 혹성(惑星)도 태양빛을 반사하는 물질체이기에 보이지. 낮에도 별들은 그 자리에 있지만 대기(大氣)의 다량의 물질입자들의 태양빛 반사광이 너무 강해 별들은 물적시각으로 불가시(不可視)하지. 조명된 대기권을 벗어나면 한낮에도 별이 보이는데 주변의 우주는 햇빛을 반사시키는 물질입자가 없어 매우 어둡다네.14) 그러니 인간이 태양 근처로 다가간다 해도 그 빛은 물적시각에는 보이지 않고 온통 어두울 뿐이지. 아무리 작아도 태양빛을 반사하는 물질이 조금이라도 있어야지. 인간이 태양빛이 영질(靈質)을 통해 지구로 온다는 것을 아는 것은 추리와 분석을 통해서이지 보아서가 아니네. 실제로 대기권을 넘어가면 태양빛이 보이지 않지. 인간은 달빛이 달 표면에 반사된 태양 빛일 뿐임을 아네. 경험과 실험으로 입증되어 지금은 보편적으로 받아들이지. 마찬가지로 대기(大氣)에 부유(浮游)하는 물질원자들도 태양빛을 반사시켜 지구를 밝게 해주는 초미세월(超微細月)이네. 지표에서 대기권에 연속 방사(放射)되는 입자들은 지구주변의 정기(精氣)를 이루며 태양광의 영적성분을 통시자에게 반사해 보이는 미세영자(微細靈子)를 덮으며 회전하는 대조원자(大粗原子)이지. 이 정기는 유계(幽界)를 형성하고 유체(幽體)에 비하여서의 그 밀도는 물적대기가 인간육체에 비하여서와 같다. 영자(靈子)들에 비치는 태양광의 영적성분은 혼령들이 보는 유계에서의 빛이다. 이제 영계가 지구주변 그리고 지구와 물적태양 사이에 보이지 않게 존재함을 상상하는 것이 쉽다. 영계와 거주자들은 투명하고 무형적으로 보이나 그들은 우리가 방금 반투명하게 보았던 손가락만큼이나 확고한 실체이다. 인간의 비교적 밀도가 큰 물질에 한정되는 불완전한 시야 때문에 안보일 뿐이다."

32. 황금문(黃金門)을 지나서 - 나의 어머니 - 명일국(明日國)의 나의 집- 친구와의 회합

생전에 나는 하늘에 떠다니는 구름을 좋아했다. 구름이 집이든 교회이든 개이든 닭이든 어떤 모양을 하고 있는지는 내가 생각하기 나름이었다. 그럼에도 구름이 정말로 생각대로 모양을 바꾸기를 바라기도 했었다.

내가 저승의 둘째누리로 들어와서부터는 하늘에 언제나 구름이 떠 있었다. 사랑스러운 양털 같은 구름은 수천 가지 모양을 하면서 아름다운 색조까지 띤다. 이따금 무지개가 되었다 눈부신 흰색이 되었다 하다가 내가 구경하기를 그치면 사라지곤 한다.

나는 다른 혼령들이 저승의 하늘엔 구름이 없다고들 하는 말을 들었다. 그들의 말로는 언제나 하늘이 맑게 개어있다는 것이다. 그들의 지역에선 분명 그럴 것이다. 저승에서는 생각하고 바라는 대로 자기의 누리가 펼쳐진다. 나는 구름을 보는 걸 좋아하기에 내가 보는 하늘에는 구름이 있다. 구름은 때때로 모습을 감추기도 하고 수줍은 듯 살포시 모습을 드러내기도 하고 어떨 땐 거대한 성처럼 하늘을 온통 뒤덮으며 나를 즐겁게 해준다.

조선국에서 작은 집을 얻게 된 후 얼마 지나지 않았을 때였다. 지평선 위에 사막의 신기루처럼 떠 있는 굉장히 아름다운 황금의 문이 뚜렷하고 생생하게 나타났다 사라지곤 했다. 요정의 나라의 입구처럼 생긴 그 문 앞에선 맑은 물이 흘렀고 주변에 빽빽이 들어찬 상쾌하고 푸른 나무들은 문 위로 가지를 드리우고 있었다. 내가 그걸 바라보고 있는데 아버지가 나타나서 내 어깨에 손을 얹고 말했다.

"프란츠, 너에게 들어오라고 부르는 저 문은 둘째 누리의 가장 높은 층으로 들어가는 통로란다. 저 문 너머에는 너의 새 집이 기다리고 있단다. 네가 지금 이 작은 집에 머무는 것으로 만족하지 않았다면 벌써 저 곳으로 갔을 게다. 이제 그만 가서 새로운 환경이 마음에 드는지 알아보는 게 좋을 거야. 너도 알다시피 나는 이 누리 위의 세 번째 누리에 있다. 네가 좀 더 가까이 와 있으면 내가 찾기도 쉬워지고 같이 있는 시간도 많아지지 않겠니?"

　아버지의 말에 놀라 한동안 나는 아무 말도 할 수 없었다. 내가 저 문을 곧 통과할 수 있다는 게 믿어지지 않았다. 나는 아버지의 조언을 받아들여 정든 나의 작은 집에 아쉬운 작별을 고했다. 그리고 그 새로운 나라를 향해 발을 옮겼다. 그 문은 이제는 먼저처럼 사라지곤 하지 않고 계속 저 앞에서 빛나고 있었다.

　저승은 행성과 달리 표면이 둥글지 않기에 지평선 너머로 물체가 사라지는 일이 없고 하늘과 땅이 맞닿는 일도 없다. 대신 하늘이 거대한 덮개처럼 걸려 있고 위에 있는 층은 지평선 위의 산 정상에 펼쳐진 고원처럼 보인다. 산을 올라가 새로운 나라에 들어서 보면 그곳 지평선의 저 쪽의 더 높은 곳에 또 다른 산들과 그 위의 새로운 땅들이 있는 것을 볼 수 있다. 마찬가지로 아래를 내려다보면 연속적으로 이어진 테라스처럼 아름다움이 위에만 못한 낮은 영역들이 계속 이어지다가 마지막에 지구를 감싸고 있는 지상 영계가 보인다. 시력이 잘 발달된 혼들은 거기서 다시 테라스처럼 연속적으로 이어지는 땅들이 지옥까지 펼쳐져 있는 것을 볼 수 있다. 이처럼 누리와 누리 그리고 층계와 층계들이 연속적으로 이어지고 각각의 층계들 사이엔 자기력 파동의 장벽이 가로 놓여 있어 낮은 층계의 존재들이 높은 층계와 조화를 이룰 때까지 진입을 막고 있다.

　황금의 문을 향해 가는 동안 나는 이 제이층계마루의 여러 누리를 거쳤다. 만일 내가 새 집을 보고 싶은 마음이 간절하지 않았다면 오랫동안 망설이고 떠나지 않았을 만큼 매혹적인 곳이었다. 나는 언제든 도중에 멈춰 그러한 땅들을 탐사할 수 있다는 것을 알고 있다. 영들은 자기보다 낮은 영역들을 원하면 언제든지 방문할 수 있다.

마침내 나는 나와 황금의 문 사이에 있는 마지막 산의 정상에 도착했다. 눈앞에 정말 아름다운 나라가 펼쳐져 있었다. 나무들이 환영하듯 가지를 흔들며 서 있었고 꽃들이 지천에 피어 있었다. 발밑으로 반짝이는 강물이 흐르고 그 너머에 황금의 문이 있었다.

나는 벅찬 가슴으로 아름다운 강물에 뛰어들어 헤엄을 쳤다. 상쾌한 물살이 머리와 몸을 적셨다. 옷이 젖을까봐 걱정한 건 아니었지만 강 건너편에 도착하자 흠뻑 젖었던 옷이 금세 말끔히 건조해 있었다.

그보다 더 신기했던 것은 세 줄의 단이 쳐져 있는 내 회색 옷이 황금빛 허리띠와 금빛 단이 쳐진 눈처럼 빛나는 순백색의 옷으로 변해 있었다는 것이다. 목과 손목에도 작은 금줄이 걸려 있었다. 섬세한 결의 모슬린처럼 느껴지는 줄이었다. 나는 믿어지지 않아 몇 번이고 보고 또 보다가 떨리는 가슴으로 그 아름다운 문을 향해 다가갔다.

문에 손을 대자 스르르 열리면서 이루 말할 수 없이 아름다운 빛깔과 향기의 나무와 꽃과 식물이 양 옆에 만발한 넓은 길이 보였다.

길가의 나무 가지가 하늘거리며 반기고 꽃들도 사랑스러운 인사를 보내는 것 같았다. 발밑엔 부드러운 푸른 잔디가 깔려 있고 하늘은 너무나도 화창하고 산뜻했다. 나무들 사이로 비쳐오는 빛도 지상의 태양빛과는 달랐다.

내 앞에 아름다운 진보라 빛 언덕들과 맑은 호수가 있고 그 한 복판에 나무들이 빽빽이 들어서 있는 작은 섬들이 보였다. 알록달록 다양한 빛깔의 옷차림을 한 혼령들이 작은 보트를 타고 호수 위를 미끄러지듯 지나가고 있었다. 그 모습을 보고 있자니 내가 사랑하는 지상의 남쪽 도시가 생각났다. 그러나 지상의 모든 더러움과 죄악에서 벗어나 영광스럽게 변모된 광경이었다.

꽃들이 양옆으로 피어있는 넓은 길을 지나자 나를 맞으러 나온 한 무리의 혼령들이 보였다. 아버지와 어머니, 형제자매, 그리고 젊은 시절 알고 지낸 친구들이었다. 그들은 적색 흰색 녹색의 나풀나풀한 스카프를 흔들며 내가 가는 길에 아름다운 꽃잎을 뿌리고 환영의 노래를 불렀다. 노래는 완벽한 화음을 이루며 산들바람처럼 울려 퍼졌다. 나는 감정이 북받쳐 숨이 막힐 것 같았다. 나같은 사람이 받기엔 지나치게 과분한 행복이었다.

그리고 그 순간 나는 지상에 있는 그 누구보다도 소중한 그녀가 생각났다. "아, 이처럼 기쁘고 영예로운 순간을 그녀와 함께 할 수 없다니. 이 모든 게 그녀의 사랑 덕택인 것을!" 그런 생각이 들자 별안간 내 옆에 그녀의 혼령이 보이는 것이었다 절반은 잠들어 있고 절반은 깨어 있는 모습이었다. 잠시 지상의 육체에서 벗어나 수호령의 품에 안겨 있었다.

저승누리에서 변모된 그녀의 옷은 신부복처럼 새하얗고 이슬방울처럼 빛나는 보석이 박혀 있었다. 나는 그녀를 꼭 끌어안았다. 그러자 그녀의 영이 잠에서 깨어 나에게 미소를 지었다. 나는 그녀를 사람들에게 약혼녀로 소개했다. 그녀가 모두에게 미소 짓는 동안 수호령이 다가와 그녀를 크고 흰 망토로 덮은 뒤 다시 들어 올렸다. 그러자 그녀는 피곤한 아이처럼 잠에 빠졌고 수호령은 그녀와 함께 다시 지상으로 내려갔다.

애나는 이 때 꿈속에 있었다.

그녀는 기쁨의 순간을 함께 나누고 축하해주기 위해 짧은 순간이나마 이곳에 왔다. 그 짧은 만남에도 나는 그녀를 놓아주기가 힘들었다. 그러나 그녀의 지상의 삶이 아직 끝나지 않았고 다른 이들처럼 순례의 여정을 마쳐야 한다.

그녀가 가버리자 친구들이 내 주변으로 몰려와 따뜻한 포옹을 해주었다. 일찍 돌아가신 바람에 어린 시절 이래 한 번도 본 적 없는 어머니도 마치 내가 어린아이인 양 머리를 쓰다듬으며 키스를 해주었다. 너무 오래전 일이라 나는 어머니에 대한 기억이 희미했다.

사람들이 나를 근사한 저택으로 안내했다. 벽과 복도의 흰 기둥이 장미와 재스민으로 덮여 있었다. 아직도 지난 과오에 대한 죄책감이 남아있는 나에겐 과분하게 느껴질 정도로 아름다운 집이었다. 넓직한 방이 일곱 개나 되고 각 방엔 내 안에 내재된 성격이나 취향이 반영되어 있었다.

이 저택은 수십 미터 아래 호수를 내려다보이는 언덕에 있었다. 호수의 잔잔한 물이 자기력의 흐름으로 물결치고 있고 주변 언덕이 수면에 거울처럼 비쳐지고 있었다. 호수 건너편엔 넓은 계곡이 있었다.

산꼭대기에서 산 밑의 풍경을 내려다보듯 나는 새 집에서 내가 그동안 거쳐 온 영역들의 전경을 먼 지상 영계와 지구까지 내려다 보았다. 지구는 이곳에서 멀리 떨어진 별처럼 보인다. 지구를 보고 있으려니 그녀가 살고 있는 그곳에서 내가 할 일이 아직 많이 남아 있다는 생각이 들었다. 나는 몇 번이나 그 외로운 별을 바라보며 내 과거의 삶을 떠올렸다.

내가 먼 지구의 모습을 볼 수 있는 방은 음악실이다. 그 방엔 다양한 악기들이 있는데 벽에는 꽃 줄 장식이 걸려 있고 창에는 부드러운 커튼이 달려 있다. 창틀에는 이 아름다운 땅의 산들바람이 언제든 들어오도록 유리가 없다. 아침의 나라에 있을 때 늘 향기로 나를 기쁘게 해주었던 담쟁이덩굴이 창문 주변으로 뻗어 있다. 그리고 한쪽 벽에 그녀의 그림이 걸려 있다. 순결한 백장미 꽃으로 액자를 한 그림은 그녀의 상징과도 같은 것이다. 이곳엔 내가 희망을 잃고 어둠 속을 헤매던 시절부터 모았던 보물들이 모두 보관되어 있다. 그리고 방 안이 사랑스런 꽃들로 가득하다. 가구는 지상의 것과 같지만 외관이 더 밝고 우아하고 먼지와 티끌이 없이 모든 면에서 아름답다.

내가 좋아하는 소파도 있는데 한쪽 무릎을 꿇은 나무 요정이 네 귀퉁이를 받치고 있는 소파이다. 요정들이 내민 팔과 움켜쥔 손이 각 모서리의 위아래 부분을 이루고 있다. 머리엔 나뭇잎으로 만든 관이 씌어져 있고, 넉넉하게 주름 잡힌 옷이 너무도 우아하고 자연스러워 살아있는 게 아닌가 착각할 정도이다. 이 안락의자는 백조의 솜털 같은 부드러운 천으로 덮여 있는데 옅은 금빛이 감돌고 몹시 부드러워 보기만 해도 앉아서 쉬고 싶어진다. 나는 종종 거기 앉아 아름다운 풍경을 바라보기도 하고 멀리 희미한 지구를 내다보며 그곳에서 고생하는 사람들을 생각하기도 한다.

그 다음 방은 아름다운 그림과 조각들과 열대의 꽃들로 가득하니 방이라기보다는 온실에 가깝다고 해야겠다. 그림들은 한쪽 끝에 모여 있고 조각과 꽃들이 모여 아름다운 전경을 이루는데 그 자체로 한 폭의 그림 같다. 돌로 만들어진 방도 있다. 분수대의 물이 반짝반짝 빛을 내며 뿜어져 나와 작은 수반(水盤)에 잔잔한 파문을 일으키며 큰 수반으로 흘러간다. 졸졸거리는 소리가 음악처럼 들린다.

이 방 근처에는 눈길을 대번에 잡아끄는 그림이 걸려 있다. 지상에서의 내 삶의 한 장면을 그린 건데 어느 초여름의 한가로운 저녁 그녀와 내가 조용한 강물 위로 보트를 타고 있는 그림이다. 서쪽 숲 너머로 저녁노을이 불타오르고 어스름한 땅거미가 지고 있지만 나와 그녀는 천국에서처럼 평화롭게 안식을 취하는 모습이다. 그 그림 주변으로 또 다른 익숙한 그림들이 많이 걸려 있다. 모두가 아픈 기억이 없는 행복한 장면들이다.

내 친구들의 모습들과 내가 저승누리에 온 뒤의 모습을 담은 그림들도 역시 많이 걸려 있다. 그 방의 창밖으로는 또 다른 풍경이 보인다. 지금 내가 있는 곳보다 높은 차원의 누리의 광경이다. 누각과 첨탑과 산봉들이 밝고 어렴풋한 안개 사이로 빛을 발하고 있고 무지개색과 황금색 청색과 백색 등으로 변한다. 장면은 수시로 변하는 데 과거의 장면은 뚜렷하지만 미래의 장면은 희미하고 어렴풋하다.

그림이 있는 응접실에는 눈을 즐겁게 하거나 휴식을 취하는 데 필요한 모든 것들이 마련되어 있다. 지상에서처럼 저승누리에서도 우리의 몸은 휴식이 필요하기 때문이다. 그리고 지상의 사람들이 일해서 번 돈으로 좋은 가구를 사듯 우리도 우리의 노고로 얻은 거위털 침대에 누워 휴식을 취할 수 있다. 또 다른 응접실은 친구들의 여흥을 위해 마련된 것이다. 이곳은 더 낮은 영역에서처럼 식탁이 있고 조촐하지만 맛있는 과일과 케익 먹음직스러운 음식들이 마련되어 있다. 지상의 음식들과 같지만 덜 물질적이다. 그리고 전에 말한 적 있는 맛깔 나는 탄산와인도 있다.

또 다른 방은 나와 내가 존경하거나 사랑하는 사람들의 인생을 기록한 책들로 가득 차 있고 그 밖의 다양한 주제를 담은 책들도 많다. 그 책들은 활자가 들어있지 않고 책을 쓴 사람의 생각이 말 대신 그림으로 훨씬 정확히 표현되어 있다. 이 책들을 통해 상층 영계에 거주했던 위대한 시인과 학자들의 영감에 찬 생각을 전달 받을 수 있다. 그리고 이곳에 앉아 내 앞에 놓인 책의 빈 페이지에 내 생각이 담긴 글을 채워 넣을 수도 있다.

정원으로 나오니 집안에서와 같이 꽃들이 사방에 피어 있다. 내가 워낙 꽃을 좋아하다보니 마치 꽃들이 행복한 이야기를 귀에 대고 재잘거리는 것 같았다. 집 주변엔 테라스가 있고 정원은 거의 호수 위에 걸려 있는 것처럼 보인다. 특히 한 귀퉁이가 양치류와 꽃이 핀 관목들로 자연스레 울타리가 쳐져 있다. 이 호젓한 공간은 집에서 약간 외진 곳에 있어 내가 가장 즐겨 찾는 휴식처가 되었다. 바닥은 지상에서는 볼 수 없는 부드러운 이끼가 융단처럼 깔려 있고 사방에 꽃이 피어 있다.

나는 그곳에 앉아 지구를 바라보며 그녀가 살고 있는 곳은 어디일까 궁금해 하곤 했다. 그녀의 생각이 나에게 닿는 것처럼 내 생각도 수백만 마일을 가로질러 그녀에게 닿을 것이다. 우리의 사랑이 자기력의 끈으로 연결되어 있어 어떠한 힘도 그 연결을 끊을 수 없기 때문이다.

내가 이 모든 것들을 바라보며 감탄하고 있을 때 친구들이 다시 나를 집안으로 데려가 미리 준비한 환영 만찬을 시작했다. 얼마나 행복한 시간이었는지. 우리는 각자의 발전과 행복을 기원하며 건

배를 했다. 그 와인은 먹어도 취하지 않고 술자리를 망치는 추태를 유발하지 않는다. 과일도 너무 맛있었고 요리 하나하나가 나에 대한 누군가의 사랑이 듬뿍 담긴 것이었다. 너무 행복해 마치 꿈을 꾸는 것 같았다.

마침내 친구들이 전부 떠나고 아버지와 어머니만 남았을 때 나는 두 분을 따라 위층에 있는 침실로 안내되었다. 이층에는 세 개의 침실이 있었는데 그 중 둘은 친구들이 와서 묵을 방이다. 둘 다 매우 잘 꾸며져 있고 몹시 평온한 분위기였다. 세 번째는 내 방인데 혼자 생각에 잠기고 싶을 때 쉴 수 있는 곳이었다.

방안에 들어서자 깜짝 놀랄 정도로 눈길을 끌었던 것은 다름 아닌 침대였다. 백설처럼 하얗고 부드러운 천으로 만든 그 침대는 엷은 자색과 금색으로 테두리가 장식되어 있었다. 받침에는 눈부시게 흰 석고에 나무 요정 같은 두 천사가 조각되어 있었다. 그 두 천사는 나보다 크고, 내가 본 어떤 혼체들보다도 커서 그들의 머리와 펼쳐진 날개가 거의 천장에 닿을 듯했다. 그들은 완벽하게 우아한 자세를 취하고 있었다. 발은 바닥에 닿을 듯 말듯 했고, 구부린 자세와 반쯤 편 날개가 마치 천상계에서 막 내려와서 침대 위에 떠 있는 것처럼 보였다.

그 천사들은 각각 남성과 여성의 형태를 취하고 있다. 남성은 머리에 투구를 쓰고 손에 검을 쥐고 있다. 다른 손으론 왕관을 높이 들어 올리고 있다. 그의 모습은 완벽한 남성미와 우아함을 갖추고 있다. 강함과 부드러움이 동시에 드러나는 얼굴은 신성한 제왕의 위엄을 갖춰보였다.

여성상은 그보다 약간 작은데 전체적으로 더 섬세한 인상을 준다. 얼굴은 온화함과 상냥함 여성적인 순결함과 아름다움이 넘친다. 눈매는 대리석으로 조각된 것인데도 부드럽고 치렁치렁한 머리카락은 어깨를 반쯤 가리고 있다. 한쪽 손에 하프를 들고 있고, 다른 손은 남자 천사의 어깨에 올려놓은 것이 그의 힘에 의지하는 것처럼 보이다. 반쯤 숙여진 아름다운 이마 위에는 흰 백합으로 만든 관이 씌어져 있다. 얼굴 표정은 이루 말할 수 없는 단아함과 모성애적인 자애로움을 풍기고 있는데 성모 마리아에게서나 볼 수 있을 법한 느낌이다. 두 천사의 자태와 모습은 이제까지 본 천사의 모습 중 가장 완벽한 아름다움을 담고 있다. 나는 그들이 어디론가 사라지기라도 할 것처럼 한참을 뚫어지게 쳐다보았다.

나는 아버지께 어떻게 이런 아름다운 조각을 얻으셨는지 그리고 천사들이 왜 날개를 달고 있는지 여쭤보았다. 천사들은 날개를 갖고 있지 않다고 들었기 때문이다.

"이 아름다운 조각상들은 네 엄마와 내가 너에게 주는 선물이란다. 네가 이 조각상들 밑에서 편히 쉬었으면 하는 게 우리의 바람이거든. 너를 늘 보호하려는 우리의 마음이 담긴 징표라 할 수 있지. 날개가 있는 이유는 그게 천사들의 상징이기 때문이다. 하지만 가까이서 보면 이 날개가 몸에 걸친 옷의 일부분이란 걸 알 수 있을 게다. 지상의 화가들이 그리는 것처럼 어깨에 달린 날개가 아니란다. 게다가 이 날개들은 하늘로 날아오르는 천사의 힘을 표현한 것이야. 빛나는 장검과 투구는 전쟁을 상징하는데 투구는 과오와 암흑과 압제에 대한 지성의 투쟁을 장검은 인간이 늘 겪는 저열한 본능과의 투쟁을 뜻한다. 백합 화관은 덕과 극기의 영광을 상징하지.

여자의 손에 들려진 하프는 그녀가 음악 영계의 천사임을 보여주고 남자 천사의 어깨에 놓인 손은 자신의 힘과 강인함을 남자천사의 강한 품성에서 얻고 있음을 나타낸다. 침대를 굽어보는 자세와 표정은 모성애적인 사랑과 보호를 의미하지. 여자가 남자보다 작은 것은 네 안에 남성적인 요소가 여성적인 요소보다 강하기 때문이야. 남성성과 여성성이 동등하게 균형을 이룬 사람이라면 두 천사의 크기가 같도록 표현되겠지만 너는 그렇지 않기에 여자가 남자에게 의지하는 모습으로 표현된 것이지.

남자 천사는 힘과 보호를 상징하고 여자 천사는 순결과 사랑을 상징한다. 그들은 함께 영혼의 영원한 이중성을 보여주는데, 어느 한쪽만으로는 완벽하지 못하단다. 그들은 네 영혼의 쌍둥이 수호천사를 의미하고 그들의 날개는 너를 늘 지키기 위해 펼쳐져 있는 거라 할 수 있지."

이렇게 아름다운 집에서도 가끔 외로움을 느낄 때가 있다는 걸 고백해야 할까. 나는 이 집을 내 힘으로 얻었지만 이곳에서 함께 지낼 사람은 아직 없었다. 즐거움을 나눌 사람이 옆에 있으면 즐거움이 갑절이 되곤 한다. 나의 반려자는 아쉽게도 아직 지상에 있고, 이곳에 오려면 긴 세월이 흘러야 하다. 신우는 나보다 위의 영역에 있는 그의 집에서 살고 있다. 하세인은 그보다도 훨씬 위에 살고 있다. 가끔 부모님처럼 그들을 보긴 하지만 좋은 친구로 늘 곁에서 함께 할 사람은 없다. 집에 와도 반겨줄 사람이 없고 나도 기다릴 누군가가 없다. 종종 그녀를 보러 지상에 가지만 영계의 높은 곳으로 올라온 뒤론 그전처럼 오래 머물지 못한다. 안개가 자욱한 곳이나 탄광 속 같은 느낌이 들어 저승누리로 돌아오면 몸을 회복시켜야만 한다.

나는 아름다운 방에 홀로 앉아

"아! 대화를 나눌 누군가가 있다면 얼마나 좋을까. 생각을 터놓고 지낼 만큼 마음이 맞는 사람이 있으면 좋을 텐데"

하며 한숨을 쉬곤 했다.

그럴 때 신우가 반갑게도 예상치 못한 방문을 했다. 그가 나에게 제안을 하나 했다.

"방금 이 영역에 새로 들어온 친구가 있네. 그 사람을 대신해 내가 이렇게 온 것이네. 그 사람은 아직 집이 없어 자신처럼 예술적 재능이 있는 사람과 같이 지낼 집을 찾고 있네. 이곳에 별다른 친척도 없고 해서 당신이 그 사람과 함께 지내면 어떨까 싶은데."

"당신 친구라면 저도 언제든지 환영이에요."

신우가 웃음을 터뜨렸다.

"그는 내 친구이지만 당신 친구이기도 하네. 찬유라고 아는가?"

"찬유!" 나는 너무 놀라고 기쁜 나머지 비명을 질렀다. "찬유라면 더더욱 좋아요. 얼른 데려와주세요."

"지금 여기 와 있네. 문 앞에서 기다리고 있네. 당신이 어떻게 나올지 몰라 들어오려 하지 않네."

"말도 안돼요. 어서 빨리 데려옵시다."

문밖으로 나가보니 그가 서 있었다. 예전에 무서운 도시에서 마지막으로 봤던 때와는 많이 달라진 모습이었다. 그땐 수척하고 가라앉은 모습이었는데 지금은 밝아져 있었고, 옷도 나처럼 순백색이었다. 아직 얼굴에 슬픔의 흔적이 남아 있지만 그래도 평화로워 보였다. 우리가 남국 출신다운 뜨거운 포옹을 하는 동안 마주친 그의 눈에는 희망의 빛이 서려 있었다. 찬유를 다시 만난 건 정말 기쁜 일이었다. 둘 다 죄를 짓고 고통을 받았지만 이제부터는 형제처럼 지낼 것이다.

그리하여 이제 내가 사는 집은 더 이상 쓸쓸하지 않게 됐다. 우리 중 하나가 일을 마치고 돌아오면 다른 사람이 맞아주고 즐거움과 위로를 함께 하며 성공과 실패에 대해 이야기를 나눌 수 있었기 때문이다.

33. 각각의 층위(層位)를 살펴보다

나는 방에서 긴 잠을 자다 깨어났다. 늘 그랬듯 눈앞에 아름다운 두 수호천사 상이 서 있었다. 그런데 이날따라 그들의 표정이 평소와 뭔가 다르게 느껴지는 것이었다. 그때 아린지만이 나와 대화를 나누고 싶어 한다는 직감이 들었다. 그래서 나는 온 몸을 이완시키고 교신를 받을 준비를 했다.

잠시 후 내 주변으로 눈부시게 빛나는 거대한 구름이 몰려들었다. 방 안이 온통 구름에 싸여 아무 것도 보이지 않았다. 그리고 내 영혼이 몸에서 빠져나왔다. 영혼의 외피는 침상에 그대로 누워 있는 상태였다. 마치 스승의 급한 부름에 따르는 듯 내 영혼은 올라갔다. 저승누리에 온 이후 그렇게 가벼운 느낌을 받아본 적은 없었다.

마침내 높은 산의 정상에 도착했는데 그곳에서 내 밑으로 회전을 하는 지구와 낮은 누리와 높은 누리를 볼 수 있었다. 내가 사는 지방도 보였다. 그곳은 내가 서 있는 곳에서 한참 아래에 있어 보였다.

옆에 아린지만이 있었다. 꿈같이 그의 음성이 들려왔다.

"보아라, 네가 다시 노력해서 나아가야할 새로운 길이 여기 있다. 지구와 그 주변의 누리를 보거라. 내가 앞으로 너에게 참여시킬 일이 지구의 안녕을 위해 얼마나 중대한지 알 것이다. 지옥의 여정을 통해 네가 얻은 힘의 가치를 알아야 한다. 그 힘으로 너는 지옥의 공격으로부터 인간을 지키는 위대한 군대의 일원이 될 것이다. 영계의 이 군상(群像)을 보며 네가 얼마나 강력한 도움이 될지를 깨닫도록 해라."

나는 그가 가리키는 곳을 보았다. 둥근 지구를 감싸고 있는 거대한 영계대(靈界帶)가 보였다. 자기력의 흐름이 대양의 조류처럼 파도치면서 헤아릴 수 없이 많은 혼들에게 영향을 미치고 있었다. 유체(幽體)들도 기괴하고 섬뜩한 것에서부터 아름다운 것에 이르기까지 다 보였다. 지상의 조잡(粗雜)한 쾌락과 죄악에 묶인 많은 남녀의 혼도 보였다. 많은 혼이 지상 인간의 몸에 기생해 비루한 욕망을 채우고 있었다.

암흑누리에서 막 올라와 지상영계의 죄 많은 혼보다 몇곱절 더 인간에게 치명적인 영향을 주는 혼들도 보았다. 이들이 인간 주변에 붙어 있으면 지구 쪽으로 쏟아지는 태양의 영광(靈光)이 차단된다. 그들의 사악한 악념(惡念)이 먹구름처럼 빛을 가로막는다. 이처럼 먹구름이 끼는 곳에는 살인 강도 폭력 음란 등 온갖 죄악이 끊이지 않으며 사망과 비애가 뒤따른다. 사람이 양심의 속박을 팽개치고 탐욕 이기심 교만 야망에 자기를 내맡기면 어두운 존재들이 몰려들어 진리의 빛을 차단한다.

그리고 또 나는 지상의 많은 인간들이 사랑하는 이를 잃고 나서 더 이상 그들을 볼 수 없다는 절망에 빠져 눈물 흘리는 모습을 보았다. 죽음에서 남겨져 슬퍼하는 그런 사람들 곁엔 여지없이 애도 받는 자의 혼령이 서성대며 자신이 아직 살아 있고 죽음이 사랑의 마음과 자상(仔詳)한 소망을 앗아가지 않았음을 알리려 안간힘을 쓰고 있었다. 노력은 거의 허사(虛事)였다. 산 자들은 저들을 보지도 듣지도 못했다. 상심(傷心)한 가엾은 혼령은 저들에 합당(合當)한 밝은 층계(層界)로 가지 못했다. 남겨진 사람들이 슬퍼하는 동안은 사랑의 사슬로 지박(地縛)되는 것이다. 그렇게 지상에 대기에 고독히 묶이면 혼령의 등은 희미하게 약해진다.

아린지만은 내게 이르길 "살아 있는 자와 죽은 자의 의사소통이 되어야 슬퍼하는 양자가 위로받지 않겠는가. 죄 많고 이기적인 자들에게는 악령들이 주변을 맴돌며 지옥으로 끌어내리려 함을 알려줘야 하지 않겠는가." 했다.

눈부신 영광(靈光)이 태양처럼 장엄하게 빛났다. 지상의 태양빛과는 전혀 다른 빛이었다. 그 빛이 어두움과 슬픔의 구름을 몰아내자 천상의 음악이 울려 퍼졌다. 지상의 사람들이 이 빛과 음악을 시청하면 위로받을 것이나 귀는 잘못된 생각들로 인해 닫히고 먼지와 찌기가 눈을 막아 볼 수 없다.

영안(靈眼)이 조금 열려 있고 귀도 다 막히지는 않은 지상의 사람이 영계의 놀라운 아름다움을 전하는 것이 보였다. 그들은 영계의 위대한 사상을 감지하고 그것을 지상의 언어로 표현하려 했다. 영계의 음악을 묘사하려 했고 영계의 모습을 화폭에 담아내려 했다.

그들은 천재라 불리는 사람들이다. 그들의 글과 음악과 그림들은 모두 인간의 영혼을 신과 가까운 곳으로 끌어 올렸다. 가장 고귀하고 순수하고 뛰어난 것들은 모두 영감으로부터 나온 것이다.

그러나 그 모든 영감의 예술로도 지상의 인간이 저승과 교류하는 길은 열리지 않았다. 지상사람에게 영계란 한번 가면 돌아올 수 없는 미지의 곳일 뿐이다. 마찬가지로 지상사람을 고차원적이고 순수한 진리의 세계로 이끌려는 영들도 그들과 직접 교류할 수단을 갖지 못했다.

영계에서 완벽한 정보를 지구로 보내도 인류가 유아기에 있을 시절 틀이 잡힌 낡은 이론의 오류와 뒤섞여 왜곡과 혼동이 생기다 보니 불완전한 정보를 사람들이 접하게 된다.

삶에는 많은 통로가 열려 있고 각각의 문에는 천사가 지키고 있음을 보았다. 그리고 문으로부터 최고의 영계에 이르기까지 천국의 계단이 이어지는데 지상의 인간은 그 문을 열어 영계와 교류할 열쇠를 원할 때면 언제든지 받을 수 있었다.

안타깝게도 시간이 흐르면서 열쇠를 가진 많은 사람들이 신의를 저버리고 지상의 즐거움에 빠져 통문(通門)의 존재를 외면하며 그냥 닫아둔 채 내버려두는 것을 보았다. 어떤 이들은 문을 부분적으로만 열어 놓기 때문에 빛과 진리가 전해지는 순간 오류와 왜곡이 바로 스며든다. 영계의 빛이 그 더럽혀진 통로를 지날 때 또다시 오염되고 마는 것이다.

그보다 더 슬픈 것은 시간이 지남에 따라 빛이 더 이상 비추지 않고 낮은 차원의 어둡고 기만적인 영들이 보내는 탁하고 불순한 빛에 자리를 내어준다는 것이다. 그래서 마침내 천사가 지상의 문을 닫아 버리게 된다.

　나는 이 서글픈 광경에서 눈을 돌려 마음이 순수하고 이타적이어서 지상의 욕망에 때묻지 않은 자들에게 열려 있는 많은 문들을 보았다. 그들이 열어둔 문들을 통해 지상으로 홍수 같은 빛이 쏟아 부어지고 있었다. 나는 눈이 부셔 고개를 돌려야만 했다.

　잠시 후 다시 그 문을 보자 아름답고 밝은 혼령들이 있고 어둡고 슬픔에 빠진 혼령들도 있었다. 어두운 혼령들은 생전에 죄 많은 삶을 살았던 자들이지만 그들의 마음속엔 선에 대한 갈망이 남아 있었다. 밝고 아름답지만 슬픔에 빠진 혼령들도 있었다. 지상에 남겨둔 이들과 연락을 취할 수 없었기 때문이다. 그들은 지상사람과 교신하는 수단을 통해 결국 위안을 받았다. 지상사람도 죽음의 어두운 장막이 걷히고 세상을 뜬 친지의 소식을 알자 무척 기뻐했다.

　그리고 나는 모든 고차원의 영계에서 거대한 군대가 지나가는 것을 보았다. 순백색의 군복을 입고 은빛으로 빛나는 투구를 쓴 그들에게서는 황금광채가 뿜어 나왔다. 그들 중 몇이 무리를 지휘하는 지도자인 것 같았다.

　"저들은 누구인가요? 전에 지상에 살았던 사람들인가요?"

　"그들은 지상에서 살았을 뿐 아니라 상당수가 악한 삶을 살았다. 그로 인해 네가 전에 봤던 지옥의 왕국으로 떨어졌었다. 그러나 죄를 뉘우치고 속죄를 위해 많은 훌륭한 일을 함으로써 자신들의 저급한 본성을 완벽하게 극복한 자들이다. 이제 빛의 군대의 지도자들이 되어 낮은 영역의 사악한 자들로부터 사람들을 보호하는 강력한 전사의 역할을 맡고 있다."

　어두운 혼의 무리들이 해변가의 파도처럼 지상의 곳곳으로 쇄도해 들어가는 것이 보였다. 인간의 악한 욕망과 탐욕스러운 이기심에 끌려온 무리들이었다. 그러자 빛의 군대가 몰려가 그들을 격퇴하는 것이 보였다. 두 세력 간에 끊임없는 전투가 벌어졌는데 그

싸움의 전리품은 인간의 영혼이었다. 그들은 무기가 아닌 의지의 힘으로 싸우고 있었다. 의지의 힘이란 자기력의 밀어내는 힘으로서 너무 극렬한 대립이 생기기 때문에 어느 쪽도 오래 대치를 할 수는 없었다.

아린지만이 지상계의 어떤 여자가 서 있는 문을 가리키며 말했다.

"보아라, 저 여자에게는 이음이 불완전하다. 저 여자와 영의 사슬 사이에 고리가 하나 빠져 있기 때문이다. 네가 내려가서 그 고리 역할을 하여라. 너의 힘이 그녀를 보호하고 강하게 만들어 줄 것이다. 그녀 주변을 맴도는 어두운 혼들로부터 그녀를 지키고 그녀가 문을 열어놓을 수 있도록 도와주어라. 낮은 영계를 돌아다닌 경험으로 인해 너에겐 그곳의 거주자들을 물리칠 힘이 생겼다. 네가 가진 것보다 강력한 힘이 요구되는 곳에선 그만한 힘이 너에게 보내질 것이다. 그리고 그녀를 통해 교신을 하려는 사람이 있다면 오직 네가 적절하다고 허락할 경우에만 그리 할 수 있다. 네가 영계에서 휴식을 취하고 싶을 때엔 또 다른 안내자가 너를 대신할 것이다. 이제 다시 지상을 둘러싼 싸움을 보거라."

지상을 보니 검은 뇌운이 하늘을 뒤덮어 밤 같이 어두운데 지옥의 영계로부터 폭풍우가 밀려오는 소리가 들렸다. 그러더니 폭풍에 휘몰아치는 파도처럼 악령의 무리가 몰려와 밝은 영의 무리를 물리치고 마치 진리의 빛을 섬멸하려는 듯이 지상을 뒤덮었다. 그들은 빛이 통과하는 문들에 맹공을 퍼부었다. 이윽고 이 영계의 전쟁은 인간들 사이의 전쟁이 되어 국가들 간에 패권을 둘러싼 싸움이 벌어졌다. 마치 만국의 백성들이 부의 갈망과 정복의 야욕에 휘말려든 것 같았다. 이 전쟁은 가히 온 세계의 전쟁이라 할만 했다. 나는 도움을 주러 오는 사람이 없는지 빛의 왕국으로부터 누군가 나타나 악령들의 수중에 떨어진 지상의 지배권을 다시 찾아오지 않을지 두리번거렸다. 악령의 무리는 발광하듯 빛의 문들에 공격을 퍼부으며 그곳을 지키는 충직한 인간들을 쓸어내려고 전력을 다하고 있었다. 그렇게 되면 인류는 무지의 시대로 다시 돌아가게 된다.

그때 동쪽에서 별빛 같은 빛이 눈부시게 반짝이는 게 보였다. 그 빛은 점차 밑으로 내려오면서 커졌다. 알고 보니 그것은 천상계에서 온 빛나는 천사들의 대군이었다. 그들이 오자 악한 군대의 공격으로 쫓겨났던 밝은 영들이 다시 모여 빛의 전사들과 합세했다. 이 거대하고 강력한 군대는 밝은 빛의 광활한 띠로 지상을 에워쌌다.

사방에서 광선들이 창날처럼 날아와 악령의 무리들을 산산조각냈다. 그 광선들은 화염의 검처럼 번득이면서 악한 군대의 진영을 사방으로 흩어버리고 바람에 날려 버렸다. 악령들의 지도자가 힘을 모아 다시 반격하려 했지만 허사였다. 그들은 천상에서 온 강력한 군대의 눈부신 빛에 나동그라져 검은 안개처럼 자신들이 올라왔던 어두운 영계로 휩쓸려 떨어졌다.

"이 빛의 천사들은 누구입니까? 파괴의 검이 아닌 강력한 의지의 힘과 영원한 선의 힘으로 결코 물러서지 않고 악령들의 강력한 대군을 몰아내는 그들은?"

"그들 또한 어둠의 영역에서 구원받은 자들이다. 아주 먼 옛날, 죄로 더럽혀진 옷을 참회지수(懺悔池水)에 씻고 자신들의 노력으로 죽음의 잿더미를 딛고 일어나 높은 곳까지 올라온 자들이다. 눈물어린 노력을 통해 죗값을 치르고 기나긴 세월동안 내면의 악을 정복하고자 안간힘을 썼기에 이제 죄지은 다른 이들을 도울 수 있다. 그들은 지구의 천상계에 있는 천사들이다. 그들도 한때 인간이었기 때문에 죄악에 빠진 인간들의 몸부림에 동정심을 가진다. 그들은 인류를 보호하고 구원하는 강력한 천상의 군대다."

이제 내가 본 지구와 그 주변의 광경이 사라졌다. 대신에 머리 위로 순수한 은색 빛을 발하는 별이 외로이 빛나는 게 보였다. 가느다란 은실 같은 별빛이 지구로 날아가 사랑하는 그녀가 살고 있는 곳에 쏟아졌다. 아린지만이 말했다.

"저 별은 그녀의 운명의 별이다. 얼마나 맑고 순수하게 빛나는가. 사랑하는 제자여, 지상에 태어나는 모든 영혼들을 위해 저처럼 영적인 하늘로부터 별빛이 비춘다는 것을 알아두어라. 저 별은 인간이 태어나는 순간부터 운명의 정해진 길로 인도를 한다. 인간이 자연의 섭리를 어기고 자살을 해서 스스로 엄청난 고통과 비애 속에 뛰어들지 않는 한 정해진 길을 끝까지 따라가야만 한다."

"모든 영들의 운명은 고정되어 있다는 말씀인가요. 우리는 운명의 강물을 떠다니는 지푸라기 같은 존재들입니까?"

"그렇지만은 않다. 크고 굵직한 사건들만 미리 정해져 있을 뿐이다. 인간들은 지상에 살면서 불가피하게 특정한 시기를 맞게 된다. 천상계의 현명한 안내자들이 각자의 영에게 교훈을 주고 성장시키기 위해 마련한 사건들이다. 이러한 사건들이 그의 삶에 어떤 영향을 미칠지 선과 행복으로의 전환점이 될지 악과 슬픔으로의 전환점이 될지는 인간 자신에게 달려 있다. 이것이 자유의지가 갖는 특권이다. 자유의지가 없다면 우리는 단지 꼭두각시에 지나지 않고 자신의 행동에 책임질 필요가 없게 된다. 그리고 보상이나 징벌이 아무 의미 없어진다.

다시 저 별의 이야기로 돌아가 보자. 인간이 매사에 올바른 처신을 하려는 열망을 품고 운명 지어진 길을 가는 한 그 마음가짐이 순수하고 이타적인 한 저 별은 오염되지 않은 밝은 빛을 비추며 영혼의 여정을 밝고 생기 있게 만들어 준다. 저 별의 빛은 영혼으로부터 나오는 것이며 영혼의 순수함이 반영된다.

만일 영혼이 순수함을 잃고 고결한 속성 대신 저급한 속성을 키운다면 운명의 별 또한 빛을 잃고 희미해져 도깨비불처럼 깜박거리며 어두운 수렁 위를 떠다니게 된다. 더 이상 든든한 등대 역할을 해내지 못하는 것이다. 그리고 마침내 영혼이 매우 사악한 지경에 이르면 별빛은 소멸되어 지상을 비추지 않는다.

천상계에서는 이 영적인 별을 보고 각자의 정해진 길을 읽어냄으로써 인간의 운명을 예언할 수 있다. 그리고 별에서 나오는 빛을 보고 그 영혼의 삶이 선했는지 악했는지를 알 수 있게 된다. 자 그럼 네가 새로 맡은 일들이 훌륭한 결실을 맺기를 바란다."

그가 이야기를 마치자 나의 영혼은 아래로 내려가 내 영체가 누워 있는 침상에 도착했다. 나는 영체 안으로 들어가면서 잠시 의식을 잃었다. 깨어보니 방 안에 있었고 아름다운 천사들이 아버지의 말씀처럼 영원한 보호와 사랑을 상징하듯 우뚝 서 있었다.

34. 맺음

　나는 과업(課業)을 마쳤고 이야기를 전했다. 독자에게 남은 할 말은 어둠에서 광명으로 회개한 영혼의 진실한 경험담을 서술대로 믿기를 기대함이고 타인들의 경험으로 덕을 보았는지를 영혼의 재방문 가능성이 참으로 있는지 없는지를 자문(自問)하길 바란다.
　그리고 죽은 죄인들에게 내려지는 자비가 지나치게 관대한 것 아니냐 너무 간단한 것 아니냐고 생각하시는 분들께 양심이 깨어난 사람들이 받는 고통이 어떤 건지 아냐고 묻고 싶다. 영혼이 신의 품으로 돌아가기 위해 기어올라야 하는 눈물의 길이 얼마나 처절하고 험난한지 여러분은 모르실 것이다. 어둠 속에서 기나긴 세월 동안 괴로움에 시달리며 죄 많은 행동과 말과 생각을 속죄하는 것이 어떤 건지 아는가? 아무리 작고 하찮은 잘못이라도 대가를 치러야만 한다. 자기가 채운 잔을 마지막 한 방울까지 들이마셔야 한다. 본인이 저지른 죄의 더러움이 자손들의 피에 스며들어 나쁜 영향을 미치는 것을 보면서 무기력한 절망감에 빠져 지상을 떠돌아다니는 게 어떤 건지 상상이 가는가.
　이처럼 더럽혀진 삶 태어나기도 전에 악업의 저주를 받은 후손의 삶은 양심에 엄청난 짐이 되어 계속 여러분을 어두운 세계로 끌어내릴 것이다. 여러분이 충분히 속죄를 하고 자신으로 인해 진탕에서 사람들이 헤어나도록 돕기 전까지 계속 그렇게 고통을 받는다. 죽은 지 몇 백 년이나 된 혼령들이 아직도 지상에 남아 발버둥치고 있는 이유를 이제 알겠는가.
　죽은 영이 무덤 속에서 아무리 도움을 청하고 울부짖어도 누구 하나 듣는 사람 없을 때의 심정이 어떤 건지 상상도 못할 것이다. 그 상황에서는 아무 것도 할 수 있는 일이 없다. 그는 다른 이들이나 자신에게 주었던 고통의 결과를 조금도 피할 수 없다. 끔찍한 장벽에 가로 막히고 거대한 심연이 그와 살아 있는 사람들 사이에 놓인다. 누군가가 도움의 손길을 뻗쳐 돌아올 수 있도록 해주고 고통을 준 사람들에게 사과의 말을 전할 수 있도록 이끌어주지 않는 한 계속 그 상태로 남는다.

그런데도 죽은 이가 형제들에게 경고를 하기 위해 다시 돌아올 필요가 없는 걸까. 지상의 사람들이 죽음 뒤에 자신을 기다리는 운명에 대해 들을 필요가 없을 정도로 잘 살고 있는가. 회개도 살아 있는 동안 하는 것이 훨씬 쉽다. 죽고 나면 하다못해 사과를 한 마디 하려 해도 사람들과 접촉하기가 일단 어렵다.

나는 앤 여왕 시대에 문서를 위조해 다른 사람의 재산을 가로챈 혼령을 만난 적이 있다. 그는 나를 만날 때까지 자신이 빼앗은 집과 토지에 묶여 있었다. 영매의 도움을 받아 진짜 문서가 있는 곳과 재산의 원 소유자의 이름을 고백하지 않는 이상 묶인 사슬을 끊을 수 없는 것이다. 이 가련한 혼령은 결국 고백을 해 집에 묶인 사슬로부터 벗어났지만 지상 영계로부터 해방될 수는 없었다. 그는 그곳에 남아 자신이 죄악과 죽음으로 몰고 간 사람들을 돕고 그 노력을 인정받을 때까지 수고해야 한다. 과거에 저지른 잘못의 영향력을 되돌려 놓을 때까지 지상 영계를 떠나지 못하는 것이다.

그가 받는 벌이 너무 가볍다고 말할 수 있는 사람이 있을까. 인간이 어떻게 같은 인간을 심판할 수 있을까. 신의 자비가 어느 한계까지만 허용되고 그 밑으로는 영원한 벌을 받아야 한다고 말할 수 있는 사람이 있을까. 잘못을 저지른 사람은 영원한 처벌을 받는다는 믿음이 가져오는 무섭고 파괴적인 결과를 감당할 사람은 없을 것이다.

교회가 소위 '잃어버린 영혼'으로 간주하는 자들이 실제로 겪는 일들을 보여주려 했다. 나는 죽을 때 어떤 교회나 종교의 믿음도 갖지 않은 상태였고 신에 대한 어렴풋한 믿음만을 갖고 있었을 뿐이다. 내 양심은 늘 나에게 신적인 절대자가 존재한다고 속삭이곤 했지만 나는 그런 생각을 억누르고 떨쳐내려 했다. 어리석은 타조가 모래 속에 머리를 묻고 아무도 자신을 못 볼 거라 생각하는 것처럼 나도 나 자신을 속이고 별 일 없을 거라 여기며 무심한 삶을 이어갔던 것이다.

　나는 죽은 뒤에 영계를 돌아다니며 우주를 지탱하는 전지전능한 지배자가 존재한다는 것을 배우긴 했으나 신이 인간과 같은 구체적 형체를 지닌 인격체로 스스로를 변화시킬 수 있다는 얘긴 들어보지 못했다. 우리처럼 유한한 피조물들이 신의 속성에 대해 이러쿵저러쿵 논쟁을 하곤 한다만 내가 그동안 보고 들은 것은 어떤 한 종교의 믿음이 다른 것보다 우세함을 주장하는 그런 내용이 아니었다. 내가 배운 것은 특정 교리나 틀에서 사람을 자유롭게 만드는 것이었다.

　인류의 유아기 즉 인간이 어린아이 수준에 머물러 있던 때를 신앙의 시대라 부를 수 있을 것이다. 어머니 역할을 했던 교회는 인간에게 불사의 희망과 위안을 주고 인간이 자신의 근원인 신에 대해 스스로 생각해야 하는 부담을 덜어 주었다. 신앙은 불완전하고 미숙한 영혼의 갈망을 어머니처럼 만족시키며 도움을 줬고 인간은 왜 그래야 하는지 의문도 품지 못한 채 다짜고짜 믿기만 했을 뿐이다. 이 미개한 인간들 속에서 그나마 영적인 존재가 사제가 되었고 세월이 흐르며 교회 제도가 확립되고 교리가 공식화되었다.

　그러다가 신앙의 시대가 점차 막을 내리고 이성의 시대가 왔다. 이제 인간은 지성이 발달해 미지의 것에 대한 맹목적인 신앙에 더 이상 만족할 수 없게 된다. 어머니 교회가 주는 젖만으로는 정신적인 공복을 달랠 수 없게 된 것이다. 이제는 이유식을 원하는데 그 욕구가 계속 억압되면 결국 교회의 양육으로부터 달아나려 하게 된다. 한때 영혼이 성장할 수 있도록 부양해줬던 교회가 이제는 도리어 영혼의 성장을 속박하는 존재로 전락하는 것이다.

　인간의 이성은 더 큰 자유를 요구하고 신앙이 도맡았던 양육의 일부분을 자신에게 떼어줄 것을 요구한다. 그동안 아이에게 휘둘렸던 권력을 계속 쥐고 있으려는 어머니와 성장기의 반항적인 아이 사이에 갈등이 일어나는 것이다. 한때 만족스러운 양식의 역할을 했던 신앙이 이제는 부담스러운 어떤 것으로 인식되고 거부해야 한다는 인식이 퍼진다. 그리하여 이성의 시대는 오랫동안 품어 온 신앙을 뿌리째 부정하게 된다.
 그 후 청년으로 자라난 그 아이는 이성(理性)의 단맛과 쓴맛을 모두 겪고 그 혜택과 해악을 두루 체험했다. 그리하여 이성적인 능력의 위력과 한계를 좀 더 공정히 평가할 수 있게 됐다. 그는 자신이 한때 경멸했던 신앙을 되돌아보고 그 안에도 나름대로 가치와 장점이 있다는 것을 인식하기 시작한다. 유아기를 넘어선 영혼의 양육에는 신앙 하나만으론 부족하지만 반면에 신앙이 결여된 이성은 지나치게 차갑고 경질(硬質)의 음식이라 양육에 부적절하다는 것 또한 알았다. 게다가 자신을 둘러싼 우주의 무한함을 막 인식한 인간에게 이성은 우주 안에 담긴 수많은 신비에 대해 아무런 설명도 해주지 못한다. 인간은 다시 한 번 신앙을 되돌아보고 그것을 이성과 결합시켜 서로 도울 수 있도록 하려 한다.
 영계에서 신앙과 이성은 두 가지 다른 사상 영역의 중심적 사고 원리이다. 신앙은 종교 혹은 교회의 생명이 되는 원리이며 이성은 철학의 생명이 되는 원리이다. 사상의 이 두 체계는 얼핏 보기에 서로 적대적인 듯싶지만 의식 수준이 성장하면서 조화를 이루고 융합되어 적절히 균형 잡힌 정신의 소유자에겐 양쪽이 동등한 비중을 갖는다. 한쪽이 다른 쪽보다 지나치게 우세하면 사람이건 영이건 편협해져 정신적인 문제가 생겨도 자각할 수 없다. 그런 사람의 마음은 하나의 축에 큰 바퀴와 작은 바퀴를 끼운 이륜마차와 같다. 그 상태로는 앞으로 전진할 수 없듯이 정신적인 마차도 결함이 시정될 때까지 성장을 멈출 것이다. 어떤 사람이 진리에 대한 갈망을 진지하게 갖고 있다 해도 도덕성과 지성이 균형 있게 발달하지 못하면 그의 마음은 거대한 오류로 막힌 통로와 같아 진리의 별빛이 통과하지 못하고 튕겨져 나간다. 진리의 빛은 인간의 영혼에 전혀 이르지 못하거나 오는 동안 왜곡되어 편견과 오류의 근원이 될 뿐이다.
 지성은 영혼의 눈이라 할 수 있다. 만일 눈의 시력이 불완전하다면 빛에 대한 욕구가 아무리 진지한들 정신은 무지와 맹목 속에 머문다. 정신적인 시각을 발달시켜 강하고 명료한 시야를 확보해야 한다. 맹목적이고 무지한 신앙으로는 오류를 막을 길이 없다. 시대를 통틀어 종교 박해의 역사가 그 점을 여실히 입증한다. 위대한 지적 발견을 이뤄낸 지상의 인간들은 도덕과 지성의 힘이 동등하게 균형을 이룬 사람들이었다. 완벽한 인간이나 천사는 영혼의 모든 자질을 최고로 발달시킨 존재들이다.

영혼의 정신적이고 윤리적인 모든 속성들은 각각 그에 상응하는 색깔의 빛을 지니고 있다. 그것들이 서로 뒤섞여 무지개의 아름답고 다양한 색조를 형성하고 각각의 색들이 섞여들어 완전한 전체를 이룬다. 어떤 영혼들은 잠재된 능력들을 다른 사람들보다 빠르게 발전시키는 반면 어떤 영혼은 지성과 도덕성의 싹이 기미조차 보이지 않은 채 잠들어 있기도 하다. 그러나 그들도 언젠간 지상이나 영계에서 싹을 틔우기 시작하여 완전히 꽃피울 것이다.

악은 영혼의 도덕적인 자질들이 제대로 성장하지 못한 상태에서 다른 자질들이 과도하게 발전함으로써 생긴다. 지금 저급한 영계에 거주하는 영혼들도 잠들어 있는 도덕적 능력들을 싹틔우고 성장시키는 데 필요한 교육과정을 나름대로 거치고 있다. 그 과정에서 일어나는 악과 고통이 끔찍하긴 하지만 궁극적인 결과들을 성취하는 데 필요하고 유익하다.

내가 지금 살고 있는 영역에는 희망의 형제단이 소유한 거대하고 아름다운 공관이 있다. 이 건물은 우리 형제단의 모든 단원들이 회합하는 장소이다. 안으로 들어가면 흰 대리석으로 만들어진 아름다운 홀이 있는데, 우리는 그곳에 모여 높은 영역에서 온 영들의 강의를 듣는다.

홀 안에는 전인(全人)이라 불리는 거대한 그림이 걸려 있다. 말하자면 상대적으로 완전한 인간 즉 천사를 묘사한 그림이라 하겠다. 내가 상대적으로 완전하다는 표현을 쓴 이유는 상상할 수 있는 최고의 완전함이라 해도 영혼이 언젠가 도달할 그보다 더 위대한 영역에 비하면 완전하다 할 수 없기 때문이다. 더 이상 정복할 땅이 없다며 한탄했던 알렉산더 대왕과 달리 영혼은 지성과 도덕성에 있어 정복할 수 있는 영역에 한계가 없다. 정신의 우주는 물질의 우주만큼이나 무한하고 영원하다. 어느 누구도 더 이상 불가능하다는 의미로의 완전함이란 단어는 쓸 수 없다.

그 그림 속에서 상대적으로 완전한 천사는 천상계의 최고 정점에 오른 존재이다. 지구와 그 부속 영계는 모두 그의 한참 아래에 있다. 그의 눈빛은 인간의 이해력이 도달하지 못하는 아득히 먼 태양계 너머의 영역에 대한 경이와 환희의 외경(畏敬)으로 계속 바뀐다. 그에게 그 영역은 새로운 약속이라 할 수 있다.

천사의 머리에는 영적인 힘과 정복을 뜻하는 황금빛 투구가 씌어져 있고 한쪽 팔엔 지구의 보호를 의미하는 은색 방패가 쥐어져 있다. 그의 옷은 영혼의 순결함을 상징하는 눈부신 흰색이고 넓게 뻗은 날개들은 우주의 가장 높은 상념의 영역으로 비상하는 지성의 힘을 나타낸다. 천사 뒤에는 색조들이 완벽하게 조화를 이룬 무지개와 흰 구름이 있다. 그것은 천사가 영혼의 모든 지성과 도덕적인 자질들을 최고 수준까지 발전시켰음을 보여준다.

채색의 화려함과 눈부시고 순수한 흰색이 대비되며 방출되는 그 빛나는 광채는 형언이 불가할 정도이지만 그럼에도 지고계(至高界)의 본래모습이 제대로 담기지는 못한 것이라 한다. 태양계 너머로 떠난 우리 형제단의 전(前) 단장을 그린 것이다. 그림의 복사본이 각 층위의 가장 높은 누리에 있는 형제단의 공관마다 걸려 있음은 형제단과 태양천상계의 연줄을 보여준다. 그리고 모든 이들이 영겁(永劫)의 시간에 걸쳐 꿈꿀 최고도(最高度)를 보여주기도 한다.

최고의 단계로 가는 길은 모든 이들 즉 지상의 가장 낮은 영역에서 고생하는 형제들에게도 심지어 극악무도한 죄악에 빠져 허덕이는 혼령들에게도 열려 있다. 모든 영혼은 신 앞에 평등하기 때문이다. 누군가가 이미 도달한 영역이라면 다른 사람도 얼마든지 도달할 수 있다. 진실한 마음으로 열심히 노력한다면 가능하다. 그것이 내가 지상의 삶을 마친 뒤 갖게 된 지식이요 믿음이다.

나는 영혼의 진보를 돕거나 저해하는 특정한 신조를 본 적은 없지만 예외는 있다. 어떤 신조들은 사람의 마음을 속박하고 통찰력을 흐리게 하고 옳고 그름의 분별을 왜곡시키는 경향을 갖고 있다. 그러한 신조는 사고의 자유를 얻고 편견으로부터 해방되는 데 걸림돌이 된다. 사고의 자유와 편견으로부터의 해방은 영혼이 가장 높은 영역에 이르는 데 무엇보다 필요한 조건이다.

소중한 사람의 죽음으로 인해 상심에 빠진 자들이 많다. 죽기 전의 삶이 그다지 희망적이지 못하여 교회에서 말하는 소위 주님의 축복 속에 죽은 자에 속하지 못하는 경우가 있을 것이다. 선과 진리의 길에서 죽지 못한 소중한 사람들의 죽음을 애도하는 분들께 희망을 가지라는 당부를 드리고 싶다. 자살을 했거나 그 밖의 어떠한 희망도 가질 수 없을 정도로 나쁜 상황에서 죽었다 해도 완전히 버림받는 사람은 없다. 나는 지상에 있는 분들이 내가 말한 내용들을 반추(反芻)해 볼 것을 당부한다. 죽은 이들을 위한 기도와 동정심은 그들에게 더할 나위 없는 위로와 도움이 된다.

지금 나는 고향처럼 느껴지는 밝은 영역의 집에 거주하며 지상 영계로 내려와 불행한 사람들을 위해 일하고 있다. 산 사람들과 소위 죽은 사람들 사이의 영적인 교류에도 도움을 주고 있다.

그리고 매일 일정 시간을 그녀와 보내고 있다. 나는 그녀를 다양한 방식으로 돕고 보호할 수 있다. 가끔 영계의 집에 친구들과 동료들이 놀러와 즐거운 시간을 보내기도 한다. 사랑과 우정으로 아로새겨진 많은 추억들이 있는 빛의 나라에서 나는 감사하는 마음으로 그녀가 지상의 순례를 마칠 날을 기다리고 있다. 그녀의 삶의 등불이 꺼지고 운명의 별이 질 때 그녀는 지금보다 밝은 집에서 기다리고 있을 나와 함께 할 것이다. 그곳에서 우리는 희망과 사랑의 쌍둥이별로 영원히 빛날 것이다.♥

A WANDERER
IN THE SPIRIT LANDS

BY

FRANCHEZZO

Transcribed by A. FARNESE

Oh, Star of Hope that shines to bless
The Wanderer through Life's Wilderness!
Angels of Love—say are ye come
To lead the Weary Wanderer home?

LONDON
W. J. SINKINS, 26 Paternoster Square E.C.
1896

주해(註解)
독자는 독서 중에는 참조하지 않아도 된다.

1) 이상(以上)은 대체로 제2역자의 소설적 전개를 따른 각색이다.
2) 때로는~ , 제2역자 가필(加筆)
3) 어린이의 모양~, 제2역자의 가필
4) 제2역자의 가필
5) clairvoyance
6) astral world
7) 지옥이란 것은 ~, 제2역자 가필
8) 많은 ~ , 제2역자 가필
9) 제2역자 가필
10) 하세인의 설명 ~, 제2역자 가필
11) 제2역자 가필
12) 제2역자 가필
13) 제2역자 가필
14) 지구 대기권을 벗어나면 하늘이 어둡고 별이 보인다는 것이 오늘날에는 상식이지만 이들이 대화한 시기는 아직 우주여행은커녕 비행기도 발달하지 않은 시대이다.